U0461621

GHOST ROAD

BEYOND THE DRIVERLESS CAR

无人驾驶

从想象到现实

[美] 安东尼·汤森（Anthony M. Townsend）著

沈瑜 译

中信出版集团 | 北京

图书在版编目（CIP）数据

无人驾驶：从想象到现实 /（美）安东尼·汤森著；
沈瑜译 . -- 北京：中信出版社，2023.1
书名原文：Ghost Road: Beyond the Driverless
Car
ISBN 978-7-5217-4954-0

Ⅰ . ①无… Ⅱ . ①安… ②沈… Ⅲ . ①无人驾驶
Ⅳ . ① U284.48

中国版本图书馆 CIP 数据核字（2022）第 210760 号

Ghost Road: Beyond the Driverless Car
Copyright © 2020 by Anthony M. Townsend
Published by arrangement with The Zoë Pagnamenta Agency, LLC, through The Grayhawk Agency.
Simplified Chinese translation copyright © 2023 by CITIC Press Corporation
All rights reserved.

无人驾驶——从想象到现实
著者：　　［美］安东尼·汤森
译者：　　沈瑜
出版发行：中信出版集团股份有限公司
　　　　　（北京市朝阳区惠新东街甲 4 号富盛大厦 2 座　邮编　100029）
承印者：　北京诚信伟业印刷有限公司

开本：880mm×1230mm　1/32　印张：12.5　　字数：251 千字
版次：2023 年 1 月第 1 版　　印次：2023 年 1 月第 1 次印刷
京权图字：01-2020-3386　　书号：ISBN 978-7-5217-4954-0
定价：69.00 元

版权所有·侵权必究
如有印刷、装订问题，本公司负责调换。
服务热线：400-600-8099
投稿邮箱：author@citicpub.com

谨以本书纪念我未曾谋面的舅舅——美国海军中士

威廉·帕特里克·赫尔沙夫特，1961 年 4 月 4 日，

他在马里兰州帕塔克森特的一场车祸中丧生。

前 言 V

第一部分 幽灵之路

> 我们将看到自动驾驶汽车的数量和种类激增。这将破除我们对自动驾驶汽车的刻板想象。小型"传送带"可以在拥挤的人行道上运送本地货物；自动驾驶还应涵盖自动驾驶出租车、公共汽车、货车，等等。换句话说，自动驾驶将重塑人们日常生活的结构。

第一章 无人驾驶革命的寓言 003

自动驾驶汽车的前景 010

"自动驾驶的郊区"和"减少用车的社区" 016

未来之路：三个重要的故事 021

第二章 解构驾驶 027

缓存关注 033

你是最薄弱的一环 044

自主论者 052

新行话 058

第三章 车辆种类起源 065

"星际飞船"和无人驾驶班车 073

漫游者和软件列车 082

市政房车和城市引导者 097

机器人的角色转变 105

第四章 重设移动性 109

特拉维夫交通大堵塞 112

随时为你效劳 116

机器人出租车的接管 124

微交通网络 131

废气数据 144

第二部分 无人地带

自动驾驶汽车最大的影响将不是移动人，而是移动物品。自动驾驶汽车将使运输和交付变得更便宜、更高效，它们将加速传统零售业的死亡，削弱沃尔玛等巨头公司的优势。

第五章　持续交付　153

　　克服"最后一英里"　162

　　当物质像信息一样移动　173

第六章　创造性破坏　181

　　从基皮到循环经济　191

　　工作的终结？　200

　　反思风险　209

第三部分　驯服自动驾驶汽车

> 自动驾驶汽车将依赖于数据，并生成大量关于我们如何生活、我们去哪里、我们买什么的数据。确定谁将拥有这些数据，以及谁将能够把数据货币化，将对经济产生巨大影响。这本书认为，仅仅把问题留给市场是不够的。

第七章　新型路霸　217

　　计量的英里　222

　　交通运输垄断的回归　234

　　金钱万能　243

第八章　城市机器　247

　　重建核心区　252

　　迁移到运营区　261

微扩张区　265

脱离城乡融合区　272

幽灵之路的忧虑　275

第九章　应对监管　281

捍卫公共交通　283

发现货运的空间　287

让移动性价值连城　293

第十章　推送代码　297

像自动驾驶汽车一样观察　302

奇点和单体　309

大移动性　315

道路的岔口　328

后　记　331

致　谢　337

注　释　339

前　言

我们都听过一个古老的传说，尽管这个故事的细节在不同的民族中略有差别。故事讲的是一位英雄或一个神，他拥有充满神性、意志独立的坐骑。例如，伊斯兰黄金时代民间故事集《一千零一夜》中的飞毯；更古老的波斯神话讲述过伟大的苏丹凯考斯的功绩，他在飞往中国时坐在由 4 只鹰高举在空中的魔法王座上。但古代中国的空域已经相当拥挤，最古老的故事都曾描述，中国皇帝乘坐着马车和宝座飞过天空。

其他关于交通工具的传说则更接地气。斯拉夫人历来用这样一个睡前故事来吓唬孩子：主人公是邪恶巫婆芭芭雅嘎，她游荡在欧亚大草原上，住在由两根巨型鸡腿支撑的可以行走的小屋里。威尔士人崇拜"慷慨者"国王摩根，他能乘坐魔法战车，瞬间移动到不列颠。对北欧人来说，他们崇拜丰饶之神弗雷，他拥有能够自动操舵的船只，还能将其折叠起来放进口袋。

数千年来，我们对神灵们自由自在的旅程感到嫉妒，他们的手工物品被施了魔法，饱含了我们对交通最古老的理念，蕴藏着我们最古老的对技术的渴望，我们从未为一种神圣的发明等待如此长的时间。

不过你看，我们终将成为第一批拥有这种超自然力量的人类。就像一个多世纪前内燃机替代了动物拉车一样，超级计算机正在取代我们掌控方向盘的位置。不需要咒语和巫术，这种被我们称作"软件"的人为魔法终于要让古老的梦想成真了。

计算机"接管"正促使传统汽车向一种新型交通工具——自动驾驶汽车（automated vehicle，简称 AV）转型。我们的汽车已经能够自动驾驶、刹车和停车，技能水平令人惊讶，但这种半自动化只是将驾驶责任委托给机器的开始。随着自动驾驶装置开始投入应用，全自动驾驶汽车很快将与我们的生活融为一体，一开始是数千辆、数百万辆，到 21 世纪中期将可能达到数十亿辆。当我们熟睡时，自动驾驶汽车将运输垃圾、巡逻街道，或从事其他无趣、危险和肮脏的日常维护工作。当我们醒来时，它们会送来以往我们需要出门去商店购买的物品。当我们外出时，我们就像过去的魔法师，只要低声念着"咒语"就能召唤坐骑。我们没有神马，却有机器人小汽车随叫随到。

然后，嗖的一声我们就出发了，如同远古众神。

* * *

2010 年 10 月 9 日，人工智能领袖塞巴斯蒂安·特伦在谷歌的企业博客发布了一则简短的公告，透露了这一搜索引擎巨头正在暗中努力发展全自动驾驶汽车。谷歌不再满足于组织全世界的信息，如今，它渴望在交通工具上有所谋划。特伦告诉我们，伟大的事情即将发生。他在文中写道："我们的目标是通过从根本上改变汽车的使用，来帮助杜绝交通事故，让人们腾出时间，并且减少碳排放。"我们都如此迫不及待地相信了。

10 年过去了，私营部门对无人驾驶（driverless）系统研究的投资激增，从 2015 年的 60 亿美元增长到 2018 年的 600 亿美元。[1] 自动驾驶汽车模型在真正的道路上行驶了数百万英里①，在虚拟世界里则环游了数十亿英里甚至更多，这些模拟计算层层嵌套，就像俄罗斯套娃一样。但在通往未来的路上，有趣的事情发生了，曾让我们对无人驾驶汽车充满幻想的公司如今却说，使这项技术达到完美远比他们设想的困难。[2] 很少有人见过自动驾驶汽车，更别说乘坐一辆了。大多数人怀疑这

----

① 1 英里 ≈1.609 3 千米。——编者注

些自动驾驶汽车是否真正安全，世界各国的工人则对未来机器人汽车侵害、抢走他们的饭碗感到惧怕。

与此同时，我们对出行的态度已经发生改变。在谷歌打响了无人驾驶革命的第一枪后，使用计算机来弥补汽车的不足似乎是个明智的做法。但今天，正当经销商们等待第一批装运的自动驾驶 SUV（运动型多用途汽车）时，所有人似乎都在寻找汽车的替代品。我们比以往任何时候都更多地乘坐公共交通，使用租赁汽车，开始喜欢成群结队地骑电动自行车和乘滑板车。自动驾驶汽车在这场狂欢中姗姗来迟。

或许我们在正确的时刻撞上了减速带。过去 10 年，自动驾驶的预言家大肆宣传高科技汽车，他们编织现代神话以取代古老神话，预测未来的无人驾驶完全安全，无交通障碍，并且所有人都负担得起费用。但这种模因（meme）的不足已开始显现。例如，通用汽车公司的巡航部门在旧金山测试自动驾驶汽车时，其自动驾驶软件有时无法发现行人，有时检测到自行车的幻影而突然刹车。[3]

对于即将发生的事情，我们的视野仍然狭隘。因此，我们现在需要揭开这场无人驾驶革命的面纱，只有消除那些虚假的承诺，我们才能迎接崭新的未来。完全相同的豆荚车在高速公路上同步驾驶的幻想将会消失，取而代之的是对城市的愿景。

未来的城市由具有成千上万种形状、尺寸和速度的交通工具驱动，而这些交通工具由电脑控制。我们会发现，运送人员不是自动驾驶汽车的"杀手级应用"，运送物品才是。关于"电脑司机"愚蠢选择的恐怖故事将让位于机器人驱动的交通垄断所带来的更大危险。

虽然我们在努力克服对无人驾驶前景的误解，但我们无法完全摆脱自己的迷信，这是因为眼前的道路上反复出现各种新旧"幽灵"。自动驾驶汽车将会是我们在现实世界中与人工智能最为强烈与亲密的联系，我们以自身的安全和福祉去信任这些神秘的新型机器的智能，即使这些机器已经抢走我们的工作。更加邪恶的幽灵会在云端观察我们，丈量一切移动物体的机器人将比任何政府都更彻底地控制我们的出行。更可怕的是无数躁动不安的灵魂——未来那些本可以避免受害的交通事故受害者，如果我们没有热情地接受这项技术，这些灵魂会折磨我们。

我把这种未来充满动乱的领地称为"幽灵之路"，这条路没有出现在地图上，但当你坐在由电脑操控的无人驾驶汽车里时，你很快就会发现这条路。你环顾四周，第一次意识到你已成为异乡的陌生人，在各方面都无法与软件控制下的机器相提并论。

这本书既是信号，也是警示。尽管追求汽车自动化的征程迂回曲折，但未来10年我们终将掌握这项技术。计算机和汽车将融为一体，它们自身再也不会和以前一样。从这种合并中产生的机器将在未来一个世纪彻底改变数十亿人的生活、工作和出行的方式，但这绝不是汽车时代剧变的重演。自动驾驶汽车不是只会遵循既定道路的愚蠢机器，它们会独立地使用人工智能，在世界上畅通无阻。就像驯服动物一样，人类必须驯服自动驾驶汽车，以免它们在人类世界泛滥成灾，反而将人类征服。

如果我们取得成功，这条幽灵之路可以成为下一代的乐园。大约20亿辆汽车可能报废，取而代之的是更安全、更节能的交通工具，每天努力克服残疾和孤独的数亿人可以变得独立，我们将能从里到外重建社区，将现在因停车和商业用途而被占据的广袤土地改造为住房、公园和广场。

如果我们失败了，这条幽灵之路将会变成监狱。自动驾驶汽车将加速人类的衰落，减少驾驶困难和大幅削减出行成本将促使难以想象的大量人口涌向马路，这就会抹杀我们减少交通堵塞的努力，刺激碳排放的新增长。政府可能破产，因为我们将以完全无法想象的规模重现20世纪挥霍无度的基础设施建设热潮。数千万名职业司机将面临失业，缺乏安全保障或可替代的生计让他们无法摆脱困境。穷人可能被遗弃在路边，因为幽灵之路的软件代理禁止任何信用不良者进入。

驯服自动驾驶汽车不止关乎正确地使用技术。真正的障碍是我们的制度和天性——法律、商业模式、无端恐惧、旧习等。本书深入分析了改变无人驾驶革命前景的企业策略和公共政策，同时探讨了我们作为个体，如何在未来做出更好的选择。我在书中分享了一系列原则，我将其称为"大移动性"的个人行为准则。无论你是青少年还是企业巨头，这些准则都可以指导你的日常决策。把"大移动性"视为你的理念，将帮助你拥抱未来的创新，同时注意到我们已经吸取的关于可持续性、包容流动性的深刻教训。

你会发现，本书提出的问题和回答的问题一样多，因为无人驾驶包罗万象，包括整个产业、数十种技术和庞大的多元人口，我们很难预测无人驾驶的前景，但这正是最让人兴奋的部分。未来前景广阔，我们大可以畅想更美好的事物。现在，是时候把我们所知道的放在一边了，让我们开始书写未来无人驾驶革命的全新神话吧！

第一部分

幽灵之路

我们将看到自动驾驶汽车的数量和种类激增。这将破除我们对自动驾驶汽车的刻板想象。小型"传送带"可以在拥挤的人行道上运送本地货物；自动驾驶还应涵盖自动驾驶出租车、公共汽车、货车，等等。换句话说，自动驾驶将重塑人们日常生活的结构。

第一章

无人驾驶革命的寓言

> 我们总是倾向于高估技术带来的短期影响，低估其带来的长期影响。[1]
>
> ——罗伊·阿马拉，美国未来研究所

在以自动驾驶为动力的未来，我们有太多东西要讲述，几乎没有时间留恋过去。但我们已经追逐这个梦想很长时间了，所以在钻研最新进展之前，我们需要了解这段重要的历史，让我们从头开始吧。

最早的自动驾驶交通工具是船舶，古代的水手在与风浪搏斗了几个世纪后，发明出利用自然力量来代替人力的奇妙装置。这些装置很简单，却是巧妙的解决方法，比如我们今天仍在使用的从前帆到舵柄的系统（见图1-1）。想让船只准备就绪，你只需将前帆操控索（控制前部小帆的绳索）缠绕在滑轮上，再将绳索固定到甲板上，最后将索端系在舵柄（用于操控船只的杆）上。现在，只要一阵狂风吹来，船就会在风中行驶，前帆能拉动滑轮上的绳索，进而拉动舵柄，船便会朝着与舵柄被推动的相反方向行驶。在大航海时代，这类诀窍帮助聪明的水手缓解了长时间驾船的疲劳。你可以采取这种方法，这样当你的船穿过白浪时，你就能尽情享用啤酒，欣赏海上的浪花了，就像坐在平稳行驶于铁轨的火车上一样。不过，当人们将舵柄改用于驾驶最早的汽车时，这种古老的技术没能从海洋转向陆地，尽管我们可以想象出这么做会导致一些可怕与徒劳的尝试。直到 1891 年奔驰公司发明了方向盘，这件事才告一段落。[2]

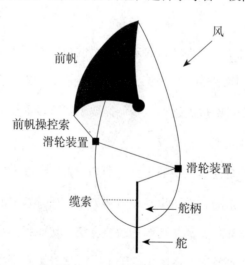

图 1-1　自动驾驶船舶的传统系统

当机器取代了动物，陆地上的自动驾驶实际上变得更加困难。机动化相比于使用役畜是巨大的改进，但是这种改进需要人类付出脑力。长期以来，马背上的骑手骑马时和马车夫拉缰绳时睡着的情况十分普遍，尽责的役畜则会沿着道路继续行走，或是突然停下来。[3]

然而，轿车和货车需要司机每时每刻掌控方向盘。汽车日益风行，车辆的重量和速度也带来了越来越多的风险，催生了各种各样的自动驾驶实验计划。1925年，纽约市展示的一辆远程控制的汽车，使人们能想象未来的无人驾驶汽车，这既令人向往，又让公众感到害怕。这辆车在数千位围观者面前沿着百老汇大街行驶，被人们乐观地称为"美国奇迹"，《纽约时报》报道称："仿佛有虚幻的手在开车。"[4]20世纪20年代，机动车每年夺走成千上万人的生命，死亡率比现在高18倍。[5]这项新技术曾经有望让城市街道重获安全，但是人们的希望很快就破灭了，操作员无法掌控这种未来派汽车，一开始是在62街，片刻之后它在哥伦布圆环再次出现问题，最终这个未来奇迹撞上了其他车辆。

虽然早期出现了一些失误，但汽车产业仍然幻想着可以远程控制的汽车。1939年的世界博览会上，通用汽车公司举行了"未来世界"展览，展示了一个巨大的美国城市机动化立体模型：畅通无阻的公路纵横交错地分布于矗立着细长摩天大楼的繁华地区，自动驾驶汽车、货车和公共汽车在路上穿行。模型甚至设置了"交通控制塔"，未来城市的设计师畅想调度员可以通过无线电指挥数以万计的汽车行进。[6] 20 世纪 50 年代，铺设在道路表面的导向电线替代了无线电，成为远程控制汽车的首选技术。[7] 颇具讽刺意味的是，这种方法是由美国无线电公司在 20 世纪 50 年代首次成功展示出来的。

这些早期的样车体现了自动驾驶的技术可行性，但自动驾驶汽车的成本高，且人们对此类功能的需求不多，这意味着无线电控制或是电线导航的汽车都无法流行起来。能引导汽车的公路被认为造价高达每英里车道 20 万美元。[8] 如果完全修建新型公路，这样的道路升级可能使州际公路系统的建设成本增长 40% 以上，而州际公路系统已经是美国史上最大规模的公共工程项目了。同时，尽管长时间驾车或深夜驾车存在危险，是份苦差事，但汽车制造商仍在掀起一股消费者对驾驶的兴奋潮，它们专注于生产驾驶起来令人兴奋的功能强大的新车。

初期，这些关于无人驾驶未来的梦想基于外部的引导。但在 20 世纪 60 年代，人们的关注重点转向了利用计算机的新技术，设计不需要外界帮助就能够真正独立自主地驾驶的汽车。斯坦福大学的研究员首次研制出使用摄像机观测和计算机导航的机器人，在严格控制的实验中，这些初期的机器人沿着白线移动，避开了设置在行进路线中的障碍。[9]

自动驾驶没有局限在实验室太久。中央处理器和图像处理技术得到了改进，因此 20 世纪 70 年代末，筑波大学机械工程实验室的工程师在日本公路上测试了世界上最早的自动驾驶乘用车，这些汽车的行驶速度达到每小时 20 英里，使用两个摄像头，从视觉上检测道路的标记。[10] 欧洲在 20 世纪 80 年代采取了行动，联邦德国国防军大学教授恩斯特·迪克曼斯对一辆梅赛德斯–奔驰面包车进行了改造，安装了他自己设计的自动驾驶配件，从此开启了他与汽车巨头戴姆勒公司长达 10 年的合作。[11] 最后轮到美国了，卡内基–梅隆大学在 20 世纪 90 年代居于领先地位。随着全球在研制自动驾驶机器方面展开竞争，软件快速提升，计算机速度变得更快，释放了新的可能。到 20 世纪 90 年代末，美国、德国和日本分别实现了首次自动化控制并载入记录的汽车越野出行。

自动驾驶汽车即将迎来蓬勃发展的时期。21 世纪初，美国国防部对这项新兴技术的兴趣变得日渐浓厚。为了聚集分散的研究团队力量，促进国防和汽车工业建立更加紧密的联系，美国国防高级研究计划局（DARPA）在 2004 年、2005 年和 2007 年组织了系列公开赛，该局是美国军方资助的最为独立的研究机构。这些挑战赛提供了数百万美元的奖金和宝贵的声望，吸引了数十个学术界和产业界的团队参加。参赛者拿出他们最好的硬件和软件接受检验，从远处观察他们的自动驾驶汽车穿越旷野或废弃军事基地的郊区环境。2004年的比赛以没有获胜者告终，所有自动驾驶汽车都没能到达终点线。但一年后，斯坦福大学的无人驾驶汽车获胜，赢得了200万美元的奖励。[12]

美国国防高级研究计划局主办的比赛加速了无人驾驶汽车的开发。斯坦福大学在2005年的比赛中之所以获得第一名，是因为该校团队开创性地采用了人工智能编程技术"机器学习"来处理公路的图像。但更重要的是，这些竞赛关注新兴技术的可能性。军事部门对无人驾驶汽车的兴趣高涨，没有人为此感到吃惊，但这种潜在的民用领域应用突然引起诸多猜测，自动驾驶技术的实际商用似乎第一次变得触手可及。

这给汽车产业敲响了警钟，但并非所有人都听到了。大多数公司只顾着应对2007—2008年的金融危机和接踵而至的全球经济衰退，特别是美国汽车制造商，它们在面对自动驾驶汽车的机遇时毫无作为，该领域从实验室到市场的进程仍需要大量投资。当时，这些汽车制造商即将破产，或即将接受联邦政府的援助，反而是硅谷取得了进展。[13] 2009年，斯坦福大学获胜团队的负责人塞巴斯蒂安·特伦领导谷歌公司新的自动驾驶汽车项目。这一搜索引擎巨头研发了安卓系统，并在这个大获成功的手机操作系统上下了大赌注。看起来汽车可能成为下一个重要的计算平台，谷歌公司能在汽车软件的未来中占据一席之地吗？这看起来是个明智的赌注，并且得到了谷歌公司联合创始人、时任首席执行官拉里·佩奇的支持，他对自动驾驶汽车抱有浓厚的兴趣。[14]

谷歌公司的行动过了好几年才被人们理解，而当人们充分意识到这一行动的价值时，不仅是汽车行业，连计算机和出租车行业也会陷入一片混乱。突然之间，主要的汽车制造商和网约车公司，以及像苹果公司这样的云软件巨头都开始匆忙动员力量开发自动驾驶汽车。当公司内部的项目无法取得令人信服的成果时，许多公司转而去收购有发展前景的初创公司，以获取所需要的技术。仅在2016—2017年两年里，就有约800亿美元的资金涌入了自动驾驶汽车领域。[15] 其中最大的一笔交易发生在2017年，英特尔公司匆忙收购了计算机视觉先锋Mobileye公司，以惊人的150亿美元高价收购了这家以色列计算机视觉系统研发商。企业界突然掀起了一阵并购热潮，连接汽车制造商和科技行业的合作伙伴关系和交叉持股关系的网络变得越发错综复杂。世界上规模最大的两个消费行业——计算机业和汽车业在对方身上看到了未来，但它们无法决定是联合起来还是将对方吞并。

到了 2018 年，这些艰苦的工作和巨额的融资得到了回报。12 月，从谷歌公司脱离出来的 Waymo 在亚利桑那州钱德勒市悄悄推出了世界上首个真正的自动驾驶出租车服务。[16] 在筑波首次试驾自动驾驶汽车 40 多年后，以及在谷歌聘请特伦近 10 年后，Waymo 公司开始接受菲尼克斯郊区对无人驾驶乘车服务的请求。据报道，这个科技巨头已经留出 100 多亿美元来打造自己的自动驾驶帝国。[17] 无人驾驶汽车漫长而痛苦的诞生过程似乎终于结束了。

自动驾驶汽车的前景

1903 年 1 月 12 日，世界上最早的大型汽车展览之一在麦迪逊广场花园开幕，当时麦迪逊广场花园位于 26 街和麦迪逊大道交界处。据《纽约时报》报道，"马车可以完成的任务，汽车也可以完成，可能还做得更好"[18]。一个世纪后，《纽约时报》仍在报道汽车，而这次是以同样的热情推销自动驾驶时代的工程奇迹。2018 年，专栏作家戴维·莱昂哈特写道："在乘坐半自动驾驶汽车的第 4 天，我准备好跃入未来了。"[19] 许多人的观点和这份重要报纸的一致，无人驾驶汽车就像汽车一样引发了人们对新技术会给个体和社会带来哪些效益的大胆猜测。但无人驾驶汽车的前景究竟如何？

第一，拥护者们认为，自动驾驶技术能够消除几乎所有的汽车造成的死亡。据估计，20 世纪约有 6 000 万人死于机动车交通事故，这个数字超过了二战期间军人和平民的死亡人数总和。[20] 但即使汽车变得更加安全，在车祸中丧命的现象也会持续，因为汽车会在其他国家兴起，而这些国家缺乏车技熟练的司机和交通规则。随着中国和印度掀起汽车使用热潮，全球每年有 140 多万人死于车祸，车祸夺走的这些生命相当于得克萨斯州达拉斯、英国伯明翰或日本神户等城市的人口规模。拥护者认为，大多数车祸本来是可以通过自动驾驶技术来避免的。

第二，自动驾驶汽车的支持者鼓吹，交通拥堵将会消失。拥挤不堪的马路会造成巨大的经济损失，而由于无处不在的手机中有位置跟踪装置，我们现在比以前更容易测算交通拥堵造成的损失。远程信息处理技术公司 Inrix 分析了这些手机保存的大量出行记录，认为仅在美国，每年司机浪费在交通上的时间就造成了超过 3 050 亿美元的损失，或者说这给每位司机造成了近 1 500 美元的损失。[21] 人们支持自动驾驶汽车的理由是，由软件引导的汽车刹车反应更快，能安全地让更多的汽车以高速公路的正常速度更加紧密地在一起行驶。同时，自动驾驶汽车仅通过将人们运送到更遥远的地方，在更辽阔的土地上建立居民点，就可以减少一些堵塞。自动驾驶汽车的乘客可以在汽车行驶时工作或休闲，而不必眼睛一直盯着马路，由此人们会认为，花较长时间驾驶到人口较为稀疏的地区不再是件麻烦事。

第三，拥护者希望任何人都不会被自动驾驶汽车抛弃。汽车在 20 世纪拓展了数亿人的流动性，但当汽车的成功使人口变得分散，并从公共交通中分流资金时，许多人就会发现自己面临新的障碍——无法自由地四处行走。仅美国就有 2 500 多万人因身体残疾制约了出行，这个人数接近美国劳动力人口的 1/6。[22] 自动驾驶汽车不仅能让那些由于身体原因无法驾驶的人乘坐汽车出行，还能为特别年老或年幼的人以及买不起私家车的人提供新的出行选择。随着残障人士进入劳动力队伍，老年人更容易获得医疗保健，孩子享受范围更广的教育和"充电"机会，这将带来巨大的社会效益和经济效益。

你或许会问，我们何时能迎来这样的乌托邦呢？今天，自动驾驶汽车仍是一种新鲜事物。尽管开车存在风险，是件麻烦事和苦差事，但我们还是保留了适合完成这项任务的最划算的"技术"。当你读到这本书时，大概是在 21 世纪 20 年代初，即使最大胆的预测已经实现，真正出现在世界各地的公路和街道上的自动驾驶汽车也不会超过 100 万辆。但在接下来的 10 年，无人驾驶汽车的数量注定会迅速增长。到 2030 年，全球的智能汽车、货车和公共汽车可能达到数千万辆。[23] 它们将与大约 20 亿（误差不超过几亿）辆由人类驾驶的轿车和货车一起在道路上行驶。[24] 即使在那时，无人驾驶汽车在全球汽车总数中依然只占少数。但是这场革命将像外科手术般精准，带着压倒性的力量，以迅雷不及掩耳之势席卷而来。就像赛博朋克小说家威廉·吉布森那句名言说的那样："未来已来，只是分布不均。"[25]

我们注意到，变化首先发生在出租车行业。大多数市场分析师认为，工业化国家的所有出租车将于 2030 年实现自动化。美国有 30 万辆出租车，加上优步和来福车公司的汽车，总数接近 100 万。从机场、度假村出发，蜂拥着经过我们最喜欢的市中心，无人驾驶出租车可以成为一代人眼中自动化的代名词，每年让数十亿名乘客逐渐依赖上无人驾驶的移动性。无人驾驶出租车的到来能从根本上改变消费者对汽车的看法。如果你只需要点击和滑动屏幕就能控制计算机化的司机，搭乘机器人出租车出行非常便宜，人们或许会选择不再拥有汽车。如果我们能一起做出改变，那么在运输同样数量的人出行时，未来所需的汽车数量将远低于当前私家车的数量。

不过，这一线希望可能无法实现。自动化也会让私家车变得更有用，软件将极大地减少车主的困难。仔细想想，自动化汽车不仅为你开车，还可以自动停车，自行开到车库进行加油和维修，支付车辆的保险费（当然是用你的钱）。我们完全有可能将愚蠢的汽车换成智能汽车，继续四处游走。

长远看来，我们将目睹两种世界的混合。[26] 到 2040 年，即使共享的无人驾驶汽车取得主导地位，新车销售额降低 50%（这的确是一个巨大转变），每年全世界的汽车制造商也会快速地生产大约 3 000 万辆无人驾驶汽车，最终一半车辆在中国投入使用，1/4 车辆在美国使用，其余分散在欧盟、日本和其他新兴市场。[27] 尽管汽车制造的业务会缩小，但使用汽车以及货车、滑板车等车辆的业务仍在拓展。目前全球汽车制造业价值 2 万亿美元，其仅剩的业务将被归入"个人交通服务"这一规模更大的市场，预计到 21 世纪中期每年产值将达到 7 万亿~10 万亿美元，约等于当前整个欧盟的经济规模。[28] 到 2030 年，仅 Waymo 公司就有望实现 1.7 万亿美元的年度收入。[29] 但优步、亚马逊和阿里巴巴公司不会轻易将这个新兴的前沿领域拱手让人，更不用说福特汽车、通用汽车和大众汽车等公司了，它们对自动驾驶未来的服务业务也有自己的计划。

所以，无人驾驶的革命浪潮一开始是涓涓细流，不久后就将汇聚成滚滚洪流。2050 年左右，大多数人类驾驶的汽车将会消失，更加轻便智能的自动驾驶汽车将取而代之，造型和大小各式各样。[30] 一些是私家车，一些是共享汽车；一些车只载一个人，一些车则有 100 多人乘坐。许多无人驾驶汽车根本不载人，而是忙于运送源源不断的商品，那是人们网络购物的战利品。一些自动驾驶交通工具将能够守护我们的城市或指挥交通。总之，各种各样的无人驾驶汽车行驶的里程将远远超出我们现在的汽车。

人们很容易将无人驾驶革命视为我们在 20 世纪关于汽车的体验的重复，只不过规模更大，并且由计算机设计。但过去没有任何东西能帮助我们为未来做好准备，全力加速的变革步伐将使我们感到困惑。美国实现完全机动化大概用了 60 年，大约从 1920 年起，大量汽车开始涌入城市，到 1980 年，各地开始因为汽车的数量庞大而显得拥挤。在接下来的 40 年，1980—2020 年，汽车处于饱和时期。通勤者花在交通上的平均时间几乎是原来的 3 倍，交通拥堵带来的经济损失增长了 10 倍，损失每年高达 1 660 亿美元。[31] 我们花了大量时间来寻找控制汽车使用和投资替代方案的方法。然而，自动化在 20~30 年内就能够完成，仅仅需要一代人的时间。

"自动驾驶的郊区"和"减少用车的社区"

如果说人类关于汽车的历史确实教会我们一些东西，那就是我们在无人驾驶革命中发现的未来不会像我们期待的那样发展。

举个例子，想想亨利·福特最初为农民生产的"福特T型车"吧。这种车价格便宜、坚固耐用、易于维修，确实在农村地区大获成功，让农民与城市市场连接起来。[32] 但是，城市居民和郊区的新中产阶级很快将这种新机器变成为我所用的工具。福特的新杰斐逊式的机械化农业国家的愿景，让步于大都市的现实——私家车反而将数百万名通勤者带到了工厂和办公室。

货车运输业同样推动了工厂向乡村深入扩张，这种发展令一些小城镇措手不及。突如其来的产业拓展发生在住宅扩展之前，推动美国在20世纪20年代采用了城市区划法，首次对土地使用进行严格的控制。[33] 在此过程中，成千上万的社区采用了低密度的布局，将住房与工作地点分隔开，这不经意间让未来几代人都产生了对汽车的依赖。

这些事例凸显了为什么预测交通创新的影响是有风险的。当我们试图规划无数人如何将新的交通技术运用于商业、家务和休闲活动，这些小规模的行为变化如何随着时间推移演变为更大规模的系统性变化，公共机构和政治派系又会如何反应时，我们所做的不过是猜测而已。尽管我们无法预测未来，但这并不意味着我们不应当尝试对未来进行预测。相反，我们可以通过预测可能发生的事情来拓展技能，减少所受的冲击，帮助我们认识终将面对的未来。通过充分考虑各种可能性，我们也可以采取行动，为各种不同情况做好准备，而不是仅为一种情况做准备。

令人感到遗憾的是，目前许多关于无人驾驶革命的投机行为不是这样的，人们使用了巨大的能量来重新描绘自动驾驶汽车的世界，将未来仅仅归结为两种可能性。

让我们把第一种版本的无人驾驶的未来称为"自动驾驶的郊区"吧。在这种愿景中，我们醒来时，自主驾驶的（autonomous）电动汽车停在我们位于郊区的太阳能住宅中的车库里，这为我们提供了计算机控制的移动性，方便消费者使用。这是特斯拉、谷歌和通用汽车公司兜售的某种未来。

自动驾驶的郊区是 20 世纪集体想象的加强版。倡导者承诺，在这样的世界中，人们随时都能拥有几乎无限的移动性，成本很低，与当前私家车问题相关的风险几乎不存在。交通堵塞非常少见，即使出现也不会造成麻烦。车祸几乎是人们闻所未闻的，除了深夜机器人罕见地在州际公路上连环相撞。旅行变得更像是跟踪超链接，而不是开启一段旅程。你只需点击想去的地方，间隔一会儿，你就会突然出现在别的地方，其间你可以通过玩手机或者睡觉来打发时间。购房者有一条准则——"开车到符合你身份的地方买房"，即购房者需要在更便宜的住房和更长的通勤路程之间权衡。当软件掌控了方向盘，当城市远郊的边界向偏远地区拓展，这条准则有了全新的含义。

另一种思想流派将我们的关注重点从边缘转向中心，我们把这个愿景称为"减少用车的社区"，这是许多市长、建筑师和积极分子偏爱的未来愿景。越来越多的公司也支持这种想法，大多数公司认为，在自动驾驶革命中，出租车和送货等服务可以赚大钱，销售汽车则不行。这种策略利用自动驾驶汽车将人们紧凑地聚在一起，而不是让人们分散开来，这样做能让城市成为所有人都负担得起的安全、健康、环保的机器。

减少用车的社区体现了集体主义，与自动驾驶的郊区的资本主义宣言形成了对比。遵循这种愿景意味着放弃20世纪的大部分交通系统，并将其换成重新设计的云端系统。社区将禁止使用私家车，共享电动和自动化出租车取而代之，尽管其数量仅为私家车的1/10，但它们能为人们提供便捷的、费用更低的乘车服务。每条街道的每个角落都会有电子收费，所以我们都需要支付相应的费用，而不会允许自私的司机像今天这样免费霸占着公共空间。一旦街道上没有了喧闹的车流，步行和骑自行车将大受欢迎，社区将为新建公园和广场留下大量空间。保留的交通工具都是自动化的，它们可以避开繁忙的十字路口，或是小心翼翼地选择穿过人群的路线。

设计这些情景的目的是向我们推销，就像未来世界的试播节目一样。从最理想的一方面看，这些情景能激励我们去寻求大规模的变革；从最糟糕的一方面看，这些情景容易使人产生误解，成为无人驾驶革命支持者的宣传工具，他们将未来描绘为事关对与错的选择，使用套着自动驾驶汽车外壳的理论来解释现在的世界。

同时，这些愿景遗漏了与自身无关的事情，忽视了可能出现的不便利。自动驾驶的郊区的支持者对扩张带来的已被证明的危害漠不关心，这些危害包括社交孤立、儿童肥胖症、能源浪费等。他们忘记了许多城市地区面临地理障碍，难以进一步向外扩张；他们忽视了保留剩余空地并使其保持自然状态的价值。但减少用车的社区的成员在共享方面也存在一大盲点。即使在今天时髦人士聚集的布鲁克林和奥克兰，共享出租车的行驶里程占比也仅为 40%。但是有研究表明，如果想在自动驾驶汽车时代真正实现变革性的道路通畅，共享出租车的行驶里程占比需要达到 80%。一家智库建议，必须采取"一系列强有力的政策来达到"所需的使用人数[34]，但我们所谈论的措施中有多少是强制性的？穷人是否将被迫使用共享出租车，仅仅是为了让富人的汽车和货物畅通无阻？

除了自身存在的矛盾以外，这两种叙述还遗漏了太多曲折的细节，而这些细节实际上将塑造未来。失败和错误的开始会在哪些地方让真正的颠覆性技术发展轨迹变得混乱呢？赢家显而易见，但哪些人会因为自动驾驶的风行而遭殃呢？至关重要的是，这两种愿景都掩盖了几乎难以解决的数据问题。未来大多数自动驾驶汽车都由电力驱动，汽车尾气将不复存在，但这种模式会留下一种新型的"有毒污物"——传感器，它们将透露关于我们的一切信息，包括我们到过什么地方，一路上见了什么人。

显然，这两种愿景还没有准备好在黄金时段向人们展示。尽管这两种愿景具有局限性，但我还是将在本书中以"自动驾驶的郊区"和"减少用车的社区"作为陪衬，以此验证你的假设，并判定我本人的假设。与此同时，我们将在书中漫游到更远的地方，并展望新的未来发展前景。我们将在沿途探索政策、市场和人为因素（包括但不限于工程和设计）如何最终使无人驾驶革命产生巨大的改变：拥有汽车还是共享汽车更便宜；住得近拥挤还是离得远分开更好；你是否会向公司、政府或同居者付钱，让他们带你四处走动。

未来之路：三个重要的故事

关于无人驾驶革命的新寓言，有三个重要的故事将引领我们在幽灵之路上前行。这三个故事说明了无人驾驶技术将如何带来改变，从而重塑我们的世界。无论我们是作为消费者、公民、劳动者、企业家，还是政策制定者等类似的角色，这些故事都聚焦于我们需要做出的选择，这意味着不同结果之间的差别。

第一个重要的故事是"专业化"。近一个世纪以来，工程师和表演者都描绘了自动驾驶未来的图景。他们总是拥有一样的幻想——许多公路上布满了一模一样的豆荚车，它们在路上同步行驶，十分完美。这种看上去必然发生的构想广为流传，很少受到质疑，现在依然影响着自动驾驶未来的消费者期待、企业战略和技术标准。但是，这种世界大多是由发明无人驾驶汽车技术的控制狂所设想的。

相反，在无人驾驶的未来，交通工具的类型将变得更加丰富多样。当前，乘用车是马路上主要的交通工具，但是自行车、公共汽车、货车和出租车的数量也在不断增加。这些交通工具正在经历交通技术中最令人激动的创新，而自动化能改善所有类型的交通工具，它们相比于汽车，优势将增加，劣势将减少。同时，人们每天都在畅想全新的自动驾驶交通工具，我们将制造比以往更大或更小、更慢或更快的交通工具，包括自动移动的鞋子和自动运行的大楼。这些新制造的交通工具能够实现汽车永远无法做到的事情，虽然我们会觉得这是些奇怪的东西，但出人意料的是，它们大有用处，并且让人心生愉悦。

第二个重要的故事是"实体化"。在第一个故事的基础上，第二个故事将我们的注意力从乘客转移到了货物上。目前，我们花费太多时间思考我们的出行方式将如何在自动驾驶时代发生改变，但运送人员将很快让位于运送物品。电子商务已经推动货物装运深入当地社区、企业和家庭，业务量实现了历史性剧增。自动化将促进这场零售革命的发展，构造性变化将接踵而至——我们购物的方式、购物的地点和原因、废弃物和可回收材料的流动，以及小型企业和求职者的前景都将产生变化。

第三个重要的故事是移动性的"金融化"。你在本书中几乎找不到关于自动驾驶汽车安全性的内容，这是转移注意力的事情。我们必须完善自动驾驶技术，否则就不存在一个自动驾驶汽车产业供我们谈论，而更大的监管危机正在幽灵之路上逐渐显现。随着自动化与当地交通和全球资本以各种获利丰厚的方式联结在一起，我们的关注点将转移到充满活力且广阔的新型出行市场。

这是神秘的未知领域。当人们的一举一动都被精准地追踪时，未来人们对出租车和火车的需求将成为投机的目标。我们可以想象一下新的对自动驾驶汽车产生的高度可预测的收入来源进行证券化的金融工具。当自动驾驶汽车和交易算法大规模相互作用时，无法预见的剧烈的市场动荡可能会爆发。谁会掌控这种新的金融权力，谁会因此面临风险？就像优步公司引入了动态定价一样，移动领域的金融创新拓展将带来极不均衡的收益。更糟糕的是，随着移动领域金融家的权力不断增加，城市中用于管理自动驾驶汽车入侵的工具——例如收取拥堵费——可能同样被投机者采用，成为回击当地政府的武器。

在这三个重要的故事中，每个故事都破除了关于自动驾驶汽车未来的流行却错误的设想，阐明了关键的误解和我们知识的空白。从那里开始，我们对实际正在发生的事情、未来几年如何发展有了新的理解。这三个故事组合在一起，指向与我们想象过的完全不同的未来。在这样的世界中，自动驾驶汽车的创新风险性更高，但是自动驾驶汽车不止于此，还将带来更多的潜在收益。在这个地方，我们拥有的交通基础设施不再满足我们的需要，但我们尚未明确必须用什么来替代它，以及如何支付相关费用。这预示了一个更有机会实现经济巨大飞跃的时代，但代价可能是造成更广泛的不平等。

这三个重要的故事——专业化、实体化和金融化——让我们把注意力集中到了未来几十年推动一切事物发展的变革潮流上。如果你尝试绘制每种技术可能出现的发展路径，追踪每一家快速发展的公司，预测未来每一种前期突变，那么你会发疯的。这些细节几乎不可能被预见，更不用说各种细节的相互影响了。然而，支撑这三个故事的趋势将比任何公司、发明或事件更为持久。当我们依次探索每个故事时，不要认为它们是大胆的预测，而要将每个故事视为有效的假说，看到无人驾驶革命可能在哪些方面爆发，以及一旦爆发，哪些事物将面临风险。让这些故事植根在你的思维中，你的所有预测就能适应未来。

接下来，本书将探索这三个故事，揭示将这些故事联系在一起的连接点，以全面的视角看待无人驾驶革命。第一部分"幽灵之路"涵盖了我们最有信心的领域，这里的自动驾驶汽车大多仍在为我们服务。我们将见证自动驾驶汽车非凡的专业化如何产生大量有用的种类，专业化不仅能增加汽车设计，还能丰富汽车执行的服务，其本质都在于驾驶本身。第二部分"无人地带"带我们走出舒适区，进入机器更有影响力的空间，探索自动送货背后的逻辑。在线商务的实体化可能成为我们一生中最不稳定的经济发展，对零售、本地服务、交通和土地使用产生广泛影响。我们将探索未来艰难的抉择，这些抉择将决定我们是变成积习难改的电视迷还是碳负排放的地球拯救者。最后，在第三部分"驯服自动驾驶汽车"中，我们看到人类和机器注定发生冲突，双方开始变得强硬起来。我们将审视全自动化的移动性所带来的金融化，以及其对社区的物理影响。为了在无人驾驶时代过上美好的生活，我们将去钻研新的个人行为方式的代码。

随着我们不断地前进，你将看到在无人驾驶革命中，有多少事情是可以实现的。即使自动驾驶汽车的到来只颠覆了汽车产业，那也将使这项雇用几百万人、涉及几十亿生命、产生几万亿美元贸易额的全球业务陷入混乱。但是，已经出现的变化远远超出了汽车制造领域，这些变化将彻底重塑出租车和公共交通系统，彻底改变人们使用自动驾驶汽车所到达的地方——商店、医疗服务机构和学校。社会和经济生活的每个领域都将无法避开自动驾驶汽车的干扰。

同时，无人驾驶革命蕴含着巨大的风险，我将在书中尽力阐述。自动驾驶汽车可能会带来更多的出行，导致交通问题恶化，而不是解决交通问题。自动化的货运或许会严重削弱当地商业，消耗活动社区和急需的初级工作。金融市场的不公正和不稳定的影响曾经引发住房、能源、水和食物供应的动荡，这或许也可能在交通行业中有所体现。

不过，幽灵之路可能会带来更为根本性的挑战。自动驾驶汽车将是我们首次长期、大规模地与人工智能共同生活的测试案例，这些快速发展的软件试图复制或者说至少是寻求替代人类认知。随着会思考的机器起作用的场合不再局限于工厂、测试跑道、实验室和战场，这些有思想的机器人和它们的制造者能遵守我们的游戏规则吗？还是机器会反过来要求我们适应它们呢？

尽管我有些忧虑，但我还是对此感到乐观，你也应该这么想。如果自动驾驶汽车能在未来几年得到广泛应用，那么它们可以成为我们最强大的工具之一，可以减少碳排放量并阻止全球气候变暖。自动驾驶汽车和普通汽车一样，为我们提供了重新思考世界的机会。我们有机会塑造这项技术，使其适应永久可行的社区新设计，而社区中的每个人都有机会住上好房子、拥有好工作和绿色的空间。如果这些没有实现，那么我们也能获得人们几十年掌控方向盘所能得到的最多的乐趣。

不管怎样，现在有一件事是明确的：自动驾驶的精灵已经逃出瓶子，不会轻易回去了。

第二章

解构驾驶

> 在未来通勤中，你不必再把精力花在开车上了，你可以在路上吃火锅、唱卡拉 OK。[1]
>
> ——李彦宏，百度公司首席执行官

在世界上许多地方，能够驾驶汽车是孩子长大成人的重要标志。在青少年 16 岁或 17 岁生日来临之际，他们会急切地借用汽车来准备驾照考试，跨越他们与无限自由之间的最后一道屏障。但在如此不成熟的年纪掌握驾驶技巧是有难度的，人们必须克服正在发育的大脑和身体的不稳定的冲动，才能准确地引导一台两吨重的机器，而这台机器能够驾驭 100 马力甚至更多马力的力量。驾照考官可能选择任何一条马路，要求驾驶员完成各种复杂的动作（包括并列停车！）。无论是雨天还是晴天、白天还是夜晚，有抱负的驾驶员必须准备好应对各种可能出现的自然条件。

对那些成绩达标的人来说，驾驶的特权为他们提供了激动人心的新的可能性，但同时，广阔的新的可能性也为他们带来了负担。因为我们记住了交通规则，也需要为违反交通规则所造成的严峻后果承担责任。我们要学会在一刹那间做出生死抉择，而这个抉择不仅将影响我们自身，还将影响我们车上的乘客、路上的行人和其他同行汽车驾驶员的安危。

汽车也教会了我们在财务方面做出艰难的选择，其中一些选择切中要害。要借用家里的汽车，还是存钱购买自己的汽车呢？要找兼职工作来支付保险和汽油费吗？其他问题似乎显得太遥远了，让人没有切身的体会。街角处汽油的价格如何反映中东的紧张局势？我的通勤路程的碳足迹是怎样的？我们每天关于汽车的决定将自己变成了业余经济学家、政治学家和环保主义者。

今天，这种成年人的故事正在迅速发生变化，汽车不再像以前一样扮演主要角色。20世纪80年代，大约70%的美国17岁青少年都持有驾照[2]；但到了2014年，这一比例降到了45%以下。然而，不仅是美国的孩子们放弃开车，在加拿大、英国、德国、日本、韩国、瑞典和挪威，开车的青少年也同样减少了。[3]

发生了什么？有一个合理的解释是最显而易见的，那就是影响深远的数字技术突然来到青少年身边。到 2018 年，超过 90% 的美国青少年拥有或能接触智能手机，几乎所有人家里都有电脑或游戏主机。[4]不需要绝顶聪明，我们就能发觉青少年沉迷于埋头看手机和平板电脑，以至于他们已经很长时间不重视驾驶了。此外，一种新型的"直升机式父母"非常关注孩子，导致子女没有机会开车。2017 年，《大西洋月刊》报道称："一些年轻人的父母车技不错，所以他们没有开车的迫切需要……今天的年轻人把获得驾照形容为父母唠叨催促他们办的事情，这种想法是前几代人难以想象的。"[5]

在几年前第一次听到这种观点时，我立刻产生了共鸣，因为这也是我的故事。作为 20 世纪 90 年代早期的青少年，我觉得玩滑板比坐在轿车里更让人高兴。在迎来 17 岁生日时，我花钱买了电脑而不是汽车，那时我显得有些古怪，但现在来看，我的做法很合适。

许多观察者贸然得出相似的结论，即许多青少年拿汽车换手机，但时间线说不通。在 21 世纪第一个十年的中期，智能手机大量出现在大街小巷，逃避开车的青少年已经人数众多。青少年开车人数的减少始于 20 世纪 80 年代，当时新司机考取驾照的制度普遍转为更加严格的"分级驾照制度"。[6] 这些改革的本意是帮助青少年熟悉驾驶生活，随着时间的推移分阶段获得驾驶特权，新的规定通常要求未来的司机详细记录驾驶时受监督的情况。不出所料，许多青少年直接等到 20 岁再考驾照，在那个年龄段考驾照已经不需要受到这些限制。因此，智能手机并不是青少年开车人数下降的原因。事实上，在 2007 年苹果手机开始销售时，考驾照人数的下降速度已经有所减缓。[7]

然而，青少年成长在更加受限的世界中，智能手机为他们应对这样的世界发挥了中心作用。年轻人可以根据自己的需求，用自己的方式，用手中电子装置的力量重新组织整个汽车体系。谁能责怪新一代人的爱好呢？当你发现租车和订购比萨或寻找约会对象一样简单，为什么还要为汽车的麻烦事而费心呢？对青少年而言，他们只需要滑动几下手指，汽车就可以随叫随到。你想要不停地寻找停车位，每月偿还贷款，面对难闻的油泵吗？这些事还是交给别人去做吧。

驾驶不是因为技术而没落的，它只是过时了。在各地的经销商展厅，结果是无可争辩的——目前，美国汽车买家一般是 50 多岁的人。[8]

* * *

这或许是口袋里装着可以叫车的超级计算机的第一代人，但这不是我们第一次利用技术来减少对驾驶的认知需求。

到 20 世纪 50 年代，美国人发现开车的琐事妨碍他们享受美好生活。我们没有因为汽车而得到解放，珍贵的业余时间反而受到开车的限制，结果开车成为睡眠和饮酒等大众休闲的阻碍。

警察和无法正常开车的司机深夜相遇的故事很快成为流行文化的一部分。20 世纪 40 年代，哥伦比亚广播公司的《这是你吗？》是最早的真人秀节目之一，这个周日晚间节目在西雅图播出，后来吸引了太平洋西北部地区的大量听众，他们会认真地听着路边审问录音的每个词。半个世纪后，《美国警察》让电视观众看得津津有味。据报道，"有时交警的声音盖过了呼啸的警笛，交警猜测司机可能喝醉了"，但是"即便这样，有时司机只是因为一天的工作或是过长时间的驾驶而感到疲惫"。[9]

几年后，由于印第安纳州活塞环制造商正圆公司的总裁拉尔夫·蒂特所做的努力，让疲劳的司机得到解脱的装置出现了，尽管这不是给喝醉酒的人的。第二次世界大战期间，美国要求全国限速为每小时 35 英里，以降低民众的汽油消费量。[10]

蒂特受到为战争提供援助的启发，发明了他称之为"恒速调节器"的自动节气门控制装置。1953 年，蒂特获取该装置专利后，许可汽车制造商使用。制造商们给这个装置取了五花八门的名字，包括"控制自动化装置""接触自动化装置"，以及我个人最喜欢的"压力自动化装置"。[11] 但在几年内，通用汽车旗下的凯迪拉克提出了更加容易理解的名字——"定速巡航"，其可以用来形容上述所有这些装置。

定速巡航承诺了许多与今天的自动驾驶汽车相同的好处。像广告宣传的那样，该装置能缓解司机长时间脚踩踏板控制节气门的身心疲惫。通过维持更加恒定的发动机转速，汽车可以节省 15% 甚至更多的燃油。但是，定速巡航预示着人们对当前上市的部分自动化车辆的担忧越来越大，定速巡航使公路驾驶变得更加危险。2013 年，一项法国人开展的研究近距离地观察了坐在驾驶模拟器中的 90 名男性和女性，发现在定速巡航开启后，司机驾驶时更经常地变得粗心大意和昏昏欲睡，风险更高。[12] 近期，麻省理工学院的研究分析了 2.7 亿次汽车出行的遥测数据，发现在定速巡航激活期间，司机把高达 10% 的时间用在发短信、发邮件或者使用手机应用程序上。[13]

早在定速巡航的不利因素显露之前，汽车制造商更根本的安全疏忽就引发了一轮管理和政府监督浪潮，这对自动化领域产生的影响令人不寒而栗，自动驾驶汽车摆噱头的名字和广阔的愿景都消失了。20世纪七八十年代，《消费者保护法》得到完善，汽车制造商转而将重点放在不直接影响司机的幕后自动化方面。这些新功能炫耀着让人放心的名称以及丰富的工程术语，就像是词语大杂烩，更多的是唬人而不是提供信息。这些词语包括防抱死制动系统、电子稳定控制系统（用于降低翻车的风险）和牵引力控制系统（具有防滑功能）。

不过，这些措辞小心翼翼的术语已经过时了。随着汽车和计算机的结合，我们已经来到了修辞的十字路口。旧标签不再适用，新标签必须取代它们的位置。人们开始物色新的行话来描述未来的高科技。但在满是新科技的世界里，汽车制造商对汽车自动化的宣传正在转回到便利和舒适，就像碰撞测试中的假人在成为公众焦点之前的状态一样。但是，这些新词语可能会超出其他一切事物，塑造我们关于前方道路的希望、梦想和担忧。

缓存关注

在所有用来描述下一代自动驾驶汽车能力的术语中，没有一个术语像"自动驾驶"这么有用，也没有人能像硅谷的汽车制造商特斯拉一样充满勇气，充分地运用自动驾驶。埃隆·马斯克所创造的神奇汽车速度飞快、漂亮迷人，重新定义了电动汽车。如今，这家公司对自动驾驶也做着同样的事情。但是，当特斯拉公司需要给新功能命名时，他们采取了更为保守的态度。特斯拉的自动辅助驾驶功能追随着克莱斯勒汽车 Auto-pilot 系统的脚步，这款由蒂特设计的定速巡航系统于 1958 年被运用于克莱斯勒的帝国车型。

2014 年，我第一次见识特斯拉的自动辅助驾驶是在其推出该功能的几个月后，不是在别的地方，竟然是在奥斯陆看到的。通过提供大额度的免税，挪威政府长期鼓励购买电动汽车，当地政府允许电动汽车在合乘车道上行驶。作为世界上最富裕的国家之一，挪威迫不及待地想要放弃化石燃料（尽管它长期开发北海的石油和天然气）。结果，这个国家首都的交通高峰期出现了奇怪的景象——富有的、年龄较大的白人男性独自驾驶着昂贵的特斯拉汽车，造成了交通堵塞。

驾驶豪华的黑色特斯拉前行，顺着自动辅助驾驶功能的指引，这种感觉有点儿像驾驶苹果平板电脑。仪表盘的中心是计算机生成的汽车模型，以追逐的直升机视角拍摄（就像在赛车游戏中一样）。速度计和方向盘两个图标从灰色变为蓝色，表示计算机已经控制这些功能。如果有扇形的多边形物体从车辆的角落投射，就表示车辆发现了威胁或障碍物。你经过附近的车辆或被超车的时候，附近的车辆会出现在屏幕上，计算机会努力估算它们的大小和形状。自动辅助驾驶这种"小型数字化戏剧"的观众是显而易见的，那就是目前手机不离身的青少年，他们将成为未来的汽车买家。但也有一些东西是给年长者准备的。尽管这款看起来充满自信的汽车期待在未来实现完全由计算机控制，但它也想重温人们当初对定速巡航的兴奋，并重振太空时代人们对技术进步的坚定信念。

2016 年，关于自动辅助驾驶的营销正在加速推进。"所有汽车配备完全自动驾驶的硬件"，是特斯拉在广告中做出的承诺，但是特斯拉滥用了这个术语的含义，当时人们还没有设计出可以真正做到自动驾驶的软件。就其当时的情况而言，自动辅助驾驶只不过是能够较好地进行协调，将现有的自动化功能——自适应巡航控制、自动紧急制动、变道辅助融合在一起。与其他汽车制造商开发的自动驾驶汽车不同，特斯拉依赖的传感器系统并没有过于复杂。自动辅助驾驶系统没有采用大多数自动驾驶汽车通常会使用的车顶激光测距仪，而是通过一些便宜得多的数字摄像头（共有 8 个）和 12 个雷达与超声波传感器来"观察"。[14] 当其他自动驾驶汽车由前方道路的详细三维扫描结果引导时，自动辅助驾驶系统则能够像人类一样推断地形了，这有赖于采用略微不同的视角来合成不同的二维图像而创造出的一种层次感。

发现自动辅助驾驶的局限很容易，这真是让人感到害怕。2019年，我乘坐另一辆特斯拉汽车在犹他州的帕克城兜风，这次我是一名乘客。我的老朋友特里·施密特向我展示了他的新车特斯拉 Model S 的功能，当时我们正沿着224号犹他州国道行驶，接近犹他州奥林匹克公园的入口，这个公园是为2002年冬奥会而建造的。我们跟着一辆联邦快递的厢式货车，施密特把自动辅助驾驶的行车间距切换为1，即最激进的等级。即使我们的汽车速度达到每小时55英里，这辆车仍然紧紧跟着前方的车辆。在注意到我们的汽车跟得很紧时，货车的转弯信号灯亮了，突然驶入了最右边的车道。特斯拉汽车监测到前方道路空旷后，立刻带着我们重新提速，此时前方150英尺①的交通信号灯从黄色变成红色。

施密特解释道：“他们还没有发布监测红灯的功能。”他猛踩刹车，迅速让车停了下来。十字路口的车辆呼啸而过，如果自动辅助驾驶按照自己的方式行进，我们可能就已经在十字路口了。这一连串的事情并不稀奇，自动辅助驾驶通常会让司机

---

① 1英尺=0.304 8米。——编者注

陷入无法预料而又危险的境地[15]，特斯拉车主也已经报告了数量惊人的漏洞。[16]最令人担心的是"幽灵车"，即只存在于屏幕上的误报车辆。同时，更吓人的例子是你附近真的有一辆汽车，但屏幕上并没有显示。2016—2018年，特斯拉发生3起致命撞车事故，都是因为汽车和自动辅助驾驶明显错误分类的物体相撞。[17]

我们在红灯前等待时，我屏住了呼吸，施密特则显得镇定自若，继续向我展示特斯拉的功能，浏览着汽车屏幕上的菜单。他挑选了其中一项最新功能——自动辅助导航驾驶，该功能使汽车能够在公路上自动做出变道的决定，并保持目标速度。这个功能有控制选项，允许司机按照3个级别调整计算机控制的开车速度："低速"适合仍在适应自动驾驶软件的人；"中速"为大众提供了合适的默认值；最无所顾忌的等级是"疯狂的麦克斯"，这个名称取自1979年梅尔·吉布森主演的电影片名，片中反叛的公路团伙统治着世界末日之后的荒原。这个尖刻的名字起初看上去挺巧妙，但对软件已造成人员死亡的公司来说，取这个名字是缺乏敏锐性的行为。

人们将自动辅助驾驶与致死事故的关联聚焦在检查软件如何感知外部世界上，但是系统追踪车内情况的能力不足，才是短期内对自动驾驶技术声誉的最大挑战。以乔舒亚·布朗为例，他是 2016 年第一个死于自动辅助驾驶相关车祸的人。据联邦调查员所说，在布朗驾驶的最后 37 分钟里，他仅有 25 秒是双手放在方向盘上的。[18] 在这次车祸发生之前，在笔直的公路上高速行驶下，自动辅助驾驶按照设计在向司机发出最初的视觉警报之前等待长达 5 分钟。司机只需要轻轻触碰一下方向盘就能解除警报[19]，在这种情况下，司机容易长时间深度参与其他活动，偶尔满足一下触摸方向盘的计时要求。

布朗的去世带来了一些设计修改，使得自动辅助驾驶的警告窗变得更加严格。如果司机 60 秒没有用手操作，自动辅助驾驶系统便会发出声音警报，如果在同一个小时内发出 3 次警报，那么汽车就会停止运转，只有在停车后才能重置。[20]

但这些新限制就够了吗？自动辅助驾驶继续催生了一连串令人不安的司机行为不当事件。据报道，2018 年，一位特斯拉车主坐在乘客座位上，而自动辅助驾驶系统指引着车辆在英国的公路上行驶。[21] 几周后，加利福尼亚州的公路巡警被迫出动两辆车来夹击自动辅助驾驶控制的特斯拉，使其在雷德伍德城外的美国 101 号国道停下，然后发现喝醉的司机昏倒在驾驶座上。[22] 监督机构"消费者报告"对 2018 年部分自动化系统进行了详细调查，发现特斯拉让司机保持参与驾驶的手段极度匮乏，因此给特斯拉打了最低的分数。评论者们抱怨："因为特斯拉的自动辅助驾驶能让车辆一直在车道中间行驶，这种能力令人惊叹，所以司机很容易过分依赖这种功能。"[23]

关于部分自动化驾驶的警示灯多年来一直在闪烁。2010年，弗吉尼亚理工大学的研究员让实验对象坐在模拟的部分自动化无人驾驶汽车里进行了 3 小时的公路旅行。当科学家们开启测试车辆的车道保持软件时——这种形式的自动驾驶与特斯拉的自动辅助驾驶相比受到更多限制，整整 58% 的司机在观看 DVD，另外 25% 的司机在阅读。在 3 小时的车程中，一些司机有 1/3 的时间视线不在马路上。[24]

类似上述的这些结果可以解释为什么保守派的汽车制造商采取更加谨慎的方式来获得注意。通用汽车在 2017 年采用的"超级巡航"拥有成熟的司机监控系统，用红外线追踪头部位置的摄像头"对准了司机的脸"[25]。如果你看向别处超过 5 秒，系统就会开始唠叨；如果你一直置之不理，15 秒后系统就会停止驾驶。[26] 如果说特斯拉是心不在焉的保姆，那么超级巡航就是"直升机式父母"。

我不羡慕自动辅助驾驶和超级巡航的设计师，要让部分自动驾驶技术既适用于在公路上行驶，又吸引汽车买家，这绝非易事。20 世纪 80 年代，航空领域出现了"机组资源管理"这一套完整的科学，旨在降低重型驾驶舱自动化的风险。[27] 相对而言，汽车制造商只是刚刚起步。然而，等到汽车全自动化实现了，计算机让我们完全从各种驾驶任务中解放出来，我们一定要细心管理眼睛、耳朵和思想，就像管理转矩、油门和牵引力一样。

* * *

在争夺消费者注意力的战争中，汽车已经长时间向屏幕让步。在美国，人们花在旅行上的时间在 20 世纪 90 年代达到峰值。如今，美国人平均每周外出的时间比上一代人少了 22%。在不必忙碌奔波时，我们打发时间的方式已经有所改变——远离工作和杂务，转向居家休闲活动，例如看电视、使用电脑和睡觉。[28] 如果你曾经观察过青少年一段时间，对于发现这个年龄段的人在很大程度上推动了这股趋势，你就不会感到惊讶了。

不过，随着沙发和电脑融入全自动驾驶汽车的内部，这一切可能会迅速发生改变。汽车制造商已经在重新构想汽车内部，将汽车内部改造为车轮上的起居室和办公室。奥迪的未来概念车"长途休息室"的特色是具备非常大的窗口，窗口也可以作为屏幕，投放乘客移动设备的内容或是接收外界信息。[29]

让人们平静地享受这些数字设施，并让"计算机司机"观察路况，这是一种可喜的变化。人们在车里浪费了许多宝贵的时间。据估计，到 2050 年，在世界上最拥堵的城市，全球自动驾驶汽车每年可以节约 2.5 亿个小时的通勤时间[30]，仅在美国这就价值 1 500 亿美元[31]，而美国有 86% 的劳动力乘坐私家车上下班。让那些堵在路上的闲置头脑重新回到工作状态，将成为汽车完全自动化的最大好处之一。

需要留意的问题是，几乎没有证据表明人们新获得的时间会真正用于工作。近期，美国、欧洲和英国的研究表明，结果正好相反，人们十分厌恶在车内工作。当自动驾驶汽车的潜在买主被问及他们希望如何打发节约下来的时间时，最热门的回答包括看电影、与朋友或家人聊天、上网冲浪、看着窗外和睡觉，工作则是排名最后或接近倒数的回答。[32] 这些偏好似乎也是持久的。在过去 5 年的许多调查中，尽管有更广泛的人认识到自动驾驶技术的实际能力，但是人们的选择偏好几乎没有改变。

这种现实或许需要汽车设计师花些时间去适应。人们经常认为工作是未来自动驾驶汽车内部生活的主要焦点，这已经成为老生常谈。一位科技博主抨击了一系列自动驾驶概念汽车："为什么这些汽车内部的设计看起来都像小型会议室呢？无论这辆汽车能自动驾驶得多么好，或者你不看马路的表情多么自信，这个世界最不需要的就是增加会议室。"[33]

另一方面，数字媒体业务已经在准备塑造移动数字体验的新领域。奥迪汽车招募迪士尼公司团队，为熟悉媒体的乘客设计车内虚拟现实体验。[34] 起亚汽车制造了采用面部扫描的概念车，以识别和读懂乘客的情绪，调整内容推荐。[35] 实际上，车内媒体的市场可能非常广阔，自动驾驶汽车乘客这个集体将组成最大规模、最富裕的被动观众群体。车内装有 360 度全景屏幕墙，输送内容的宽管道利用汽车计算机连接到云端，乘客连续几个小时无所事事，车内娱乐可能有一天会成为比当前整个汽车产业规模更大的市场。[36]

在这方面，汽车制造商对车内监视的投资可以达到最佳效果。尽管当部分自动驾驶汽车统治公路时，监视司机似乎是权宜之计，但是一旦计算机永久地掌握了方向盘，这些摄像头就不会消失了，它们将被改造，以对你进行扫描和提供精准定位的媒体服务。一路上，汽车甚至有传感器假借测量驾驶压力之名，识别你本人的心跳。[37]

自动驾驶时代可能出现的一种商业模式是获取我们的注意力，并实现注意力的货币化。通用汽车已经开始追踪司机听什么电台节目，并通过将这些数据和司机去往何处的记录结合起来，定制每个宣传广告。[38] 福特汽车想更进一步，也希望利用旗下金融部门掌握的车主的金融数据和人口统计学的珍贵数据。

公司首席执行官韩恺特表示："我们知道人们做了什么……因为他们向我们借钱，我们知道他们是否已经结婚，我们知道他们住在自己的房子里多久了，这些信息都包含在信贷申请中。"[39]这给金融市场传递了明确的信息，汽车公司计划在改造内饰行动中大赚一笔。

投资者可能痴迷于沉浸式车载娱乐的前景，但是对政策制定者而言，这种意想不到的进展是令人失望的转变。电视剧和电子游戏将侵蚀人们由于自动化通勤而产生的认知盈余吗？更令人担忧的是，我们原本以为这个大型的注意力基础设施在外界接受训练，确保我们的安全和健康，但它一定会使我们内心感到愉悦吗？自动驾驶汽车解放的新无产阶级没有出现，以前的司机在未来注定只能成为内容农场的农奴吗？毕竟，谷歌、百度和 Yandex 分别是美国、中国和俄罗斯的最大搜索引擎，而且都属于对自动驾驶技术投资极多的公司。

你的行程可能变得不同。对于这种像生活在玻璃鱼缸里一样毫无隐私可言的未来，富人能找到退出方法，享受无广告的优质服务，在疲惫时得到休息。但对很多人来说，未来出行不可避免地意味着坐在自动驾驶汽车的客厅里，屈服于汽车对乘车人员的扫描、归类和推销。

你是最薄弱的一环

分心驾驶被定义为"注意力从安全驾驶任务转移到其他事情上"，这真是有力的杀手，你只要将目光从路上移开两秒，发生车祸的概率就立即变为原来的两倍。[40]

多年来，广告牌、广播电台和快餐都在与前方的道路争夺司机的注意力。尽管马路上和我们车内令人分心的事物越来越多，但驾驶安全几十年来还是逐步得到了提升。美国每年死于车祸的总人数在20世纪70年代达到峰值，随后迅速下降，尽管人口和总行驶里程仍在增加。[41]法律要求提升汽车设计的安全性，改善道路布局，强化交通规则的执行，这些对于保障所取得的成果至关重要。同时，对驾驶员的教育也扮演着重要角色。人们接受目光一直停留在道路上的训练——在大多数情况下，他们都做到了这一点。

2005年，这种延续已久的趋势突然发生反转。就在我们开始把手机和电脑带到我们的汽车里时，可怕的事情再次发生。2005—2008年，美国由于分心驾驶导致的死亡人数上升了28%。[42]2016年，仅在美国，分心驾驶就导致了3 500多人死亡和近40万人受伤。[43]

但这是一个世界性难题，世界卫生组织已经将分心驾驶列为全球健康危机，因为有证据表明，开车时使用手机的人发生车祸的概率是平时的 4 倍。[44] 法国、葡萄牙、英国和澳大利亚等几十个国家已经制定了严格的法律，限制司机开车时使用移动设备 [45]，但是道路上的死亡人数仍在继续攀升。

＊＊＊

高速行驶的汽车和掌上电脑存在"有毒的不兼容性"，这让所有人感到惊讶。但更令人意想不到的是，让智能手机分散人们注意力的这种技术掌握了解决方案的关键，那就是无人驾驶汽车。思考一下：把一些芯片和摄像头组装起来，再和云端连接，把它们放在人们的手里，可能会造成公共健康灾难；如果将它们连接在一起并安装在汽车上，那么令人分心的发动机就会变成注意力集中的机器，可以替代难免会犯错误的人类司机。

这绝非易事，完全自动化的汽车必须掌握三项基本任务——扫描、学习和驾驶。

首先，计算机需要"看清"周围的世界。对人类而言，这完全是一项视觉活动。对自动驾驶汽车而言，这涉及许多不同的电磁波谱范围，主要使用 3 种工具：雷达、激光雷达和数字摄像头。雷达和激光雷达像蝙蝠一样工作，通过声呐的吱吱声了解夜晚的地形，发出不同频率的信号，接收从马路、车辆、大楼和地形反射回来的声音。摄像头不能发光，只能吸收周围物体反射的光子。这些传感器各有利弊，决定使用哪种传感器需要面临复杂的权衡，考虑颗粒度（或细节层次）、范围、视场、不同光线和天气条件下的有效性、体积和成本等因素。

雷达这个词意为"无线电探测和测距"，它便宜耐用，因此得到广泛应用。雷达的迅速发展是人类在第二次世界大战期间技术领域最大的意外收获之一。尽管雷达缺乏精细的分辨率，但它的微波束能够轻松地穿透雨和雾，有助于在近距离探测领域发挥作用。与我们在电视和电影里看到的巨型雷达抛物面天线不同，当前汽车雷达传感器围绕一个小小的芯片系统——中央处理器来安置，中央处理器将许多以前单独的部件集成到同一个程序包中，可以被轻松安装在汽车的外部。雷达为目前许多汽车的特色功能提供动力，包括自适应巡航控制、停车辅助和盲点监测。雷达甚至能从人行道和前车的下方空间反弹回来，以提供前方的交通视图。

相比之下，激光雷达非常昂贵，较为脆弱，显然仍是少见的。激光雷达在车顶旋转并发射激光束，其追踪的功能达到厘米级精度。它能提供汽车周围环境360度的视野范围，包含几百万个像素，每秒更新十几次。[46] 然而，激光雷达也有局限性：无法透过浓雾、雨或雪进行识别；尽管人们努力把激光雷达的价格降下来，但其费用依然相当高昂。例如，谷歌的自动驾驶姐妹公司 Waymo 声称，其过去 10 年已经将激光雷达的成本降低了超过 90%，每辆自动驾驶汽车从约 7.5 万美元降到 7 500 美元以下。[47] 这对自动驾驶出租车公司来说已经足够便宜，但对消费者来说依然价格过高。不过，随着类似于雷达领域先驱的固态设计在未来 10 年进入市场，安置在芯片上的激光雷达设备有望让这项技术变得更加便宜和便携。

尽管激光雷达像喷气式战斗机一样具有吸引力，但看似普通的数字摄像头承担了现代自动驾驶汽车"感觉器官"的重任。摄像头具备巨大的优势：分辨率比雷达高，监测距离比激光雷达远。[48] 在软件为摄像头注入强大动力后，没有什么装备的性价比可以与摄像头相媲美。不过，由于摄像头依赖于环境光，它在夜晚的效果较差。

此外，自动驾驶汽车不断发展，利用了一些非可视的信息来源。例如全球定位系统（GPS）追踪，通过无线电与信标塔联络，根据约 1.25 万英里高的高轨道地球卫星进行计算，并开展一些复杂的三角测量。来自发动机传感器和车载仪表的遥测使得行程更加完善。据芯片巨头英特尔公司介绍，一辆全自动驾驶汽车每天总共记录大约 4 太字节的数据，留下的数据痕迹相当于 3 000 多名携带智能手机的公民处理日常事务所产生的数据规模。[49]

随着自动驾驶第二步的开始，这项数据被收藏在温暖而干燥的地方（不是在发动机盖下面，更有可能在后座下方）。汽车来不及将数据传输到云端，所以一台小型超级计算机已经开始运转起来。不管你年纪多大，只要你确实到了可以驾驶的年龄，那么今天的部分自动驾驶汽车的计算能力，也几乎肯定比你出生那天整个星球的计算能力更强。以芯片制造商英伟达最先进的车载自动驾驶汽车计算机"飞马座"（Pegasus）为例，这种现代自动驾驶机器号称拥有 5 个芯片的能力，每秒可执行 320 万亿次操作。这几乎是国际商业机器公司（IBM）的"蓝色基因／L"超级计算机速度的峰值，这台机器于 2005 年建成，造价约 1 亿美元，一度是世界上最快的计算机，旨在破解蛋白质折叠的谜题。计算机工程领域取得了这样令人惊叹的成果和快节奏的进展，以至于昨日的神奇机器成了今日的家仆。

像"飞马座"这样的芯片正在将汽车内部的工作重心从动力系统转移到中央处理器，并改变所需的"燃料"种类。你旧车的发动机利用了内燃动力，它吸入汽油并将其转化为机械功率，让车辆可以沿着道路行驶。而自动驾驶汽车里的新发动机由深度学习驱动，它摄取了吉字节的数据，并吐出一连串指引你在道路上前行的见解。

深度学习听起来比它本身更神秘。让深度学习发挥作用的人工神经网络最早可以追溯到 70 多年前，这些算法大致上基于哺乳动物的头脑，是早期大有前途的人工智能研究分支的基础。但在遭遇多次引人注目的失败后，主流的研究群体基本上放弃了这种途径。然而，在 20 世纪 80 年代，少数学者继续从事关于神经网络的实验，攻克了语音解码和辨认手写文本等模式识别难题。到 20 世纪 90 年代初期，这项技术已经发展到将神经网络运用于银行和邮政系统的阶段，它每天可以辨认几十亿份字迹潦草的支票和信封。[50]

让神经网络重新成为关注焦点的重大突破拥有充满极客色彩的名字，例如卷积和反向传播，这是该领域经历了长期的默默无闻后留下的财富。但通过将多个神经网络编织在一起，形成堆栈（"深度"），这些技术极大地改善了机器学习的预测能力。更值得一提的是，它们看上去拥有直觉（"学习"），在设计深度学习模型时你不需要原原本本地描述你期待什么，比如识别猫的照片，你只需要给这个系统提供 100 万张猫的照片，它就能自己推导出猫的基本特征。这个过程被称为"训练"，它通过缓慢校准堆栈不同层级内部和层级之间的节点，加强有助于取得准确结果的连接，删减那些没有用处的节点。然而，深度学习确实至少存在一个主要缺点：它是计算机能力的贪婪消费者。因此，直到21世纪第二个十年的中期，中央处理器变得既便宜又强大，网络上出现大量用户生成的照片，这两者同时到来，才为深度学习迅速流行创造了理想条件。

今天的自动驾驶汽车运用深度学习，不是用来寻找小猫，而是用来区分货车和行人，或者告诉你前方道路是否铺上了沥青或布满砂砾。但具有讽刺意味的是，你的自动驾驶汽车也在利用这种对现实的新控制方法来欺骗自己，这是因为无人驾驶汽车更像是在基于现实世界的电子游戏里自动行驶，而不是在现实世界中行驶。像所有精彩的游戏一样，这个游戏有一个名为"占据栅格"的赛场。占据栅格提供了一种几何结构，其用于组织计算机所知道的正在发生的一切，包括已存储的地形和道路地图，以及神经网络识别的物体。[51] 占据栅格是汽车可以理解的整个宇宙。

精彩的游戏也需要构建完善的规则。自动驾驶汽车按照预编程序工作，了解物理学的基本定律和交通规则，还要让深度学习再次发挥作用，推断转弯车辆和摇晃不定的骑自行车的人可能做出的行为。所谓的"车队学习"聚集了大批自动驾驶汽车的数据，从数千次经验中推导可能发生的情况，例如左转弯并入迎面而来的车辆，或者停在拥挤的路边，或者获得现代驾驶的其他乐趣。一辆汽车学到的东西，或者它在云端的导师从车队中提炼的东西，都能被立刻灌输给所有汽车。

最后，无人驾驶汽车准备马上行动。自动驾驶汽车占据了栅格，运用其对自然界和人性的理解，预测接下来将会发生什么。在游戏面板中，这些预测由"不确定性锥"表示，基于最后观察到的速度、轨迹和其他可能影响路线变化的因素，指示物体未来可能处于哪些位置。[52] 软件会权衡选择和做出决定，将虚拟表现形式转化到物理世界中。开关和发动机接受命令，油门、转向和刹车装置使这个"钢铁猛兽"摇来晃去。迄今为止，一切事情纯属猜测，近似于寄存器存储的比特。如今，这些原子正在蹒跚前行，整体势头显而易见，橡胶轮胎上路接受检验的时候到了。

* * *

这种对计算机能力的动员具有历史意义，是对汽车时代杀戮的公正回应。无人驾驶支持者用令人震惊的数据来解释理由。到 2030 年，每年死在司机手里的人将比死于艾滋病、癌症、暴力或糖尿病的人更多。[53] 相比于其他原因，轿车和货车导致 5~29 岁死亡的人数最多。[54]

但是，更多的技术就是最佳解决方案吗？我们知道一些成本更低、更加快捷、更可靠的方案，它们已被证明有助于减少交通事故死亡人数，包括系安全带、设计方便行人的街道、倡导公共交通和对驾驶员进行教育。当我们畅想无人驾驶的未来时，我们抛弃了这些久经考验的解决方案，却允许我们自己被改造为电脑游戏里的幽灵，我们的成绩不是由我们的固有价值来衡量的，而是由我们对自动驾驶汽车车主造成的风险和所负的责任来衡量的。

在我们拥抱无人驾驶的未来时，我们也将人类尊严置于危险境地。自动驾驶只赞颂一丝不苟的机器所取得的成就，无人驾驶将进一步定义为消除人类缺点。我们赞美计算机认知清晰，指责我们自身心不在焉。无人驾驶让我们处于守势，嘲弄我们对彼此和自身的恐惧，这让我们成了问题所在（而非技术）。最糟糕的是，我们放弃了自己作为汽车时代受害者的正当角色，反而为技术的罪行承担全部责任。

自主论者

对一些自动驾驶汽车的拥护者来说，歌颂精巧装置和贬低人类能力是不够的，他们试图为完全自主驾驶的汽车留出新的主权领土，让它们能够独立行动，不受外部控制。这些野心让一些人担心发生机器人革命，但是我所说的"自主论者"提出了令人信服的理由，即我们应当利用机器的独立性来改善社会。他们的纲领有以下三个要点。

第一，完全自主的驾驶即将到来，更重要的一点是这件事必然发生。任何新生的意识形态都需要修辞的楔子来让它的信仰者从人群中分离出来。自主的追随者因为他们坚定的信仰而团结在一起，相信技术将履行诺言。这种确信归因于强悍的计算机处理能力的快速完善，破译驾驶环境和行为的数据越来越丰富，以及深度学习等人工智能技术日益精细。

"自主"这个词在权威专家和预测者手中成为一种武器，用于传播对未来快速和毁灭性变化的恐惧。对他们而言，从自动驾驶汽车（类似于20世纪中期经过测试的有线制导和遥控方案）到完全自主驾驶的汽车（汽车能够完全独立运行），驾驶实现了从马到汽车一样的巨大飞跃，自动驾驶汽车技术含量低、风险低、回报低，自主驾驶汽车技术含量高、风险高、回报高。这种修辞的分裂是有预谋的，意在凸显"落日余晖"汽车工业和"明日之星"硅谷在工程理念上的分歧。

自主论者还相信，大规模采用自主驾驶汽车将促进社会和经济进步的良性循环。如果第一个要点最吸引极客，那么第二个要点传递的信息则是对大众的救赎。汽车曾是强有力的现代象征，但如今人们通常对汽车嗤之以鼻，认为开车是造成污染、危险和孤立的交通方式。然而，自主驾驶能将汽车变为永远不会撞毁、随叫随到的魔法战车，并且自主驾驶汽车永远不会挡道。当科技巨头和充满想象力的设计师揭开序幕，展现好得令人难以置信的未来愿景压缩套装时，自主性就是将整个表面黏合在一起的名词、动词和连词。

第三，自主论者认为，即使政府需要在无人驾驶革命中扮演任何角色，也应该尽可能少地参与其中。他们认为，真正的自主驾驶汽车完全能够在现有道路网络中运行，政府不需要建造昂贵的新基础设施。[55] 2013 年，谷歌机器人汽车项目的主管安东尼·莱万多夫斯基提出："我们没钱修补路面的坑洼。为什么我们要将资金用于在路面铺设线路呢？"[56] 此外，因为智能手机可以召唤无人驾驶汽车，为消费者提供无数的选择，所以市场应当没有受到破坏，可以自由竞争。在这方面，自主论者热切地接受了由网约车公司推动的解除对出租车行业的管制，这延续了 20 世纪 90 年代初期自由主义智库所做出的努力，并受到亿万富翁查尔斯·科赫和戴维·科赫的资助。[57]

在实践中，许多自主论者鼓吹的东西被证明是虚假的，自动驾驶汽车并没有人们口中所说的那么独立。事实上，它们是有史以来最依赖基础设施的交通工具！一方面，自动驾驶汽车依赖于蜂窝网络。美国农村绵延的公路在蜂窝网络覆盖方面存在较大缺口，无人驾驶汽车将会遇到困难。康奈尔大学科技校区的自动驾驶汽车专家温迪·朱（Wendy Ju）指出，自动驾驶软件的制造商仍在试图理解，如果没有网状栅格，自动驾驶汽车能够安全运行多久，默认假设暗示他们现在还不能理解。[58]自动驾驶汽车也需要强大的无线连接，才能实现自主论者不断改进技术这一首要准则，这得益于通过车队协同工作来理解世界。来自自动驾驶汽车的实地数据一定会不断地被输送到云端的"超星系团"，并被批量分析。[59]

　　现在，对于那些违反他们自己反依赖正统观念的观点，我会让自主论者脱离困境，与私有部门的无线网格连接，至少与他们倡导自由市场的世界观一致；但是对于公众，自动驾驶汽车同样以多种多样的方式为之倾倒，真是出人意料。卫星之所以能驻留在空中轨道上，是因为美国、欧洲和中国纳税人支付了费用。如果人们没有每时每刻向天上的这些导航之神致敬，自动驾驶汽车将不复存在。现在看看道路，如果没有它们，自动驾驶汽车会寸步难行。铺设道路，让下水道排出雨水，让路灯照亮道路，让警察和紧急医疗队巡逻——这些都是政府的基本职责，但是自主论者并没有在未来史中将它们全部写出来。如果没有政府不断粉刷，即使像车道线这种表层的东西也会消失，而自动驾驶汽车摄像头必须看清车道线。

自主论者也没有赞扬大量被动员起来标注图像的工人，深度学习系统需要这些输入。大批人类导师需要花费无数时间，完成单调乏味的"人类智能任务"（人工智能行话热词），在创造这项技术的历史上，他们的作用最被低估。例如，谷歌在印度保留了训练第一批自动驾驶汽车的团队，总部位于西雅图的Mighty AI 公司拥有 30 万名在线零工。[60] 在自动驾驶汽车软件开发的早期，其中有些工作只需做一次，为算法训练提供基准。但是，许多人类操作者必须一直辨认计算机视觉无法解释的图像。

尽管自主论者有些不自量力，但是按照"脱离"次数来衡量的话，自动驾驶汽车朝着完全自主性发展的进程仍在继续。"脱离"是指在驾驶测试期间，人类安全工程师被迫介入，从遭遇阻碍的自动驾驶计算机那里拿回控制权。例如，2017 年，通用汽车公司的雪佛兰博尔特汽车在旧金山富有挑战性的地形上行驶，平均每隔 1 254 英里就需要脱离自动驾驶状态一次，相比于前一年计算机每隔 235 英里就停滞不前，取得了巨大飞跃。[61]

我们尚不清楚这样的提升速度能否维持。对跻身深度学习梯队前列的公司来说，前进的步伐变得不稳定。例如，行业领导者 Waymo 公司遥遥领先于通用汽车公司，但 Waymo 公司 2017 年的脱离率只比前一年改善了 10%[62]；接着在 2018 年，该公司取得巨大进步，脱离前能够自主行驶的平均里程增加了一倍多。[63] 如此不平稳的前进过程，就像犹豫不决的自动驾驶汽车本身，暗示着前方道路具有不确定性。进展会再次放缓吗？还是说这个产业正在真正接近完美的技术？

* * *

"真正的自主性"可能一直以来都是假的。即便我们使计算机控制的驾驶达到完美状态，"自主"的含义也已经超出了原来的定义范围。《牛津英语词典》将"自主"定义为"不受外部控制或影响"[64]。然而在实践中，正如加利福尼亚州官方使用的定义，自主技术仅仅"拥有驾驶汽车的能力，不需要人类操作员主动进行物理控制或监督"[65]。唯一留给自动驾驶汽车的独立性来自我们人类，而不是来自其他机器、网络、法律或市场。

这种理论与实际的差异很重要。对汽车而言，自动驾驶汽车与基础设施的共生关系将对公共资源产生越来越多的需求。据估计，仅美国就需要 40 万个 5G（第五代移动通信技术）无线基站[66]，大多数基站覆盖的是未来的自动驾驶汽车队，为此需要支付的大约 1 500 亿美元必定来自私营企业[67]，但是，大段的公共电波将被永久捆绑，以支撑自动驾驶汽车连接云端的生命线。同时，布置 5G 网络的密集的天线网络已经引发美国市政当局的强烈反对。

这种"诱导转向法"不可能就此结束。"自主"空想没能依靠自己来引导无人驾驶革命，反而很快认识到新的现实。自主论者的表象将被剥去，更加务实的新自由主义悄然而生。自动驾驶汽车制造商将拉着公共部门来深度参与项目，而不是将政府推开。在早已过去的日子里，汽车业和政府似乎必须合作，在各地铺设引导电线；像通用汽车这样的公司要为了所需要的改善而支持"国家目标"理念。[68] 相似的修辞将被用来招募纳税人，从而为铺设"幽灵之路"买单，这似乎是免不了的事情。

新行话

无人驾驶革命的舆论导向专家面临着艰巨的任务，我们对智能汽车的恐惧就像我们对它的渴望一样根深蒂固。记得克里斯汀吗？这辆 1958 年产的"普利茅斯复仇女神"款汽车鬼魂附身、嗜杀成性，在斯蒂芬·金 1983 年的小说和电影中生动地表现了出来。谁能忘记随着阿尼的注意力转移到年轻的丽身上成为电影的焦点，克里斯汀的车前灯第一次闪烁着邪恶的复仇微光呢？

我们害怕这些机器无可厚非。这些技术背后的许多思想直接与我们牢牢坚持的价值观相背，忽视社会规范，并威胁到我们的生计。但我们的恐惧对它们有利，这种恐惧成为推销未来技术的工具，让我们彼此反目成仇，甚至自我矛盾。鼓吹自动驾驶、无人驾驶和自主未来的语言大师使用人类低劣、过时和替代人类等言辞，煽动我们投入这股热潮，使我们无法采取行动。他们让我们很容易选择"颠覆"——伴随新技术而来的变革过程通常既有利可图，也是混乱痛苦的。

但我们或许可以笑到最后，因为我们有理由认为，自动化将使驾驶变得更重要，而不是次要，它会让人类发挥更加重要和令人兴奋的作用，而不是将人类推向边缘。

首先，在可预见的将来，如果技术能强化司机的能力而不是替代司机，制造和推销技术将变得更加容易。这不仅仅是因为其中涉及工程挑战，还因为人们想要自动化，这通常与节省劳动力无关。20世纪50年代，家用电器在美国家庭中广泛应用，研究家庭生活的人类学家注意到一些奇怪的地方。使用这些本该节省时间的技术的女性花在清洁上的时间并没有减少。不过，有个重要变化出现了，那就是社会可接受的清洁度标准提升了。[69] 同样，我们很容易想象自动化会提高未来安全、快速或绿色驾驶的标准。超级计算机不会完全控制汽车，而是心甘情愿充当睿智的生活教练，为非常体贴的"足球妈妈"、用有限的油量跑更多里程的爷爷和驾驶改装的高速汽车的富有魅力的健美男子提供服务。自动化不会变成只有开或关的二进制事物，它的价值不能仅用时间来衡量。我们将使用自动化来发明由各种软件辅助的新驾驶方式，匹配我们不同的需求和愿望。

其次，司机要做的不只是驾驶！这是一种显而易见的见解——当我们谈论驾驶出租车、货车和公共汽车的专业人员时，这是不可避免的——但我们会吃惊地发现，关于自动驾驶汽车的辩论很少考虑这个因素。专业司机装卸货物，给车加油，准备和提供食物，移除废物，进行日常维护和紧急维修，处理安全问题，应对医疗突发事件。不过，为实现这些功能自动化而进行的研究和开发数量微不足道。尽管一些功能确实可以实现全部或部分自动化，但是这么做会付出更大的成本，也是不切实际的。

再次，正如早期技术采用者对所有其他汽车创新所做过的，他们会刺探、激励和容忍自动驾驶汽车技术，以追求高性能和娱乐，因为他们是喜欢驾驶的人。特斯拉彻底改变了电动汽车，通过利用电动机创造的瞬时扭矩提供惊人的加速度，将电动汽车从机动车的有缺陷的表亲变为更加优越的继任者。德国豪华轿车制造商已经看到"稍微改进电动发动机的性能，以提供优质体验"的机会，矛盾地断定"乘客会为了更舒适的驾驶体验支付额外费用，即使他们不再开车"[70]。我们可以期待更多奇异的人机驾驶混合为我们的驾驶体验增加动力，或者用一些新颖和非凡的东西替代方向盘吗？想象一下，不是机器管理的豆荚车世界，而是高速公路上挤满了用意识控制的摩托车，刚学走路的小孩驾驶牵引挂车，电子设备发烧友加速穿梭前进，速度达到人类极限。软件能让这一切发生，市场运作方式和我们自身的习惯或许能让这些奇思妙想成为可能。

最后，将驾驶委托给计算机可能让操作车辆变得更复杂，而不是更简单。长期以来，航空领域的情况就是如此，现在的飞机驾驶员需要更多训练。[71]机长切斯利·萨伦伯格提出："技术没有消除错误，但它改变了已有错误的本质，又引入了新的错误。"[72]他是全美航空公司的飞行员，2009年他将飞机安全降落在哈得孙河上。如果驾驶舱里的自动化进一步普及，机器的说明书就会变得更厚。[73]

目前，我们描述未来出行的术语问题重重，证据就在于公众态度。根据汽车驾驶员保护组织美国汽车协会的年度调查，2017 年美国 63% 的司机反映，他们"害怕乘坐完全自动驾驶的车辆"。6 个月后，在发生了几起广为人知的部分自动驾驶汽车车祸后，持怀疑态度的司机比例增至 73%。[74] 过去 10 年，汽车工程师没有尽力而为，他们将汽车自动化分为 6 个等级，这只会让公众感到困惑。除了工程师，还有谁会从 0 开始给列表编号呢？

自动驾驶汽车行业逐渐认识到，这项技术的成功取决于找到更适合的词汇来描述。例如，2019 年 Waymo 公司宣布了一项新的出租车服务，这项无人看管、"乘客专用"的服务遗忘了人类安全监督员。[75] 幸好，现在这种新词汇的基本要求比几年前更加清晰，至少我们需要短语来填补部分自动化的"恐怖谷"，即命名因分散控制，以及人类和机器感知的细微差异引起的误解和错误传达而产生的模糊情况。

不过，人们也创造了一整套词语来解释陌生的远程操作时空。如今，Waymo 公司的"车队响应"团队成员在亚利桑那州钱德勒的中央指挥中心监控现场车辆，每当自动驾驶汽车在路上遭遇意外时，团队便用"另外一双眼睛参与其中"。这些操作员不用驾驶，但会批准自动驾驶汽车规划的绕行，例如开车经过并排停放、挡住单车道的车辆。[76] 货运行业也在尝试人工遥控。初创公司星空机器人（Starsky Robotics）正在开发能在公路上自动驾驶的大卡车，但是当这些卡车在当地街道行驶时，则由远程控制中心的人类操作员来操控。这就像在大型船舶靠近海岸时，海港领航员控制船只。我们应该如何称呼这样的安排呢？[77] 更小的范围内还有类似的例子，麻省理工学院的桑贝·金制造的机器人能按照人工智能的引导在地面上行进，人类的双手远程控制臂膀和起重机，精确地操纵眼前的世界。[78] 我们现在使用的自动驾驶、无人驾驶或自主驾驶等词语，都没有捕捉到这些人机混合的重要意义或独特之处。如果我们想要理解人们对它们寄予的期望，那么它们需要合适的标签。

然而，最重要的是逐步废除当前描述自动驾驶汽车的术语，我们需要的术语应将重点从计算机和汽车转移到自己身上。与"不用马拉的马车"以及"蜂窝电话"等其他很快被弃用的新技术术语一样，"无人驾驶汽车"和"自主驾驶汽车"是工程师使用的术语，用来定义与旧事物对立的新事物。他们掩盖了这项发明的实践特性，隐藏了内部运作原理和操作原理的细节。相反，"汽车"和"手机"一直留在我们身边，因为这些术语向民众解释了新技术的好处。我们需要这样的术语，它们可以向我们讲述即将发生什么及其重要性，而不是告诉我们留下了什么。

这不只是对语义的挑剔，词语是让我们在未来预见自己的关键。它们必须每天提醒我们，我们才是未来技术的主人。

第三章
车辆种类起源

我们可能需要自动驾驶的大楼和汽车。[1]

——阿斯特罗·特勒，X 实验室 "登月队长"

现代编程语言区分两种 "对象" 或大批代码和数据，即可变的与不可变的。可变对象可以更改，不可变对象则不能。设计这些协议的科学家和工程师十分固执，因为计算机本质上是富于动态的。它们的名字本身恰好是动词，在算术上从一种事物变为另一种事物（计算机、计算）。所以，如果你想要一些信息在一段有意义的时间内保持不变，你需要将其隔开，并张贴一个标记。

人类也是如此，我们倾向于事物保持不变。事实上，我们对缺少变化感到自在，因此在20世纪80年代，行为经济学家创造了形容这种倾向的术语——现状偏差。[2]比方说，如果让我们在退休基金不同的投资之间做出选择，我们会做出自己的决定；但如果我们只有相同的选择，默认只能选择一种方式，我们很可能随大流。

恐惧是我们憎恨变化的原因之一，行为经济学家将相关现象称为"损失厌恶"。很久以前，在我们的进化史上，自然选择似乎更有利于那些将未来损失风险看得比未来回报可能性更重要的个体。损失厌恶阻止我们追求梦想、坦露爱意或尝试新口味。我们发现自己很难想象世界会变得更美好，或者更确切地说，我们无法想象世界和现在有何不同，所以我们停留在了原处。

在自动驾驶汽车时代来临之际，这种对连续性的倾向得到了充分展现。数字化颠覆正在日复一日地改变我们生活、工作和娱乐方式的方方面面，未来仍在不断变化，但我们对无人驾驶的幻想固执地默认为一种熟悉的形式：家用轿车。这与吸引几代之前的祖父母的愿景几乎没有什么不同。

想象一下，这是1956年圣诞节，当时仍年轻的奶奶翻开最新一期《新闻周刊》，发现了新奇的广告。整版插图描绘了一个精心打扮的四口之家，他们围坐在有玻璃圆顶的轿车里玩多米诺骨牌游戏，而汽车正在行进。图片（见图 3-1）说明写着："有一天，你的汽车可以沿着电动高速公路快速行驶，它的速度和转向由嵌在公路上的电子设备自动控制。"这完全是一个现代家庭幸福的场景，这个典型的核心家庭正在高速穿过开阔的空间，但世界还没准备好迎接计算机控制的前景。通过

图 3-1　20 世纪 50 年代的"未来汽车"。1956 年《新闻周刊》杂志刊登电力产业的宣传广告，向数百万读者推广自动驾驶汽车的未来

资料来源：广告档案／Alamy 图片社。

更熟悉的虚构力量，这个场景变得栩栩如生。"电力将高速公路变得更加安全！"现在你也很熟悉的自动化的大胆承诺即将实现，"没有交通堵塞，没有汽车相撞，没有疲劳驾驶……"[3]

近年来，这则旧广告在博客文章、TED（技术、娱乐、设计）演讲和新兴公司的融资演示中重新出现，那些期待加速自动驾驶技术发展的人特别喜爱这则广告。尽管它勾起了人们的怀旧之情，但是这幅插图描绘的未来从来没有存在过，也永远不会出现。这个虚构的未来世界没有货车，也没有任何形式的商务。然而，目前通过公路运输的货物比以往更多，而且最大幅度的数量激增即将到来。插图向我们展示的家庭由一名男性、一名女性和孩子们组成，他们乘坐私家车到处旅行。不过，这样的家庭如今在美国成了少数，以这种方式四处转的家庭就更少了，可能除了在我们愈加稀少的假期里。这样的未来没有描绘大楼，然而在我们的世界，人们居住的城市拥有不计其数的大楼。

但是这个神话极具魅力，它的错误假设让几代人产生共鸣，至今仍在影响企业产品策略和消费者偏好。如果你将赞助这个广告的电力设施游说团体美国电灯和电力公司替换为特斯拉或通用汽车公司，你今天可能也会刊登相同的整版广告，没有人能做到更加明智。

尽管这幅插图对未来的混乱现实预测错误，现在依然没有预测正确，但是我们从来不质疑它最重要的假设——在即将到来的奇妙世界里，我们为什么依然乘坐汽车出行呢？

即使在我们最大胆的愿望中，我们还是无法从现状中摆脱出来。

* * *

我们并不总是那么缺乏想象力。在汽车问世后不久，我们忙于对汽车进行伸展、收紧、减轻和加重。这种"不用马拉的马车"很快进化成不同形状和大小的车辆，我们从未停止改进。车辆种类包括轿车、运动型多用途汽车、小型汽车和小面包车，后来变为出租车、豪华轿车、警车和灵车。货车用于运输物品而不是运输人，厢式货车、平板卡车、油罐车和皮卡等形态各异的货车出现了，以匹配各种各样的货物。街道清扫车、蒸汽压路机、垃圾车和扫雪车等车辆功能特殊，需要从事又脏又危险的城市维护工作。穿梭在庞然大物之间的是双轮车辆，例如滑板车、摩托车和机动自行车。此外，别忘了巨大的公共汽车，它负责运送都市丛林的乘客。

列举人们驾驶的所有车辆的名称是一种纯粹的乐趣，这是儿童读物广受喜爱和永恒的主题。尽管我们早年就了解这个事实，但我们最聪明的未来学家从开始接触自动驾驶汽车起就忘记了这一点，他们倾向于想象世界在计算机的控制下井井有条、保持统一。我们已经见证驾驶不会成为二元对立的选择，计算机在自动化未来成为我们的副驾驶员，并没有完全取代我们。同样，自动化不会减少我们使用的车辆种类，而是将从根本上拓展车辆的多样性。

车辆的多样性是无人驾驶革命第一个重要故事"专业化"的下一个主题。一个多世纪以来，我们的车辆无非围绕着同一个主题：熟悉的老式汽车的底盘被扭曲得面目全非，但从来没被弃用。然而，汽车发明的新时代将挑战极限，直到突破界限。无人驾驶的交通工具将大到像小房子那么大，只能穿过空旷的乡村或夜晚空荡荡的城市街道。或者它们也可能缩小为外壳，装着能让它们运行的微型电动机。自动驾驶的鞋子怎么样呢？在你的手机上输入地址并点击"出发"，你就可以开始享受旅程，同时浏览你的收件箱。这些或许没有你想象的那么遥远。

同时，计算机控制提供了新的可能性，可以制造比当前汽车更快或更慢的交通工具。不需要让乘客保持舒适的无人乘坐的车辆，就像高性能的游戏专用电脑一样能够超频运行，以高重力加速度转弯，附带可能导致骨折的规避机动。但是，每当需要减少危险、噪声、磨损和耗油量时，汽车就会降低速度，像蜗牛般缓慢行驶。这些都不会让人感到无趣。

关键在于未来的自动驾驶汽车设计师不只是跳出传统思维的盒子，他们会直接开车从盒子上经过，通过算法优化让车辆绕着小圈旋转。代码能让他们充分利用无数时间，开拓幽灵之路的广阔空间。

* * *

车辆多样性蓬勃发展，不久前播下了种子。

第一，最重要的变化是我们的日常出行模式。以前每名通勤者、学生和操持家务者都踏上相同的日常路线：从家到办公地点、从家到学校、从家到市场。他们一路上很少停留。这些不变的模式能将出行集中在可预测的路线上，具有精确的规律性。但是，现在我们的出行更加个性化，不会严格遵循传统的工作和家庭日程，拥有更多与工作或家庭无关的出行。正如研究者所说的"出行链"一样，我们会开车去好几个地方，而不是直接上下班，"早上去买咖啡，到日间托儿所或学校接送孩子，去健身房，买食品杂货"[4]。因此，相比以前，我们每天到访更多地方，停留的时间更短，涉及的范围更广。

第二，我们制造汽车的方式改变了。大半个世纪以来，少数大企业主导着全球汽车生产。但是像3D打印等新制造方法，意味着规模较小的公司现在也能够生产高质量的汽车，并且实现盈利。同时，越来越多的汽车附加值来自传统汽车行业以外的公司控制的软件，这意味着谷歌和百度这类公司能够分一杯羹，而传统的汽车制造商被降级为商品钢压模的角色。这些变化共同创造了一个悖论：今天最大的工厂是人类有史以来建造的最大工厂（这些工厂生产手机，而不是制造汽车！）[5]，但是无数小工厂能比以往推出更多种类的专用汽车。

第三，电气化和自动化是共生技术，组合起来能发挥最大作用。电气化通过扩展整个汽车的转向系统和推进系统的计算机控制，创造基于软件的创新点，为自动化铺平道路。然而，自动驾驶也是电动汽车的一个福音，通过便于协调充电时间表和地点，缓解对电网的压力，允许更多地使用可再生能源发电。在更遥远的未来，自主驾驶得到普遍应用，撞车成为历史，汽车不再需要承受高速碰撞的力量。汽车可能使用更轻的框架，汽车重量将减轻超过20%。自动驾驶汽车的重量变小，驱动汽车的电动机和电池也可以缩小尺寸。[6]

这些变化预示着自动驾驶活动从传统中心转向高科技地区的调整。大型汽车公司已经在努力适应，但无论未来是由若干个公司还是几百个公司塑造，其模式都是十分清晰的。汽车市场正在呈现碎片化状态，自动化将加速这个过程。后来者介入比以前更容易，大量新技术的协同作用有待开发。这样的动荡将催生新型汽车，在未来的几十年改变我们的世界。

"星际飞船"和无人驾驶班车

2016 年秋天，我第一次偶然发现了未来无人驾驶正在萌发的多样性。我在坦帕市参加佛罗里达州自动驾驶汽车峰会，这个活动连续四年聚集了来自"阳光之州"的政府官员和产业领军人物，探讨无人驾驶技术的前景。佛罗里达州经济的生死取决于未来对自由自在的居民、退休人员、度假村游客的吸引力，保持优质交通系统一直是这个州"增长机器"的优先事项。

正当我挤过酒店大堂聚集的人群时，我瞥见吧台旁有个正在傻笑的孩子。他的脸被平板电脑的背景光照亮，四周围着一群大人，他们穿着最好的商务便装，手里拿着苏格兰威士忌。到目前为止，这群人看上去像普通的参会者。

我径直走向自助餐厅，但我没有走得太远，因为《星球大战》系列电影中的机器人 R2-D2，或者可能是它失散多年的同类闯了进来，挡住我的去路。这个六轮小型送货车猛地一停，粗短的天线颤动了片刻。孩子点击屏幕，R2 的顶部打开了，里面装着冰冷的啤酒和苏打水。我弯腰看这个小型送货车的牌照，车上有加粗的黑色字体"星际飞船"。

这些运载工具很容易被拿来开玩笑，但它们还是激起了我的好奇心。我很快得知，管理顾问（那些在吧台喝苏格兰威士忌的人）将这种新型无人驾驶机器人称为"自动驾驶地面车辆"（或者简称 AGV，对地面情况产生重要影响，与体积更大的同类物区分开来）。而我把它们称为"运送车"（见图 3-2，第 81 页），因为当它们在人行道上缓步前行时，我想起仓库传送带上的一个个桶。这种运送车来自爱沙尼亚，由 Skype（即时通信软件）创始人创立的星际飞船技术（Starship Technologies）公司开发。该公司用一年多的时间测试小机器人，为爱沙尼亚首都塔林的大学生提供送午餐服务。他们认为，快速发展的外卖服务公司 Postmates 和户户送（Deliveroo）使用大批送货车，给社区增加车流、噪声和空气污染，欧洲城市可以采用运送车代替送货车。他们认为最终全世界都能理解这个想法。

很难看出这个小玩意儿能达到它的创造者对机器人的要求。我觉得 R2 看上去无足轻重，与其说它有用，不如说它讨厌。我尝试想象数千辆运送车滚动车轮通过街区，不断从仓库运送东西到门前。我近距离地看着这辆运送车，开始想象我会订购的所有东西，通过一列"自动运行的桶"送达：牛奶、鸡蛋、卫生纸……所有让你冒雨出门紧急跑腿的必需品。

但为什么止步于此呢？另一家运送车制造商大理石（Marble）公司制造的机器没有星际飞船技术公司的时髦，但体积大得多（相当于一台20世纪80年代的复印机的大小）。据报道，它们能装载"4袋食品杂货、6个鞋盒和10份热气腾腾的饭菜"。[7]周日购物滚蛋吧！我只需坐在屋后走廊晒晒太阳，让我的机器人去超市就够了。

运送车体现了无人驾驶革命中推动车辆多样性的力量。它们非常专业，不需要像现在这样用汽车或者货车运送小件物品，不需要安装几千磅①重与几百立方英尺②的底盘和发动机。星际飞船技术公司的小装置运用了设计、工程和制造的全球网络以及横跨欧洲、亚洲和北美的实地测试[8]，不敢想象一家仅集资4 200万美元、雇员少于250人的公司能做到这些。电动和自动驾驶使运送车变得小巧、安静，极其适合在住宅区和零售区使用。

这种潜行是有代价的。从传统意义上激烈的质量和动量竞争来看，运送车不太适宜在道路上行驶。（"星际飞船"运送车与运动型多用途汽车相比，运动型多用途汽车胜；"星际飞船"

---

① 1磅≈453.592 4克。——编者注
② 1立方英尺≈0.028 3立方米。——编者注

运送车与微型小客车相比，微型小客车胜。）通过设计，大多数运送车只能在人行道和人行横道上运行，这使得它们与行人、宠物与轮椅使用者发生直接冲突（"星际飞船"运送车与小狗相比，"星际飞船"运送车胜）。2017 年，少数初创公司开始在旧金山测试运送车，这引发强烈抵制，促使旧金山监管委员会颁布临时禁令。[9]

人们的担忧不是没有道理的，我们很容易看到运送车逐渐占领了行人专区，但是我们可以将它们设定为非常顺从的机器人，这样我们可能不会介意。麻省理工学院航空航天控制实验室采取的行动正是基于这样的想法，其使用深度学习，帮助计算机理解城市规划专家简·雅各布斯 1961 年的经典著作《美国大城市的死与生》中描述的"错综复杂的人行道芭蕾舞"。[10]研究人员已经成功设定运送车具备足够的辨别力，学习我们肢体语言的不成文的规则，平稳地穿过人群。[11]但是，如果伪装人类的活动无法解决人行道上的交通堵塞问题，那么运送车制造者会尽量让他们的机器看起来更可爱。在加州大学伯克利分校，机器人 Kiwibot 为学生送餐，该公司管理人员表示这款机器人"已被社区采用"。机器人出现在社交媒体和校园里，给学生的万圣节服装带来灵感。有一台机器人因为电池毁坏而着火，为此"学生们点蜡烛怀念它"。[12]

"短途运输"（drayage）是在当地街道上运送货物的传统术语，运送车不是唯一的专门为运送货物而制造的自动驾驶车辆。硅谷公司 Nuro 和 Udelv 正在制造厢式货车大小的变体"混合车"（见图 3-2，第 81 页），两家公司分别由谷歌和特斯拉的自动驾驶团队原成员创立，都在 2018 年初推出产品，达到这类自动驾驶汽车突然激增的风险资本投资上限。[13] 这些机器人体积更大，能运输更重的货物，吸引了汽车制造商的注意。艰难挣扎的汽车制造商福特公司计划在 2021 年推出一款基于 F-150 皮卡底盘的汽车，F-150 车型占据该公司 1/3 的产量，却为公司贡献了 90% 的利润。[14] 梅赛德斯-奔驰在 2018 年推出名为"Urbanetic"的城市概念货车，"消除人们移动和货物运输的隔阂"。这款车长 5.14 米，在共有的机动化底盘上配备两个可互换车身的其中一个，能容纳 12 名乘客或数吨货物。[15]

＊　＊　＊

　　在近距离接触运送车的第二天，我又从所坐的坦帕市具有历史意义的有轨电车上，展望另一种无人驾驶未来的前景。坦帕市的有轨电车线路复制了过去纵横交叉分布于整个城市的旧线路，如今还经过我下榻的海滨酒店。自 2002 年运行以来，TECO 线有轨电车发挥了关键作用，将坦帕市中心复兴的不同地方连接在一起。这条线路长 2.7 英里，沿着老水街蜿蜒向上，人们只需度过悠闲的 15 分钟，即可抵达历史悠久的移民区伊博尔城。有轨电车达到青少年跑步的最高速度，一路上微风拂面，足以抵消佛罗里达州的湿热。伊博尔城曾以当地的雪茄工厂闻名，如今作为城市的艺术和夜生活中心，焕然一新。这种没有空调、接近衰老的老佛罗里达遗留物几乎所剩无几，你需要在发现的时候抓住它、守住它。但是在经历长途漫步，快速抽一口古巴雪茄后，这辆电车能带你踏上回家的路。

尽管这些古老的有轨电车的外表和质感像是过去时光的遗留物，但人们确实在峰会上展出了其中一辆自动驾驶电车，并让车辆接受测试。就在我们回到我的起始点时，有一辆崭新的自动驾驶汽车停在酒店外面。想象一下，它就像阿尔卑斯山上的缆车，不过底部装有四个轮子，你可以想象出这个画面（见图 4-1c，第 139 页）。一位衣着时髦的年轻女子高兴地招呼我上车。

为了描述接下来发生了什么，我必须带你回到过去，让你坐在我的身边，请你暂时不要动。我想请你闭上双眼，尝试猜测在寂静无声、难以察觉的一推之后，我们就出发的确切时刻。你可能会弄错情况，我来解释一下：电动机与内燃机不同，没有那种打滑和制动的感觉，即使是最平稳的传动也能通过发动机和轴连接。电动机只管启动，一开始缓慢，之后越来越快。你会说这种感觉多么美妙，我会说我经常在想，我们的子孙后代看待我们的汽车，是否就像我们看待黑白电视和旋转式电话一样，我们只能点头和叹气了。

至少这是我想象中会发生的事情，乘坐新型自动驾驶载客工具"无人驾驶班车"（见图3-2，第81页）的真实体验更令人感到困惑。首先，这种未来汽车的最高速度比我预期的更慢。我们乘坐易迈（EasyMile）公司推出的小车EZ10，这辆法国制造的汽车停止加速时，我们几乎刚开始移动。无人驾驶班车旨在充当短程连接器，通常在行人专用的环境运行，因此更重视安全和效率而不是速度。我看到车外的有轨电车在拐弯处转弯，又一次沿着线路无限循环。一个多世纪取得的进展将这两种交通技术隔绝开来，但随着我们轻易被超车，我感到自己落后了。

我感到失望，于是坐下来重新调整了预期。车里有两排座椅，面对面坐着四个人，中间还有一小片站立区域。车内环境舒适，不会让人产生幽闭恐惧，比轿车更宽敞，但比公共汽车更温馨。人们开始交谈，指着窗外不断掠过的城市景色。车内有足够的空间，可以让乘客站着与他人交谈。我的心情变得愉悦，想起了关于城市"第三空间"老生常谈的文学，正是这些非正式的聚集场合构建了现实生活中的社交网络。车里的氛围令人感觉良好。

我们的短途游览比乘坐有轨电车的旅程更短，沿着码头走了半英里，表明班车的用处在于覆盖公共交通专家所说的"第一英里"或（交替地）"最后一英里"。干线站点与办公大楼、学校、医院和家门口之间急需交通工具，这种缺口给希望乘坐交通工具的人带来巨大障碍。当我想到这些班车利用太阳能和风能等可再生能源来驱动，或者（像法国一样）使用核能时，这让我兴奋不已。

回程时，我的注意力转向车外。无人驾驶班车拥有四面环绕的窗户和升高的车厢地板，能让乘客欣赏街景，类似于过去贵族乘坐敞篷马车出行的体验。这种体验与乘坐地铁不同，你不是坐在高速运行的圆罩中，与外部世界隔绝；相反，你在地面上，街上剧院就在你的身边。班车安静平稳地前行，乘坐体验远远超过其他自动驾驶汽车，可能接近于我们可以获得的神

a. 配有保温隔层的小容量运送车，提供随叫随到的送货服务，配送距离最远达 2 千米；b. 配有冷藏隔层的中容量运送车，运输易变质物品，配送距离最远达 5 千米；c. 轻型混合车能在街头接取、退还包裹和自动售货；d. 重型混合车将货物从配送中心运送到路边装卸区；e. 无人驾驶班车提供"最后一英里"服务，最多坐 6 名乘客，站 2 名乘客；f. 机器人出租车基于当前生产的小面包车，最多可容纳 6 名乘客；g. 残疾人专用的机器人出租车，可容纳 4 名乘客和护理人员。

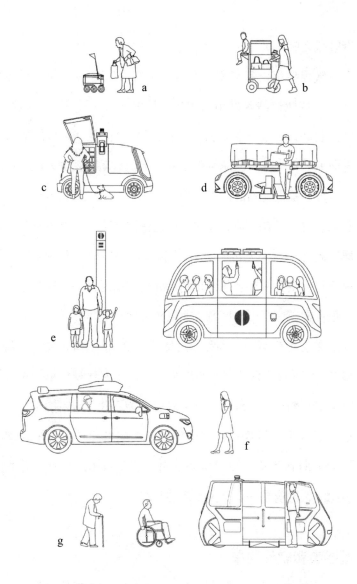

图 3-2　运送车、混合车、无人驾驶班车和机器人出租车

资料来源：达什·马歇尔工作室。

奇魔毯之旅。

旅程结束，就在我下车时，又有一款自动驾驶汽车亮相了——特斯拉的 S 型车。我从笨拙的班车上下来，走向造型优美和高速的"硅谷钢铁"，我意识到自己从一种可能的未来走向另一种未来：从减少用车的社区到自动驾驶的郊区。这款来自加利福尼亚州的汽车犹如"走鹃"一般，线条流畅、令人心动、自由自在、速度飞快，这是法国"蜗牛"所不具备的特质。此外，两家公司的 DNA（脱氧核糖核酸）迥然不同，易迈公司的主要资助者是列车制造商阿尔斯通公司，这是硅谷风险投资者与法国中心区域工业巨头之间的竞争。

在这些车辆中，哪种车可能成为 21 世纪城市的"福特 T 型车"？特斯拉只是更好的汽车，但是无人驾驶班车代表一种完全不同的享受。没错，这种酷似自动驾驶"滑雪缆车"的班车看似笨重，但这是人们首次尝试按照可持续、公平合理的 21 世纪社区形态，量身定制的自动驾驶汽车。尽管它并非完美无缺，但这是一个充满希望的开端。

漫游者和软件列车

我承认，我在 2016 年 4 月 1 日被一群荷兰工程师骗了。

那天早上，在喝第一口咖啡或查看日程表之前，我在去浴室的途中翻阅推特信息，一条 YouTube（优兔）视频平台的带有谷歌的标志和缩略图的链接吸引了我。标题是《介绍荷兰的自动驾驶自行车》，我当然点进去看了。我看完了大约 1 分钟的闹剧，后来查看日期才回过神来。

或许我只是想要相信，自动驾驶自行车的构想并没有最初看上去的那么愚蠢。青少年时期，"幽灵驾驶"给我带来很多乐趣：我中途从 10 速自行车跳下，让自行车像稳定的陀螺那样沿着道路继续行驶下去。我和朋友们会比赛，看谁的自行车冲得最远。秘诀都藏在下车的时刻，在你推开的时候座位上的剪力最小，你可以让自己的施文牌自行车向前猛冲，偏离中心线。所以当自动驾驶汽车开始展现它们的内在特性时，我会不时地想到自行车能否成为下一个自动驾驶车辆。2001 年，迪恩·卡门发明的代号为"生姜"的赛格威自动平衡滑板车首次亮相，尽管这款平衡车声名不佳，我仍希望我们想象中的幽灵自行车能成为现实，但我不敢告诉任何人我的小白日梦。

我不是唯一想象这些事情的人。但显然将自动驾驶汽车的雄心卸下，转移到自行车上，还需要几年时间。我在那次愚人节被愚弄的几个月前，得知有一种名为"有说服力的电动车"的自动驾驶交通工具，这是麻省理工学院媒体实验室研究员瑞安·奇恩的智慧结晶。这款自行车就像沉迷于传动装置的极客的梦想，融合了自行车设计中的各种古怪的想法。它有三个轮子，可以斜躺着骑车，配有电力踏板辅助装置、货舱和自动驾驶软件，就像从《制作》杂志页面上走下来的自己动手制作的项目。但奇恩和工作人员十分认真，他们已经与袖珍国安道尔达成协议，测试这种小型自动驾驶交通工具是否适合共享客运和包裹服务。[16]

奇恩的三轮车证实了我的预感，自动驾驶技术有可能运用于自行车，其与共享单车之间的联系也让我感兴趣。共享单车是非常简单的想法，完全改变了我们在城市的骑行方式。目前，全世界几百万辆共享单车在数以千计的城市中提供服务。[17] 这些共享单车提供全天无休的本地交通服务，比步行更快捷，比乘坐公共交通更让人愉悦，在这个过程中不会排放任何温室气体。尽管谷歌的恶作剧者很聪明，但他们在取笑自动驾驶自行车的构想时，忽视了无人驾驶的运行大有用处——有助于改善共享单车系统。

事实上，共享单车革命始于阿姆斯特丹，谷歌的恶搞视频就是以此地为背景的。在那个年代，斯坦福大学的科学家仍在规划他们第一批自动驾驶机器人。1965 年，为了抵制逐渐占据主导地位的汽车，反主流文化青年群体无政府主义者发起一次尝试，他们将一些刷上油漆的"白色单车"停放在城市街道。[18] 这个主意立即受到嬉皮士的追捧，甚至当时还有约翰·列侬、小野洋子和白色单车合影的老照片。但是这个项目的反建制思想根深蒂固，尽管进行了数次尝试，该项目还是从未获得阿姆斯特丹市政府的长期支持。

在白色单车之后，共享单车消失了。直到 20 世纪 90 年代，哥本哈根新一代的活跃分子重新倡导这个构想，并成功获得当局的支持。随后，巴黎的公共自行车租凭系统 Vélib 于 2007 年投入运营，立刻成为促进共享单车理念在全球快速传播的形象大使（讽刺的是，因为阿姆斯特丹遍地都是私人所有的单车，该市政府顽固地抵制共享单车）。

从 20 世纪 60 年代到现在，是什么样的改变让共享单车突然大获成功？智能手机是其中一个被遗漏的关键因素。尽管智能手机应用程序推动了网约车的兴起，但它们是工具，便于我们定位、解锁可用的单车，在我们出发时开始扣费。同时，低能耗的移动计算对共享单车低碳足迹的基础设施至关重要，允许太阳能、无线连接的站点设置在未被充分利用的城市空隙，以最少的费用轻松完成。这些站点被称为"桩"，可以设置在别人不想要的地方，包括路边、广场的角落、中转站入口外面等。例如，纽约市花旗单车桩由平板货车运送，开启时不需要铺设任何电线、电缆或管道，甚至没有固定在街道路面上。

尽管现在的单车共享系统精简高效，但不久后我们就放弃了自行车桩，回到 20 世纪 60 年代的最初设置。无桩共享单车废除了固定的基础设施，将大批量生产的"通勤巡洋舰"接入互联网。无桩系统不需要固定站点的位置，也不需要花钱建设站点，就能将分享的足迹扩大到新领地，达到以前从未想过的规模。最显著的例子是在中国，快速发展的城市、现金充裕的投资者、成本低廉的制造业等因素叠加形成"完美风暴"，激发了一拨儿初创企业的兴起。仅在 2017 年上半年，上海的无桩单车数量变为原来的 3 倍，从 50 万辆变为 150 万辆。[19] 大量匆忙停放的单车迅速堆积在公共汽车站和火车站，各个品牌的单车犹如彩虹般五彩缤纷，使斑斓多彩的城市雕塑显得更加鲜亮。

任何共享车系统的烦恼之源都是"重新平衡"。由于骑车集中在众所周知的日常出行线路上，车辆没过多久就会堆积在热门目的地。因此，到了高峰期的中段，闲置的单车就会积聚在市中心、学校和停车站附近，但是偏远的住宅区则没有任何单车。有时，重新平衡自然地进行。共享单车运营商会等到晚高峰，让人们自己来进行重新平衡，将自行车骑回早上的出发地点。但是在那些停留的漫长时间里，你的自行车闲置着，而你的顾客在工作。大多数共享系统尝试至少每天进行一次人工操作，以实现重新平衡。但是这种方式花钱多、碳消耗量高，因为这需要将自行车装进货车和卡车，再运往市区。

无桩单车系统进行重新平衡非常复杂，因为骑手会把单车停在很多不同的地方。2018年共享电动滑板车以惊人的速度普及，最能说明这一点。支付1美元就能上车，之后每分钟收取10~15美分，如总部位于加利福尼亚州威尼斯的小鸟骑行（Bird Rides）公司的电动滑板车服务提供最快、最便宜、最便捷和最有趣的兜风方式。但是大量的滑板车和小鸟骑行公司调配的速度意味着需要找到一种新的方法来配备团队，以重新平衡随机停放的滑板车。此外，滑板车公司遭到社区的强烈抵制，社区反对将这些小型的个人交通工具杂乱无章地摆放在路边、街角和两者之间的任意地方。

小鸟骑行公司对重新平衡的应对滑稽又实用，他们雇用了一大批打零工的"捕鸟猎人"，其负责聚拢和调配滑板车，并给滑板车重新充电，每处理一辆滑板车可获得5美元。这个疯狂的计划看上去不可能成功，后来居然奏效了。该公司采用分散的重新平衡方法，结果其滑板车网络的扩张比前一个夏天无桩共享单车系统更加迅速。但是有一个大问题，小鸟骑行公司很快发现需要和网约车公司优步、来福车面临相同的挑战，所有利润都被工人们带回家了。

这正是自动化发挥作用的地方。谷歌团队设计了恶搞剧情，他们误以为自动驾驶自行车的杀手级应用程序就是用来运送懒惰的人。向无桩单车的转变揭示了一些事情：自动化是关键，能以经济的方式将数千辆随机摆放的车辆集合在一起。总部位于北京的九号公司首席执行官高禄峰简明扼要地总结了影响平衡的因素：滑板车运营商的痛点在于以更低的成本更好地维护滑板车。2019 年，这家中国公司推出世界首款量产的自动驾驶滑板车。即使价格接近 10 000 元（约等于 1 400 美元），约是这家公司人工驾驶车型的 10 倍，人们还是希望这款微型的自动驾驶交通工具能够通过削减从事聚拢车辆的劳动力来抵销高昂的初始成本。[20]

不过，滑板车只是个开始。个人电动代步车是当前最热门的创新领域之一，数量激增、形态各异，纷纷涌入街头。例如，独轮车（Onewheel）配有自动平衡的滑板，安装在由橡胶制造、软件控制、电力驱动的大轮子上，骑着它出行的感觉只能用"街头冲浪"来形容。此外，麻省理工学院可感知城市实验室创建的超级步行者公司的智能车轮能将任何单车变为电力辅助单车。类似这样的交通工具不过是做了软件更新，离自主性还有差距。

我把这类个人、电动、自主和随时待命的自动驾驶交通工具称为"漫游者"（见图 3-3，第 95 页），希望它们能尽快在街头涌现。

相比自动驾驶汽车，漫游者当然更容易发明，它们的自动驾驶软件就像车身那样可以被卸下。这是因为它们行驶在人行道和小巷，能避开较大型的车辆。它们非常轻，发生撞车时不会造成严重损失。更重要的是，它们将消除重新平衡的成本，漫游者公司能比滑板车公司发展得更快、更远。

漫游者将极大地改变我们在社区周围出行的方式。你不需要在黑夜里沿着陌生的街道寻找车辆，只要按下按钮，它们就会来到你身边。当无桩单车和滑板车堆积在热门的目的地时，自动驾驶的漫游者会让自己躲在后巷、空的停车场或公路立交桥下充电。

与小鸟骑行公司及其同类公司的产品一样，漫游者一开始会吸引年轻人、富人和技术达人。不出所料，最渴望骑上这些小型魔毯的群体是 35 岁以下的人，他们发现这些机器简直是完美组合。但是，认为漫游者不适合所有人的想法是错误的。自动驾驶和电动机的组合，能给那些老年人、幼童或医学上无法用自己的力气完全踩踏板、推动和驾驶的人带来乐趣和帮助，拓展了共享单车和共享滑板车的市场（远远超出它们目前的基础）。更重要的是，老年人和无法行走的人本身就是巨大的市场[21]，美国坐轮椅的人数在2010—2014年增长了50%，到2022年可能超过1 200万。[22]日立是电动轮椅的主要制造商，已经研发出轮椅旗舰型自动驾驶雏形。赛格威的S-Pod自动平衡两轮车能达到惊人的速度，最高速度为每小时24英里。[23]

漫游者在无人驾驶革命中取得首个突破性成功的巨大潜力，吸引了大公司的注意。2019年初，优步公司开始为新小组"微动机器人"招聘工程师，脸书公司已经为一款自动平衡电动摩托车申请专利。[24]但是，垄断未来的漫游者市场不能保证永远成功。

漫游者最让我们惊讶的也许是它们快速的更新周期。确切地说，它们是不回收的交通工具。分析师估计，小鸟骑行公司将其滑板车投放街头的4~7周内，就能收回前期投入[25]，这让公司可以不断用崭新和更好的滑板车替换破旧的。但在2019年，该公司推出了第二代电动滑板车Bird Two（小鸟二号），这款滑板车更加耐用，内置维护传感器，能在需要服务的时候召唤救援。[26]

如此迅速的替换将带来日新月异的潮流。汽车制造商和常规的车队运营商以"年"和"十年"为单位来衡量产品周期，漫游者业务则以"周"和"月"来衡量。在无桩共享单车运营商 Lime 刚开始运营的一年半里，不少于 9 款旗舰单车投入使用[27]，这种改进速度令人瞩目。无桩共享单车公司 VeoRide 宣称，能在 15 天内将一个设计新构想转化为街头的装备。[28]

* * *

相比最小巧的自动驾驶交通工具，最大型的自动驾驶交通工具的进化速度没有那么快，但它们也带来了振奋人心的创新。这在 2016 年就已经很清楚了，因为当时出现了迄今为止最引人注目的自动驾驶交通工具展示之一。在科罗拉多州 120 英里长的 25 号州际公路上，一辆计算机控制的牵引挂车运送 5 万罐啤酒，据说这是自动驾驶货车首次完成商用送货任务。这辆自动驾驶的牵引挂车配有液冷超级计算机，每盎司① 能比以往包含更多算力。[29]

奥托（Otto）公司创造了这项技术壮举，该初创公司创始人安东尼·莱万多夫斯基称："它就像在软件轨道上行驶的列车。"[30] 他描述这项成就的方式一开始看起来有些奇怪，毕竟卡车如此有用在于它们不需要铁轨。卡车具有灵活性，能利用广阔的道路网络在任何时间去任何地点，这使得货车运输在几

---

① 1 盎司 ≈0.028 3 千克。——编者注

十年里能让美国大多数货运铁路破产。但是我猜这位自动驾驶先驱想说的是，未来当你想要改变这辆"火车"的走向时，你不需要铺设新的轨道，你只需要在屏幕上滑动"轨道"。

莱万多夫斯基没有意识到他的比喻多么有先见之明。许多其他公司也在开发自动驾驶卡车，奥托公司当然不是第一家这么做的。但是其他公司落后于这家美国初创公司，其中一个原因是它们把重点放在更难的任务上：将计算机驱动的卡车连接在一起，形成紧密跟随的虚拟"列车"，即行业所说的"卡车列队行驶"。

2016 年初，有 6 支卡车队列聚集在欧洲最繁忙的港口，位于荷兰城市鹿特丹。这不是营销策略，也不是美国国防高级研究计划局举办的公路汽车拉力赛，而是为了全面展示欧盟新兴产业政策。该政策希望利用欧洲制造业巨头加快货运速度，同时减少货运产生的温室气体排放。斯堪尼亚和戴姆勒公司分别是世界上最大的卡车制造商和第二大公共汽车制造商，它们部署和模拟常规的牵引挂车一前一后行驶，表现无可挑剔。卡车的自动驾驶软件通过高速无线网络连接在一起，而不是通过牵引装置连接。队列中的车辆紧随前一辆车行驶，利用前车产生的较小空气阻力，比单独行驶的车辆节省超过 10% 的燃油。到 2019 年，斯堪尼亚公司成功测试了卡车列队行驶，4 辆卡车作为一组一起移动。如果乘用车驶入卡车之间 35 英尺的间隙，这些十分智能的卡车就能够调整车辆间距。[31]

将卡车连接在一起，形成机动化纵队，这种古怪的想法由来已久。冷战时期，美国人和苏联人都使用"陆上列车"为偏远的北极基地提供补给。而在澳大利亚荒僻的内陆地区，如今"公路列车"仍然司空见惯，可以长途运送燃料和散装物料。[32] 尽管列队行驶颇有潜力，但它的商业案例并没有固定下来。2019 年，戴姆勒公司突然临阵退缩，宣称列队行驶带来的效率提升不足以抵销自动驾驶设备的额外成本。[33] 我们可能需要再等一段时间，才能看到这些物理上连接车辆的车钩被软件切断，至少能在卡车运输领域实现。

但就像新技术经常发生的情况一样，列队行驶可能成为另外一个问题最好的解决方案。在过去 20 年里，快速公交系统（BRT）让全世界资金短缺的城市，只需花费建造铁路和地铁费用的一小部分，就能建立像列车一样的运载能力。20 世纪七八十年代巴西取得早期成功后，这个构想广为流传——如今，全世界 195 个城市 3 300 多万人每天使用快速公交系统。[34] 不过，随着这项计划达到客运量稳定期，快速公交系统或许难以带来更多的利益。像波哥大的新世纪快速公交系统这样速度最快的系统，高峰期公共汽车每 60 秒发车，每小时运送 4 万多名乘客，然而这样的客运量仅为纽约、伦敦或香港等世界最繁忙地铁的客运量的一半或更少。[35]

快速公交系统的客运量上限是人工驾驶公共汽车可行的规模。目前投入使用的最大公共汽车是巴西城市库里蒂巴的双铰接公共汽车，这座城市 50 多年前就引发了快速公交系统热潮。这些巨无霸蜿蜒穿梭在城市快线中，采用柔韧的铰接装置将三节车厢连接在一起，可搭载 250 多名乘客。但是，如果自动驾驶技术能够安全地将卡车连接在一起，组成虚拟车队，那么它能否将公共汽车连接在一起，组成高速的公共交通系统，即名副其实的"软件列车"呢？（见图 3-3）毕竟，乘用车有序高效的列队行驶是自主论者对于无人驾驶革命最大的梦想之一。所以，为什么不把这个由计算机编排的"追随领导者"游戏做大呢？

如果事实证明这个构想是可行的，那么软件列车将打破快速公交系统客运量的限制，给这种方法带来迫切需要的推动力。

a. 自动驾驶轮椅使无法行走的人能在室内外移动；b. 货运自行车变得电动化和自动化，为人工辅助送货提供低排放、安全和安静的移动；c. 滑板车运用有限的自动化技术，在行程间隙保持空车状态，夜里回到充电站点；d. 自动驾驶滑板车存放在后巷或停放的车辆下方，可以随时用电子方式呼叫；e. 自动驾驶三轮车提供高稳定性和各种操作模式，如全动力或踏板辅助，自动驾驶或人工操作；f. 目前正在使用的软件列车，为自动驾驶长途牵引挂车的高效列队行驶而开发；g. 通过自动驾驶公共汽车列队行驶，未来软件列车将运用在公共交通上。

图 3-3　漫游者和软件列车

资料来源：达什·马歇尔工作室。

我们很容易想象自动驾驶公共汽车车队像地铁一样宽敞，拥有6~8辆公共汽车的长度。尽管去除现在铰接式公共汽车中允许乘客在车厢间移动的开放通道，车辆会失去一些载客量，但是这样做的载客量依然比目前最大型公共汽车的载客量多一倍。

此外，自动化极大地提升了大型公共汽车的舒适度和便利性。软件列车不会像传统铰接式公共汽车一样被限制在专用道路上，它们可以暂时分开，在城市街道上的急转弯处转弯。同时，配备提供精确横向控制的自动驾驶仪后，公车专用道会变得更窄，这让城市更容易将公车专用道拼接到现有的干道上。传统快速公交系统不可能实现的"双模式"操作将变得轻而易举，从不同地点出发的车能连接在一起，在更繁忙的干线上更高效地行驶。公共汽车穿过市中心后会再次分开行驶，以增加目的地数量，仿佛乘坐单座车辆出行。最后，沉着冷静的软件代替不停踩刹车的司机，出行变得更加顺畅，更像乘坐列车那样舒适。

实现软件列车的第一步是使单辆全尺寸城市公共汽车自动化。戴姆勒公司旗下的梅赛德斯-奔驰公司制造公共汽车，承诺向自动驾驶汽车系统 CityPilot 投资 2 亿多美元，旨在针对全世界 185 个快速公交系统，升级已投入使用的 4 万多辆公共汽车。[36] 但是，人们越来越有兴趣将未来的自动驾驶公共汽车与现实生活中的公路列车联系在一起。在得克萨斯州奥斯汀，这项计划已经出现在一项具有前瞻性的区域交通规划里。首府大都会运输管理局首席执行官兰迪·克拉克告诉《奥斯汀商业期刊》："这不是什么科幻小说愿景，我们比许多人意识到的更加接近实现这个计划。"[37]

把数百人装进由计算机驱动的高速交通工具，需要提升对无人驾驶软件的信任度。但是，每天数百万乘客开心地登上由自动驾驶仪操纵的飞机。如果我们要应对运送大量乘客的挑战，同时减少由此产生的碳排放量，那么软件列车为我们提供了不容忽视的诱人的机会。

市政房车和城市引导者

我是宜家的忠实粉丝。该公司对平等主义、优质设计和健康生活的软推销让人耳目一新，是美国消费主义以外的另一种选择。我有时会进店逗留，仅仅是为了吃顿午餐。我去的本地"蓝盒子"宜家店正好面对着集装箱大港口，所以我有点儿像在斯堪的纳维亚人经营的自由贸易区度假。当漫步于有品位、经济实惠、由可支撑的木材和竹子建成的厨房和起居室时，我想自己会非常喜欢住在宜家设计的小镇中。Space10（第十空间）是宜家公司位于哥本哈根的设计实验室，当这里的天才们提出模糊交通工具和楼房之间界限的未来生活计划时，我注意到了这一点。

宜家的戈兰·尼尔森向在线杂志《石英》表示："我们没有造车的野心，但到了未来人们不再担心驾驶问题时，汽车内部将更加丰富，我们不再设计汽车，而是设计小型空间，这突然就变成我们拥有丰富经验的领域。"[38] 正如宜家许多最佳创新一样，这个简单的想法催生了一系列新产品。Space10 的设计师从基础的自动驾驶汽车底盘开始，按照流动餐车的尺寸和形状，配备与其他车辆相同的弹起和折叠附件，提供遮阳窗帘、招牌和柜台。但是他们开始在形式上进行迭代完善，将这些无人驾驶构造物改造为人们出于日常需要可能会去的政府和社区设施。例如，他们把诊所设在车上，其能移动到无法去看医生的人身边。此外，他们在车上摆农产品摊位，其可以把健康的农产品带到"食品沙漠"市中心贫民区。

这些巧妙的混搭提出了一个更重要的问题：如果政府大楼能来到你身边，为什么还要去政府大楼呢？宜家的工作人员确实有一些重大发现，但是他们有点儿被技术冲昏了头脑。就像自主论者的惯常做法一样，他们完全把人类从未来图景中抹去了，将自动驾驶房车内的政府工作人员替换为屏幕。

我们有更好的办法利用这些房子大小的自动驾驶汽车。我把这些移动的办公室称为"市政房车"（见图3-4，第103页），如果市政房车能将公务员队伍带到离最需要帮助的群体更近的地方呢？自动化不是去除人类这个因素，而是为人类赋能，让人们更有效率地完成工作。

想象一下未来的公共广场：新的一天开始，一批高大的房车已在夜里抵达。随着这些车辆按顺序停好，它们的自动驾驶超级计算机便会全力以赴，再次承担帮助居民的责任。车内外的屏幕突然活跃起来，展示信息、服务和公共艺术。不像今天的政府部门那样充斥着复杂的表格和长长的队伍，这里的前线员工都是像《星球大战》机器人 C-3PO 这样的化身，能够用任何已知的人类方式进行沟通。它们十分聪明，能够处理大多数日常请求，这解放了人类员工。现在，它们就在你的社区里而不是千里之外，可以聚焦需要人类密切关注和判断的充满挑战性的艰巨任务。

移动房屋是个古老的想法，其至少能追溯到巴比伦时期，当时攻城塔首次用于攻破要塞城墙。流动的机器人大厦的想法是 20 世纪 60 年代的产物，当时英国建筑师罗恩·赫伦勾画出"行走的城市"，幻想外形酷似昆虫、几十层楼高的机器人在地球上漫步，寻找资源和贸易伙伴。这个提议被称为"60 年代激进派建筑的国际代表"。[39] 如今，你能体验到的最接近建筑物大小的车辆在华盛顿杜勒斯国际机场的 D 候机大厅，这里有 36 个巨大的"移动休息室"。其在半个世纪前由埃罗·沙里宁设计，现在仍然负责将乘客从登机口运送到飞机上。每个"移动休息室"重约 76 吨，可运送多达 90 人。[40]

未来的自动驾驶汽车可能变为庞然大物。它们能在夜间移动，成本很低，基本不会干扰人类活动，移动时甚至可以直接和智能交通信号交流，要求开放或封闭道路。2012 年，"奋进号"航天飞机在洛杉矶陆上穿行，这段 12 英里的旅程需要定制有 160 个轮子的运输车，几百人护送，花费超过 1 000 万美元。[41] 但是像这样的重型货物搬运能在未来城市成为廉价、常规和自动化的操作吗？

市政房车不会只是政府预制拖车式活动房屋的自动驾驶版本。计算机视觉的速度较慢，不仅能被用来观察前方的障碍，它的目光也可以向下，搜集路面坑洼和路况的精确图像。超人的感官能力搭配计算机控制的主动悬架系统，可以打造像地面一样平稳的移动平台，使精致和轻薄的金属及玻璃构造不受影响。市政房车将成为 21 世纪初期最典型的公共建筑形式。

市政房车也将由内而外重塑地方政府，帮助地方政府做好应对 21 世纪的压力的准备。推动城市创新的团体 Citymart

（城市集市）表示，现在的城市每天都在努力向市民提供多达1 500项服务，涵盖维修基础设施、建造学校、监督公共卫生状况和执法。目前，大多数地方政府将这些功能划分到不同部门，而这些部门并不总是协同工作，因此需要帮助的人经常在这种缺口中落空。我们错过了提升效率的大好机会，但是流动的市政房车作为市政大厅的替代品，能搭载"作战团队"，将不同机构的专家组合在一起，为市民提供精简和一体化的服务。

这样的工作方式将给政府和市民带来巨大的变化。你不必排队，甚至不需要上网就能获得所需的服务。你不必和功能紊乱的官僚机构打交道，你可以把孩子带到家附近的市政房车，在同一个地方解决所有的教育、医疗和娱乐需求，而这里的工作人员会记得你的面孔。中央设施及其昂贵的维护将会消失。

行政工作可预测的一致性也将一去不复返。市政房车的工作人员与所服务人群的情况休戚相关，并对工作结果负责。市政房车将产生更大和更明显的影响，政府工作将变得更有效率、更有回报、更有意义。

市政房车停留一天还是一周取决于它们取得成果的速度，但它们从来不会未加计划地出现。它们会根据城市数据储备，一直留心社区社会经济面临困境的微弱信号。它们会不断权衡自身在此地产生的影响，以及突然前往下一个目的地的决定。

* * *

我们已经走了很长的路，不过我们还要再看一种自动驾驶交通工具。这种类型的自动驾驶交通工具相对小巧，你会发现它们像鲫一样游走在这些大型房车旁边，且可能会被认为给城市秩序带来不稳定的影响。它们和房车一样，模糊了人们熟悉的车辆类别之间的界限，我把它们称为"城市引导者"（见图3-4）。它们一部分是车辆，一部分是机器人，未来将集巡警、停车收费器、停车标志和交通信号等功能于一身。

如果你想获得了解"城市引导者"的机会，最简单的方法是沿着最近的人行道闲逛，在脑海里列出"街道家具"清单。城市规划者用"街道家具"这个术语来形容所有固定在地面上的设施，包括邮筒、交通标志、路灯柱等。现在想象一下它们都在轮子上。

如果你觉得这个想法听起来很疯狂，就考虑一下自动驾驶的街道家具能给公众带来多少好处。首先，城市引导者能帮助我们清理充满障碍的人行道。如今，我们漫步时需要路过一个

a. 车内设置社区诊所的房车夜里移动到新街区，对动态封闭的街道重新进行协调配置；b. 巡逻引导者应对医疗紧急情况，主要方式包括呼叫援助，在遇险人周围设置警戒线，提供基础的分诊以及医学指导；c. 街道管理引导者通过与自动驾驶汽车的无线协调来监督和管制交通，传感器持续进行空气质量和噪声监测；d. 街道管理引导者动态地重新规划路况，通过展示路标、实时更新导航应用程序、多语种语音播报等方式指挥交通和行人。

a

图 3-4 市政房车和城市引导者

资料来源：达什·马歇尔工作室。

世纪以来积累下来的固定应用，而仅用一个"引导者"就可以替代使人行道杂乱无章的十几件设备。

管理公共优先通行权的规定十分严格，并且经常是烦琐的，但是城市引导者能将这些规定一扫而空。它们能用无线的方式引导其他自动驾驶交通工具，使用语音和手势与行人、骑自行车者、人类驾驶员交流。"街区监督员"这类引导者承担街区地面交通管制的任务，跟踪来往的车辆，确保所有儿童都能被安全护送穿过马路，管理送货车、出租车和班车的路边停车区。

城市引导者也可以承担临时性的专门任务。它们能激活机械屏幕，变为对居民和游客有用的信息咨询台。它们会为街头联欢封闭街道，为周日散步的老年人提供额外的座位。遇到紧急情况时，它们能成群结队出现，照亮疏散路线或者形成封锁。

随着时间的流逝，城市引导者提升了精确控制公共领域的水平，我们开始使用它们来做出更彻底和持久的改变。在允许引导者的人工智能对我们进行极其细致的观察后，我们会释放它，让它自己做出先发制人的改变，例如隔离街道供行人专用或者减少车流量。我怀疑我们会到处寻找机会，将引导者管理的空间货币化。但是，对于向毫无防备的公众释放这些由超级计算机驱动、监控车辆停放的"女交警"，我们必须十分谨慎。

无处不在的城市引导者会在一定程度上带来街道层面的监测，

这会让我们感到震惊。但这是否意味着打造新型的人行道监控状态呢？可能吧。答案将取决于谁控制它们。我们很容易想象引导者出于各种用途搜集重要数据以保护公众利益。例如，弱势群体中患儿童哮喘的人特别多，地面臭氧污染是引发病情的主要原因，但是大多数城市搜集的地面臭氧污染数据相对较少。如果给引导者配备合适的空气质量传感器，它们就能向城市更清晰地描述问题所在。但是如果引导者不是由政府运营，它们多种数据流的所有权和再利用将变得难以控制，也会引起争议。

不管怎样，现在"智慧城市"采用的默认方法是在人们周围的电线杆上安装传感器，"圆形监狱"般的网络覆盖整个领地。相比之下，城市引导者显得不那么像监视公众的"老大哥"。在日本，日立集团展示了一款实验性"巡逻机器人"。这个可爱的机器人外形酷似企鹅，能沿着人行道缓慢移动，用学童和老年人的名字和他们打招呼，夜晚提供辅助街道照明，发现医疗紧急情况时，扇动鳍状的手臂无线呼叫急救医护人员。[42] 像这样的窥探者是藏不住的，你知道它们什么时候在观察你。

机器人的角色转变

巴黎副市长让-路易斯·米西卡负责建筑、城市规划和经济发展事务，认为"城市的机器人化"只是开始。[43] 没错，就连我们的探索也只是刚刚开始，还没有完全想象出未来形形色色的自动驾驶交通工具。

比方说，摩托车会发生怎样的变化？自动化将给这些廉价、快速但危险的装置带来更大的变化。如果你将这种双轮极速飞车的平衡委托给软件和回转仪，那么更多人会把车辆缩小为高转速、不停变道的改装高速赛车，公路将承载更多的单人乘用车。

此外，有一些机器人模糊了无人驾驶汽车和自主机器的界限。波士顿动力公司的"大狗"机器人是为军队研发的货运支援工具，可携带 100 磅重的货物，穿越最崎岖不平的地形。麻省理工学院的"猎豹 3 号"机器人比许多自动驾驶汽车更胜一筹，因为它能在完全漆黑或倾盆大雨的条件下运行。"猎豹 3 号"不是依靠摄像头、雷达或激光雷达来行动，而是完全通过四肢接收的触觉反馈来导航，它的创造者把这种技术称为"盲眼运动"。[44] 目前，这两种机器人被严格限制用于军事和工业领域。但是，这些技术会很快发现进入我们世界的途径，这有任何疑问吗？

别让我从自动驾驶拖拉机开始讲起。[45]

这种专业化将把我们带往何处呢？布赖恩·拉德在其描

述汽车历史的著作《汽车恐惧》中写道："关于汽车的惊人事实……在过去一个多世纪的时间里，汽车几乎没有发生真正的变化……种类繁多的机动化轮式车辆在地表碰撞，但是我们能够看出大多数汽车都属于同一种类型：一个安装在四个轮子上的金属盒子，由燃烧汽油的发动机提供动力。"[46]自动化即将彻底打破这个盒子。

别把这些当作汽车将会消失的预言。汽车也将得到改造，通过自行加油、停车和前往洗车处，变得比以往更加有用。但是与今天相比，汽车将面临更多竞争以获取我们支付的交通费，汽车在带我们兜风方面的作用被严重削弱了，因为无论你想去哪里，无论你想用什么方式出行，可供选择的专业自动驾驶汽车总能随叫随到，并且花费更少，表现更好，碳排放量更低。自动驾驶车辆或许还能预测你的需求，提前抵达现场。

除此之外，未来情况难以预料。设计师将清除车辆、机器人和楼房之间的障碍，实现固定变移动、室内变室外、被动变互动的效果。到2050年，我们将用更好的、高度自动化的方法来运送数十亿人，这些途径非常安全，只需花费我们今天使用的一小部分费用和燃料。在这个过程中，我们会抛弃一些根深蒂固的设想，例如政府的结构、建筑的用途，以及人类运动有多少是由人力或机器完成的。

但为了达到这一目标（我相信这是我们想去的地方），我们需要克服巨大的心理障碍，即我们对自动化本身过时的文化理解。学校将计算机解释为缩刻机，即计算机把遇到的一切都提炼为 0 和 1 组成的序列。电影中的智能机器抽掉了和声的丰富性，取而代之的是低沉单调的合成声音。我们甚至有机械舞，嘲笑机器人拙劣无效地模仿我们优雅流畅的舞姿。我们无论走到哪里，都被告知，自动化本质上就是为了摆脱变化。

人们对自动化的刻板印象正在迅速转变，我相信未来我们会看到智能机器成为一种突出差异而不是消除差异的技术。今天，人工智能让我们的在线体验变得个性化，并且能得到积极响应。自动驾驶汽车将把这些功能运用到现实世界的每一次出行中。这样一来，相比过去的汽车，自动驾驶汽车将以更优质和更多元的方式为我们提供服务。

机器人的角色转变并不是简简单单的事情。我们需要学会给予汽车自动化足够的信任，探索各种可能性。毫无疑问，我们一路上会面临利弊权衡，但是我们选择大胆相信，这将带来对我们有利的非凡转变。探索这场技术革命带来的各种发明，或许能让我们最终抛弃汽车和它对燃料、土地和人类牺牲者贪得无厌的欲望。

而这些会让一切变得大不相同。

第四章

重设移动性

> 数百万人想驾驶，但是缺乏基本的勇气，例如盲人、老年人、胆怯的妇女、残疾人、无法获得驾驶许可的小孩。这是一个需要你考虑的市场。[1]
>
> ——《活着的机器》，1935 年

20 世纪 30 年代，未来感觉临近，但依然没有到来。太空飞船、手机、激光枪在科幻小说月刊的页面中出现了生机，我们的曾祖父母幻想着许多我们今天认为理所当然的技术。在旷日持久的大萧条时期，这些故事让人们在绝望中得到一丝慰藉。

自动驾驶汽车也出现在这些文学作品中。1935 年发表的故事《活着的机器》预测了自动驾驶汽车的许多细节，这些细节过了 80 多年也没有实现。这则白手起家的故事收录在《奇迹故事》中，讲述年轻的发明家约翰·普尔森被鲁莽的汽车驾驶员撞了。这次侧面撞击"几乎没有造成伤害，除了他的自尊和衣服"，但他"萌生了一个想法，他和这个想法不期而遇"。[2] 这位天才自我隔绝在工作坊，一年后得意扬扬地出现了。他带着一个神秘且发着光的球体，直径只有8英寸①。就像现在的年轻企业家一样，他迫不及待地推销给出价最高的人，他推销的话语令人紧张：

那位小发明家是房间里唯一平静的人。巴布森终于恢复了平静，问道："你的意思是你已经给汽车装上大脑？"

"类似大脑的东西。你知道它之前有神经系统、电线之类的东西，我所做的是给它配备一个'信息交换所'来接收冲动，对冲动和充分反应进行评估，这样汽车就能自己运行。"[3]

这段话的预见能力真是不可思议。普尔森所说的"大脑"，即开发"信息交换所"来"接收冲动"和"进行评估"，很好地展现了文学作品中驾驭当今自动驾驶汽车的深度学习网络。此外，普尔森的装置安装在汽车座位下方，和今天自动驾驶超级计算机所在的位置一模一样。就像现代的自动驾驶汽车的大

---

① 1英寸 =2.54 厘米。——编者注

脑一样，他的超自然球体的内部如何运作是需要严格保守的商业秘密。即使作为读者，我们也永远都不知道是什么让它保持运转。[4]

然而，《活着的机器》更引人入胜的地方在于它所描述的伴随无人驾驶汽车而来的社会和心理动荡。故事的作者戴维·亨利·凯勒是执业精神病学家，这个职业使他具备推断和预测未来人类行为的天赋。他写道："老年人开始坐着自己的车横跨欧洲大陆，盲人第一次获得安全，家长发现乘坐新车送孩子上学比乘坐有司机的老式汽车更安全。"[5]2014年谷歌推出自动驾驶汽车原型，公关噱头重点突出老年人、残疾人和小孩第一次乘坐无人驾驶汽车出行。[6]在近一个世纪前，凯勒几乎不折不扣地预言了这些事情会如何发生。

随着故事展开，普尔森的发明风靡全国，速度之快会给今天的投资者留下深刻印象。在短短的5年里，几乎所有汽车都转变为自动控制的车辆。但是，事情的走向变得沉重起来。这个自动驾驶天堂尽管成形了，却沦为杀戮之地。令人毛骨悚然的转折发生了，可卡因污染了一批汽油，导致机器人汽车与它们的人类主人反目成仇。凯勒写道："似乎每辆车身上都住着自己的恶魔，这些恶魔指导它们的行动。不受控制的汽车在公路上横冲直撞，追赶行人、残杀幼童、撞毁围栏……5 000万台机器疯狂闹事、大肆破坏。"叛变的机器人汽车甚至发现如何到加油站给自己加油，无限期地持续实行恐怖统治。

尽管《活着的机器》带有小成本电影耸人听闻的手法，但这个故事给我们的教训在今天看来依然是鲜活和有意义的。被传统汽车遗忘的数百万人依靠自动驾驶汽车获得了移动性，但无人驾驶革命不是以汽车开始和结束的。凯勒写道："交通陷入瘫痪，国民惊慌失措，学校被迫关闭。"[7] 无人驾驶革命的影响将更加深远，全自动化将彻底改变整个交通系统。

特拉维夫交通大堵塞

如今，由于交通系统崩溃非常普遍且影响面广，因此有了自己的网络流行语：末日交通（trafficgeddon）。只需把无法使用的公路、隧道或列车的名字和"末日战争"（Armageddon，音译为哈米吉多顿）这个词拼接起来，就能造出一个新词。例如，2011 年洛杉矶 405 号高速公路封闭，人们预测将出现"末日塞车"（Carmageddon）；2014 年，亚特兰大遭遇了"末日暴雪"（Snowmageddon）；2019 年，西雅图永久关闭阿拉斯加路高架桥的事件被称为"末日高架桥"（Viadoom，这个单词不适用于同个语言模式，却是这个新规则相当有效的例外）。

这样的暗示并不含蓄，当你虚构这样一个令人恐惧的术语时，你想表达这件事是个不亚于世界末日的灾难，是《新约全书》的《启示录》中预言的善恶大决战。

迄今为止最惊人的"末日交通"之一发生在特拉维夫，或许这么说是合适的。毕竟，以色列首都距离美吉多（Megiddo）仅有50多英里，忠实信徒认为美吉多这个倾毁的古城是哈米吉多顿真正的所在地。

2011年的那个夏天的工作日像往常一样开启，数百万以色列人醒来，迎接新的一天。特拉维夫是个依赖汽车的城市，人们即将面对艰难的早晨。在以色列首都地区，平均有60%以上的通勤者每天开车上班，但是许多司机找到了一种新的工具来应对交通堵塞，他们与名为"位智"（Waze）的新型社交网络相连接。当其他应用程序整理关于交通状况的传感器数据，并将报告发回给通勤者时，位智敦促你也来扮演初出茅庐的年轻记者，分享行车缓慢的具体原因（撞车、道路上的碎片等）、警察检测汽车超速的具体位置或出行者感兴趣的其他花边消息。整个应用程序充满了可爱的拟人化的图标和表情符号，你可以加入社区赚取积分。驾驶时使用位智感觉更像是玩游戏，而不是管理上下班行程，这种体验会让人上瘾。这些众包的交通拥堵报告很快成为数十万以色列人的必备工具，伴随他们穿过城市严重拥堵的道路网。

但是那天早上出现了一些问题：交通高峰期开始，位智的地图却一片空白。与此同时，在以色列西边、相差七个时区的华盛顿郊外弗吉尼亚州阿什本，情况变得一片混乱。随着公司不断发展，位智和许多初创公司一样租用了亚马逊云科技（AWS）的虚拟服务器。目前，亚马逊云科技提供覆盖整个企业、可靠与冗余的服务器农场，这些基础设施为大量网络提供动力。但在近10年前，云服务还没有那么稳健。2011年，一系列断网故障困扰着亚马逊，尤其是那年8月7日的服务中断事件，有很大的破坏性。那天深夜，一阵雷暴雨经过阿什本，一棵树倒在电线上，导致亚马逊云科技和位智都"熄灯"了。

回到特拉维夫，那天的高峰期真是一团糟。以色列朋友告诉我，这是他们经历过的最严重的交通拥堵。以往依赖位智来获取导航和交通提示的司机，只能转而依靠自己的智慧。当道路变得和特拉维夫的道路一样饱和，车流量比设计的更多时，只需要一点儿小小的干扰，就能让畅通无阻的车流凝固成黏糊糊的烂摊子。[8] 位智的追随者突然不知所措，他们让大多数人面对缓慢行进的车流。

一开始，我对位智的评价十分苛刻。这些狂妄自大的技术专家瞎掺和几百万人的日常决定，搅乱可能连他们自己都不理解的系统动态。但是在深入思考的过程中，我更加认识到问题的关键所在。位智在短期内如此彻底地融入了以色列的交通系统，因而它的撤除会带来灾难性后果。在那天到来之前，没有人意识到这一点，甚至这个犹太国家警觉的国防规划者也没有。但在 2011 年 8 月之后，谷歌显然意识到了。不久之后，这家搜索巨头斥资 10 多亿美元收购位智，这是以色列初创公司历史上同类交易中金额最大的一笔。

位智对以色列街道网的渗透不是孤立事件，让我们一睹全世界正在进行的"重设移动性"大型流程。我在接下来的几个月里继续周游世界，看到各地都在重复同样的模式，基础设施、车辆和人们的个人设备等更多由软件连接和协调。我在纽约遇到优步收取 500% 的高峰费的情况，这让我无言以对。不过，我觉得了不起的一点是这家公司的代码能自己基于需求的城市交通定价，而这是城市尝试几十年却没能做到的事情。在阿根廷第二大城市科尔多瓦，我仔细观察交通工程师通过拉丁美洲首个完全可编程控制的城市交通信号系统，设定街头抗议周围公共汽车的行车路线。我在旧金山下载了"寻宝者"（Serendipitor），这个应用程序让我自己能重新设定在城市道路网随机漫步的路线。

所有这些创新都是同一主题的变体，共识是我们已经拥有许多交通工具，只是需要更有效率地运用它们。我们不是通过浇筑混凝土，而是通过投资数字领域来拓展交通系统。2017年，洛杉矶像接到信号一样，恰好发布了影响深远的未来交通愿景——《数字时代的城市移动性》，在世界上最有影响力的汽车文化中心赋予这个战略法律效力。[9]

重设移动性不需要自动驾驶汽车，这方面的工作已经广泛开展，并且正在顺利推进。相反，重设移动性正为展示无人驾驶技术打好基础。这个趋势告诉我们，我们一直过于关注自动驾驶汽车和未来街道的硬件，以及这些机器内部的软件，却忽视了在机器外部运行的软件。特拉维夫的交通堵塞凸显出，尽管负责调度的代码不在车内，但它比负责驾驶的软件更能深刻地影响我们的世界，可以告知自动驾驶汽车何时去往何地，以及收取多少费用。

这对我是一个启示。我们就像《黑客帝国》结尾的尼奥一样，一旦剥开墙壁（在本例中是人行道），改变我们一举一动的数字幽灵就会显露出来，我们不可能看不见它们。

随时为你效劳

19 世纪末，有轨电车以惊人的速度涌入美国城市。1887

年，这项新技术在弗吉尼亚州的里士满首次进行实际展示；10年内，"电力牵引"在美国、加拿大和欧洲大部分地区完全取代了有轨马车。有轨电车公司与今天的优步和来福车一样，由财大气粗的投资者资助；它们也与现代的对应物一样，很快发展为"大而不倒"的公司。

电气化释放了城市移动性压抑许久的巨大需求。到1895年，费城75%的有轨电车网络实现电气化；1885—1895年，全市有轨电车乘客数量翻了一番，达到每年2.2亿人次以上。[10] 但是这样的扩张是仓促进行、缺乏协调的，有轨电车热潮成了危机。随着线路网络扩大，相互竞争的线路纵横交错，毫无规律可循。在一些街道上，多达三条轨道和架空电线并行运作。[11] 更糟糕的是，即使是同一家公司的有轨电车之间的换乘，每段行程也需要购买单独的车票。19世纪90年代早期，费城大多数乘坐有轨电车的通勤者至少需要付两次车费才能上班。[12]

让这种混乱状态变得有序的重任落在了彼得·怀德纳身上，他是贸易上的屠夫，既是有心计的政治圈内人士，也是费城有抱负的运输巨头之一。到1895年，他的费城运输公司（PTC）扬言要主宰城市的交通运输业。在之前的10年里，费城运输公司吞并对手，客流量变为原来的3倍。[13] 但在那一年，怀德纳对售票做出改变，这产生了深远影响。突然间，费城运输公司的有轨电车能搭载费城人到任何想去的地方，并且只需要付单程车费。

众所周知，在伟大工程成就涌现的年代，"自由换乘"是一种简单的服务创新。据我所知，这在任何地方都是首创，但是它改变了费城的一切。原本乘坐马车的大众涌向费城运输公司的有轨电车，这些有轨电车首次在现代意义上作为统一的运输系统来运转。事实证明，这项举措大受欢迎，能为费城运输公司赢得资金；比起放弃的车费，此举可以带来更多新顾客，并且削弱竞争。超过一半需要换乘的乘客都是从费城运输公司竞争对手的有轨电车线路过来的新顾客。费城运输公司很快控制了剩下的独立有轨电车线路，将它们消灭或者整合到全市的网络中。不到 10 年，这家公司便巩固了垄断地位。[14]

* * *

从车票开始构建更优质的交通系统仍是冷门的选择。但是今天，智能手机取代了纸质票根，费城的公共交通机构宾夕法尼亚州东南地区交通局（SEPTA）在 2018 年实现了这一飞跃，我们购买移动性的方式正在以几十年来更快的速度转变。

当你今天打算从城市的一边到另一边时，考虑一下所面临的选择：你先确定目的地，然后就像交通极客所说的那样，继续选择一种"模式"，有6种甚至更多模式可供选择，包括私家车、私人单车、出租车、公共汽车、火车、有轨电车、共享单车、共享汽车或仅仅步行。不同的定价选择有不同层次，例如现收现付、日票、月票等，决定如何上班突然需要你获得一个经济学硕士学位。

比如说，考虑一下我早上通勤需要穿过哈得孙河到曼哈顿。任何一天我都能在地铁、公共汽车和渡船之间进行选择，决定采用哪种交通方式是一种复杂的微积分，需要综合成本、舒适度和便利性等因素，根据工作和家庭日程、天气、服务中断等做出改变。幸亏有许多应用程序能帮助顾客驾驭这些令人纠结的选择，这是目前重设移动性最繁忙的一部分。谷歌地图、城市地图（CityMapper）、交通（Transit）和其他类似的应用程序能愉快地识别出最快、最短或最便宜的路线，一些应用程序甚至能提供工具，根据碳排放量或卡路里消耗量对出行路线进行排列。

幸运的是，我已经决定了出行方式，现在最困难的部分开始了，是时候付钱了。如今，只要智能手机在手，一个人可以登上世界上任何公共汽车、火车或渡船，在手机上购票就能继续前行。在越来越多的城市，你只需使用一张电子票，就能乘坐火车、地铁和公共汽车，类似于费城很久以前实现的自由换乘。但是在纽约等其他城市，你仍然需要单独支付大多数交通费用。我的经历有些极端，但这说明了这种票务买卖能变得多么糟糕。我有时需要购买 3 张不同的票，即在有轨电车、地铁和公共汽车上各买 1 张票，才能在早上到达我在曼哈顿的办公室。我把路程的一半时间用于兼顾孩子们的背包和我的手机，疯狂地查询天气和抵达时间，尝试在操作时出现错误、设计不佳的交通系统应用程序上买票。

如果我可以只在一个应用程序里规划出行和买票，岂不是更好吗？更理想的情况是，如果我能在自己选择的应用程序里完成这些事情，那是最好不过了。这种售票新方法背后的大构想，在业界有个拗口的名称"移动即服务"（mobility as a service）。你如果记不住整个名称，可以使用业内人士采用的简称"MaaS"。像波士顿婆罗门描述他们花园里的泥炭藓一样发音（"mahss"），你就能记住了。

"移动即服务"尝试解决的问题和费城人多年前面对的问题相同。你如何将一些不同的交通线路黏合在一起，形成紧密的网络呢？你可以将"移动即服务"视为怀德纳"自由换乘"在现代的新方法，但它不是为了巩固对整个系统的所有权，而是通过建立由互联网连接的集市来激发竞争。任何销售服务方都能打广告，任何人都能购买服务。软件负责将所有按需购买的票拼接成量身定制的单一数字通行证，便于你完成整个行程。

为了观察这种模式如何实际运作，让我们开启时空之旅穿越到未来几年，启动我喜欢的"移动即服务"应用程序"交通"，这是由几个在蒙特利尔的聪明人设计出来的。比方说我正在城里，想从特鲁多国际机场到麦吉尔大学，我输入目的地，"交通"就会提供"移动即服务"集市展现的可用服务，匹配我的时间和路线。我可以对不同"苹果"进行同类比较，看看目前这次行程是优步还是来福车能提供更好的叫车服务。但我还能比较"苹果"和"橘子"，看看城市公共汽车的价格和行程时间如何（在蒙特利尔，你会很快发现名副其实的 747 路市中心快车棒极了，能替你省下一大笔钱）。

在幕后，云端一片混乱。出行服务提供者在"移动即服务"集市运用手段竞相压价，以获得在我屏幕最上方展示的特权。第三方代理人试图强行推出打折的门票套餐，更精准地定位适合我的服务。最后，这些结果根据我个人设置的筛选条件进行加权处理，这些条件与金钱无关，也许我喜欢绿色出行模式或是少数族裔企业，希望在结果中凸显这些因素。我的选择通过滑动和点击屏幕完成，我预订行程，通过账户缴纳了费用。就像现在的应用程序商店，"移动即服务"中间件进行了乏味的结算，确保每个送我穿过城市的人都能获得应有的报酬。

这很简单，对吧？我现在每天早上都会这样安排行程，这就是关键。但是，为什么"移动即服务"这个笨拙的术语会如此巧妙地掩盖它的潜力呢？诚然，这是一个有些难听的行业术语，但它突出了两个基本的创新。让我们剖析这个术语，这有助于揭示这些更大的野心。

首先，为什么称它为"移动性"而不是"交通"呢？交通是有形的，你可以用手触碰，包括公路、铁轨、公共汽车和火车。移动性则是柔软和不确定的。大声说出"交通"，你在谈论的是"一种运输人或货物的系统或工具"。这是市场的供给侧，是资本家、工会和政府机构的领域，其将我们移动到我们需要去的地方。不过，当你说出"移动性"这个词时，你指的是"自由轻松移动或被移动的能力"。你在谈论我们，即出行的公众。"移动性"展示了态度的巨大转变，通过把顾客需求放在首位，试图引导未来创新。它让我们敞开心扉，接受其他实现自由轻松移动的方法，移动并不一定都要发生在汽车、公共汽车和火车上。当你将主题从"交通"转变为"移动性"时，你可以更轻松地散步、骑自行车或者以视频会议形式"到达"会议现场。交通认为车辆就是答案，但我们能创造各种移动性，不需要创造任何新东西或者消耗更多燃料。

这个宏伟战略的第二部分是"即服务"，这个令人费解的词语是什么？它听起来有些奇怪，却出人意料地简单。当我们从"交通"转向"移动性"后，我们不可避免地需要这种方法来重新安排剩余的人出行。这也是我们所熟悉的方法，因为我们的许多在线生活已经以"即服务"模式实现了。网络邮件是"软件即服务"的好例子。20年前，如果想阅读邮件，你需要在电脑上安装应用程序，应用程序从服务器上获取信息，从远程邮箱中取出你的数字信件。信件从远处消失，出现在了这里。这种不合时宜的方法完全没用，幸亏网页邮件通过将电子邮件软件和数据永久地移回服务器，废除了这种方法。你不必再回忆之前在哪台电脑上打开了电子邮件，现在你可以随时在任何地方浏览电子邮件。没过多久，许多人意识到如果你能从任何网页浏览器上接收电子邮件，那么为什么还要拥有一台电脑呢？个人电脑时代结束了，云计算时代已经开启。现在，互联网给更多人带来了比想象中种类更丰富、更有用和更便宜的服务。

我发现去掉连字符和换种方式表述更容易理解"移动即服务"，那就是改成"移动，作为一种服务"（mobility, as a service）。让逗号停留其中，我们就能领会它的意思。这种移动的能力可以按需提供给你，这也许是重设移动性最广阔的前景。正如我们在第三章交通工具的多样性中看到的那样，自动化将迅速推进这一进程。

然而，充分利用"移动即服务"将迫使我们面对困扰其他领域数字化的问题。我们扩大覆盖面时，如何保证人们公平获取服务？我们推动创新时，如何决定什么时候算是消费过多？这些技术将释放有价值而又危险的数据洪流，我们应该如何应对？我们别忘了过去的教训，这些票务创新可能有助于提供更加无缝的出行体验，但它们是否会再次刺激企业合并而不是促进企业竞争呢？

让我们探索两种可能的未来，展示"移动即服务"可能如何利用自动驾驶出租车和无人驾驶班车。这些例子说明了当"移动即服务"使竞争和选择最大化时，可能发生的情况。但它们也强调了为什么我们需要强有力的政策来引导市场，其不仅能扩大规模，还可以提升可持续性和包容性。

机器人出租车的接管

《活着的机器》对未来的看法十分精准，准确地预测了自动化将如何改变大城市的出租车。凯勒写道："无人驾驶出租车终于推出了，进入这种舒适的汽车，你只需对着管道轻声说出方向，你知道出租车会以最快、最安全和最经济的方式带你到达目的地，这令人感到舒心。"[15] 距离无人驾驶出租车成为现实还有几年时间，但届时我们会对着手机或隐蔽的麦克风说出愿望。更令人感到惊奇的是，我们也能得到回应。负责驾驶的计算机会合成柔和甚至诱惑的声音，弄清和确认我们的愿望。

自动驾驶出租车，或是经济合作与发展组织（OECD）首选术语"机器人出租车"，将带来令人赞不绝口的便利性（见图 3–2，第 81 页）。如此轻松的打车方式肯定会迅速流行起来，不过自动驾驶出租车真正吸引人的地方在于它们价格最低。如今，司机能把约 80% 的租车费带回家[16]，但机器人出租车几乎消除了属于劳动者的报酬，并用其他方式降低成本。[17]目前，出租车有一半的工作时间是空车状态，赚不到一分钱。[18]机器人出租车通过省去上洗手间和换班的时间，以及减少车辆缓慢行驶（寻找乘客）和放空车（为了响应网络打车而行驶）的时间，比人工驾驶车辆的运营成本整整减少 75%，从每英里约 2.5 美元降到 70 美分以下。

自动化的经济实惠开始见效，将给出租车行业带来爆炸性影响。2018 年，全球网约车运营商的收入达到 50 亿美元。高盛集团预测，在廉价自动化的驱动下，到 2030 年，全球网约车运营商每年的收入将增至 2 850 亿美元。[19]有两种趋势将推动市场扩张：以每英里计算，低车费让机器人出租车比拥有和使用私家车的总成本更低；此外，更大型的机器人出租车车队提供价格有竞争力的上门服务，从而抢走公共交通系统的乘客。到 2040 年，北半球国家的大城市很难找到人工驾驶出租车；到 2050 年，机器人出租车市场达到万亿级美元，超过 10 亿辆机器人出租车将穿梭在世界各地的大街小巷。[20]

现在，这种机器人出租车接管的故事成为令人信服的题材，这是自主论者喜欢的炉边谈话。但它同样犯了我们屡次看到的基本预测错误，那就是低估了未来的多样性。为什么我们要预先假定出租车仍是单一的事物，就像现在深受喜爱的纽约黄色出租车或伦敦黑色出租车一样，是一种普通的交通工具呢？

对未来不做任何假设更是大错特错。就像无人驾驶未来的其他一切一样，机器人出租车会使我们的期望落空。它们会制定战略，提供专业服务，也会区别对待，服务它们想吸引的顾客。定义机器人出租车未来的数字不是出租车有"多少辆"，而是出租车有"多少种"，因为自动化为出租车拓展市场的同时，也会改变出租车做的事情。

* * *

交通工具的高度专业化已经在顺利进行。优步和来福车等网约车应用程序中的选项不断拓展，涵盖大型汽车、绿色能源汽车、残疾人专用车等。除此之外，独立运营商正在寻找无数针对特定群体的市场，以开拓可行的业务领域。跳跃驾驶（HopSkipDrive）公司为在校儿童提供受监督的出行服务；银色出行（SilverRide）公司的目标客户是老年人，仅在美国，每年约有 60 万老年人放弃开车[21]；纽约市的宠物司机（Pet Chauffeur）公司每年业务额达 100 万美元，"从豹子到实验室老鼠的散装运输都能实现"[22]。

种类繁多的网约车不是采取成本竞争，而是服务竞争。HopSkipDrive 公司强调安全检查和资格认证，提供服务的司机热情周到。SilverRide 公司派出训练有素的护送者，为顾客提供上门援助。这两家公司每英里行程的收费比常规网约车明显更高，SilverRide 公司 3 英里行程的统一价格是 50 美元，相当于优步高峰定价的 15 倍。但是这些豪华型网约车能提供优步和来福车无法提供的东西：个性化服务和安心。

正如行业分析师和自主论者现在所说的那样，机器人出租车的接管是必然发生的事情。一旦交通费用下降得足够多，我们就会卖掉汽车，订购由机器人出租车驱动的"移动即服务"，节省一大笔开支。但是我们对价格的痴迷是否用错了地方？

细想另一种完全不同的未来，即机器人出租车各有特色的未来。在一些情况下，自动化省下来的钱可能将用于给车辆配备技能更娴熟的人员，而不是把人类排除在外。乘车服务人员提供食物和饮料，为老年人提供辅助护理，或帮忙给孩子辅导功课。机器人出租车不是将乘客硬塞进面向大众市场的汽车，而是使用定制的自动驾驶汽车，为它们服务的顾客设计内饰：降低底盘高度，增加入口和把手等。当机器人出租车是专门为残疾人、老年人、孩子或豹子设计时，将成为更安全、更舒适的交通工具。单一车型无法满足所有人的需求。

网约车业务的持续碎片化已引起关注。大型网约车公司正在和地方政府合作，探索各种可能性。为那些无法开车或无法轻松使用交通运输系统的人扩大移动性，既是重中之重，也是很好的增长机会。例如，2016 年波士顿交通管理局邀请优步和来福车作为货车上门服务的补充，使该市得以拓展和改善服务。用租车服务替换常规的辅助客运，顾客可以随时订车，无须提前一天预订。同时，这项举措大幅削减了项目的成本。每次行程的常规电话约车服务费用需 45 美元，而网约车的费用不到 15 美元。近期，俄亥俄州哥伦布市利用优步为弱势孕妇提供免费出行，载送她们参加预约的产前保健或前往杂货店，所有这些旨在降低该地区高企的婴儿死亡率。[23]

鉴于一些最快采用自动驾驶汽车的富裕国家的生育率也很低——例如新加坡和芬兰，我想我们很快会看到这个构想也能应用在那些地方。每个未来新生儿代表巨大的社会投资，不久之后，政府提供的保姆机器人会急切地跟着孕妇，一旦发现孕妇有阵痛迹象，就随时准备搭载她们到医院。

＊　＊　＊

自主论者对于机器人出租车接管的说法指明了获取巨额财富的方向。大多数分析师预测，自动化将成为网约车争夺优势地位的决定性转折点。这就是为什么优步和来福车在 2019 年急匆匆地进行首次公开募股，争先恐后地将能工作的自动驾驶汽车投放到街头。同时，谷歌的姐妹公司 Waymo 抢先一步，在菲尼克斯悄悄投放 600 辆自动驾驶出租车，使其组成庞大车队。未来几年，该公司计划将 2 万辆机器人出租车投入使用，这些自动驾驶出租车即将每天服务多达 100 万名乘客。[24] 来福车公司的最高市值在首日交易中略低于 250 亿美元；几个月后，规模大得多的优步上市，市值略低于 1 000 亿美元。与此同时，2018 年，分析师最初评估规模小得多的 Waymo 公司的价值超过 1 750 亿美元。

模拟结果也这么认为。许多投资者憧憬未来极其便宜的无人驾驶出租车，把希望寄托在少数计算机模型惊人的匮乏发现上。过去 10 年，麻省理工学院、哥伦比亚大学和经济合作与发展组织的研究员开展研究，使用复杂的移动性测量程序，有了一些惊人的发现。新加坡可以勉强应对减少一半的车辆，同时仍能提供私家车出行。[25] 里斯本是更加密集的城市，假设它能让公共交通网络保持运转，可以用 1 辆私人自动驾驶出租车换 6 辆私家车。[26] 只要人们愿意和陌生人拼车，纽约市就可以淘汰 75% 以上的黄色出租车。[27]

这些由硅片驱动的研究理论上看起来不错，但能经得起现实世界的检验吗？首个真正的市场测试刚刚开始，包括 Waymo 公司需要面对的市场测试，但是人们已经十分怀疑机器人出租车的成本效益。《哈佛商业评论》发表的分析文章得出如下结论：机器人出租车的成本将比人工驾驶出租车高，机器人出租车的费用是驾驶老式私家车成本的 3 倍。作者认为，机器人出租车不仅永远无法实现许多模拟预测的 100% 昼夜不停的利用率，而且人类远程安全监督员的成本比现在预测的要高得多（就像现在 Waymo 公司雇用的监督员，第二章有所描述）。[28]

另一个机器人出租车接管的复杂因素是网约车的全球足迹受到限制。优步仅在 5 个市场——纽约、洛杉矶、旧金山、伦敦和圣保罗就赚取了 1/5 的收入。在已经推行网约车的地方实现进一步发展，意味着提供服务的多样化。优步已经提供豪华汽车、清洁能源汽车、残疾人专用汽车，但是自动化能为专业化服务提供更多灵活性。所有这些都指向了无人驾驶革命中出租车的多元化，而不是网约车开启新一轮无止境、无意义的底层竞争。

优步显然掉转了方向。2018 年，优步迈向构建新型垂直一体化的城市移动性帝国，该公司首席执行官达拉·科斯罗萨西宣称："我们想做交通领域的亚马逊。"他承诺："我们还提供第三方交通服务……全部都是实时信息，我们为你提供优化服务，按下按钮就能实现。"[29] 优步经历了一拨儿收购、投资和伙伴关系建立，将大量共享单车、共享汽车、共享滑板车服务纳入本公司旗下，科斯罗萨西正在实现这个大胆设想的路上前进。实际上，这就是"移动即服务"。但你不是在开放的集市里讨价还价，你的体验更像是在公司为员工建造的小镇的杂货店里买东西。那里没有"苹果对苹果"的比较，相反，这里出售的只有一种"苹果"——优步的"苹果"。

这种可能性增加了最严峻的风险。像优步这样的大公司会抓住任何盈利的希望，转向控制出行服务的市场。我们绝对不能让这种事情发生。

微交通网络

在自主论者对机器人出租车接管的想象中，市场结构不是他们唯一弄错的事情，他们还弄错了几何结构。[30] 即使不知疲倦的机器人出租车与广告宣传一致，让我们抛弃了自己的私家车，这对降低车流量也没有起到多大作用。相反的情况更有可能发生，出租车数量会比今天更多，每天 24 小时都在路上行驶，制造交通拥堵。尽管从私家车转向机器人出租车意味着街上车辆整体变少，但每辆机器人出租车每天行驶的里程更多。在里斯本模拟的变体中，最糟糕的情况是人们不愿意共享机器人出租车，公共交通系统即将崩溃；在城市街道上，汽车行驶的总里程数几乎翻了一番，造成灾难性的车流量激增。[31]

　　尽管机器人出租车接管可能非常吸引投资者，但是世界上没有哪座城市能承受这种激增。为了让无人驾驶革命在拥挤的城市中持续发展，我们真正需要的是较大的交通工具。城市规划者一直知道这一点，因此硅谷在畅想自主汽车的未来时，欧盟把目光转向南半球国家。在那里，21 世纪城市交通的答案已经出现在大街上——小型公共汽车。

　　不同地区的居民把小型公共汽车称为马踏途（matatu）、苏式小巴（marshrutka）、吉普尼（jeepney）、印尼小巴（angkot）和康比（kombi）。这些灵活的客车每次可载 6~16 名乘客，是亚洲、非洲和拉丁美洲许多特大城市的主要交通工具。小型公共汽车在没有政府运营的交通工具的地方蓬勃发展，因此获得了一本正经的标签：非正式交通。然而，小型公共汽车的客流量让公共汽车和火车相形见绌。例如，墨西哥城约有 3 万辆小型公共汽车往返于 1 500 条不同线路，每天载客 1 400 万人以上。这些车辆没有任何集中的所有权或正式协调，运送接近 60% 的通勤者，成为世界上最大的公共汽车系统之一。[32] 从全球范围来看，非正式交通的覆盖面令人震惊，数亿人每天依赖这些服务。小型面包车在全球的客运量轻松超过了出租车和共享单车客运量的总和。

非正式交通运行得非常好，有进取心的移民与它们如影随形。例如，在布鲁克林，"美元车"（dollar van）沿着弗拉特布什大道招揽乘客，填补了交通服务长期存在的缺口。相比城市公共汽车，它们收取的费用较低，班次更频繁，较少出现故障，每天能运送 12 万名通勤者。[33] 与公共交通不同的是，它们的运营完全没有补贴，尽管给司机支付的工资更高，面临的监管也更多，但是还能实现盈利。它们也是重要的社区中心。登上一辆"美元车"，你就会发现一个流动的、相互扶持的移民网络，他们拥有共同的语言、文化和职业。

事实证明，这种通勤模式的吸引力超越了阶级界限。在过去的 10 年里，高科技产业集群的动作几乎像移民社区一样迅速，开设了初创公司班车线路。这种趋势在旧金山湾区发展得最快，这里有最适合年轻人才的工作和最令人满意的街区，但在美国最拥堵的地带之一通勤 90 分钟使人筋疲力尽，无法融入其中。2007 年谷歌带头行动，开始用公共汽车载着员工从旧金山的住宅区直接到硅谷园区，让他们绕过公共交通。其他大公司马上跟进，10 年后，湾区的科技公司每天用 800 辆汽车接送超过 3.5 万名员工。[34]

科技巨头的长途线路给整整一代加利福尼亚州通勤者推广了私营公共交通的好处。Leap（跳跃）、Loup（苏格兰语"跳跃"）、Bridj、Chariot（战车）等初创公司缩小了这个构想的范围，它们的服务看起来很像非正式交通，但是它们还能提供免费无线网络和冷榨果汁，这就需要更具技术前瞻性的名称了——"微交通"应运而生。微交通初创公司获得大量风险投资支持，它们精选路线，关注有大量精通科技的富人和交通落后的街区，例如波士顿后湾和旧金山滨海区。

微交通的构想并不新鲜。20 世纪 70 年代，城市设计专家克里斯托弗·亚历山大建议社区创建一种小型公共汽车系统，即"能根据乘客需求提供点对点服务，并辅以计算机系统，保证绕行和等待时间在最低限度；每个方向每 600 英尺设置小型公共汽车站，给这些车站配备呼叫公共汽车的电话"[35]。但在那个时候，构建随需应变的微交通系统是个艰难且成本高昂的任务。

如今，构建协调几十辆班车和叫车应用程序的代码十分简单、造价便宜，令人意想不到。然而，想让微交通发挥作用，仅有更发达的技术是不够的。大多数第一代微交通初创公司仅在几年内就破产了，因为它们面临控制成本的艰难工作，投资者对此犹豫不决。如今这些公司已经销声匿迹，它们的乘客又回到了初创公司曾经覆盖的公共交通线路上。[36]

但是，微交通会再度崛起，特别是在安全的屏幕使用时间越来越重要的情况下，智能班车对网约车一代有很大吸引力。班车已经成为运营的另一种成本，各种实体机构尝试用班车诱惑注意力分散的顾客。大学、办公园区、酒店、医院和大卖场已经使用班车，把学生、员工、客人、患者和购物者带到前门。运营成本正在下降，这要归功于一些公司，包括总部位于旧金山的 Ridecell 公司，该公司出售基于网络的调度软件和乘客应用程序。此外，自动化能进一步削减成本。

如果微交通成为学校、雇主和住宅开发商提供的另一种福利，以填补常规交通的缺口，那情况会是怎样的呢？自动驾驶的小型公共汽车会是缺失的一角，能让微交通的等式成立吗？

技术已经蓄势待发，我们准备好了吗？

＊＊＊

希腊城市特里卡拉（人口 81 355）本是一个不太可能测试由自动驾驶汽车驱动的微交通工具的地方。特里卡拉的居民最早于公元前 4900 年在此定居，习惯于面对入侵的军队、饥荒和瘟疫。但在 2015 年夏天，一批自动驾驶交通工具让他们大吃一惊。

"机器人的入侵"是欧盟 CityMobil2 项目的一部分，试图打造替代谷歌智能汽车的城市友好型智能汽车。这看上去并无坏处，特里卡拉将举行为期 3 个月的展示，这是该项目迄今为止规模最大的测试。按照计划，6 辆班车沿着连接城市历史街区和中央商务区的路线蜿蜒行驶，全长 1.5 英里。

没过多久，这项现代技术再次引发特里卡拉由来已久的焦虑。一群本地人对"就业杀手"无人驾驶汽车进行调查，他们已经习惯于欧盟对希腊施加的财政紧缩的侮辱，称无人驾驶汽车为"邪恶的机器人"。几周后，一辆自动驾驶汽车越过路缘，行驶一两英尺后自动关闭（按设计运行）。当地报纸报道这台机器"发疯了"，一个鲜为人知、自称为"人民战线"的团体控告该城市，谴责该项目增加车流量，给行人带来安全隐患。[37]

尽管有这些不好的预兆，但是这次测试依然大获成功。特里卡拉大多数居民接受了这项技术，超过 1.2 万人乘坐这 6 辆班车，在 3 个多月里完成近 1 500 次出行。[38] 在测试结束时，希腊人已经轻而易举地抛弃了迷信的成见。后来，相似的样车在法国和芬兰进行测试。跟踪调查显示，希腊人比法国和芬兰市民更能接受这项技术。[39]

但是特里卡拉的技术测试差点儿没能进行。2014 年初，CityMobil2 项目背后的官员发起投标，要求建造两支各有 6 辆班车的车队。这些自动驾驶汽车将在特里卡拉、法国城市拉罗谢尔和瑞士小镇圣叙尔皮斯的 3 个大型展示中亮相。两家公司被选中，一家是位于巴黎的自动技术公司 Induct，创立于 2004 年；另一家是 Robosoft 技术公司，是从顶尖的法国国家信息与自动化研究所（INRIA）脱离出来组建而成的。

两家公司各有优势。Induct 公司的车辆外观很有吸引力，顶部可以遮阳，两侧开放，圆形的车身线条流畅。这辆车看起来很有趣，像是你在度假村闲逛时乘坐的观光车。它甚至有个时髦的名字：纳维亚（Navia）（见图 4-1a，第 139 页）。[40] 只要看一眼 Robosoft 公司的 RoboCITY（机器人城市）穿梭班车（见图 4-1b，第 139 页），即入侵特里卡拉的笨拙的野兽，你就会意识到这些人把大量时间和精力都放在了研发软件上。遗憾的是，尽管 Induct 公司的小车的外观更好看，但是该公司无力偿还债务，在中标的几个月后就申请破产了。[41]

　　这个欧盟项目办公室的工作人员仍然不屈不挠，将工作移交给亚军，即一家自称为"易迈"的初创公司。事实上，这个接替者本身是 Robosoft 公司和位于法国维希的微型汽车制造商利吉尔集团（Ligier Group）的合资企业。这种密切合作被证明是有效的，Robosoft 公司的技术和利吉尔集团线条流畅的技巧组合在一起，使设计改头换面。结果，易迈的 EZ10 无人驾驶班车感觉更像从未来穿越到现在，拥有宽轴距、圆形棱边和光滑的线条（见图 4-1c）。

　　与此同时，Induct 公司迅速重组，重新加入开发无人驾驶班车的竞赛。这家重组后的公司借用其前身的旗舰自动驾驶汽车的名字 Navya 作为新的名称，推出完全重新设计的汽车 Arma，与瑞士公共交通运营商 PostBus（邮政巴士）进行了为期两年的测试。[42] 如果说 EZ10 班车的回头率高，那么 Arma 的车型则非常漂亮迷人（见图 4-1d）。

　　两家公司陆续推出新车，开启了全球范围内的竞赛，招募各个城市展示新技术。2016 年和 2017 年，无人驾驶班车在澳大利亚珀斯的海滨、中国台北的中央商务区和美国的拉斯维加斯大道沿线以及其他许多地点缓慢行进。[43] 到 2017 年底，易迈公司宣称已在约 20 个国家接送 150 多万名乘客。[44] 第二年，

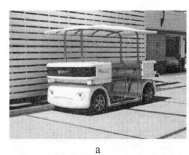

a   b

c   d

a. Induct 公司的纳维亚；b. Robosoft 公司的 RoboCITY 班车；c. 易迈公司的 EZ10；d. Navya 公司的 Arma。

图 4-1　无人驾驶班车 2011—2015 年的演变

图片来源：INRIA，Sigur/Shutterstock.com，Per-olof Forsberg，Navya 公司。

Navya 公司出售 100 多辆 Arma 汽车，并在泛欧交易所上市。[45]两家公司都获得长期融资：Navya 公司与隶属于法国国营铁路集团的凯奥雷斯集团（Keolis）合作，得到 3 300 万美元资金；与此同时，易迈公司从法国高速列车制造商阿尔斯通集团筹得 1 650 万美元。

尽管这种竞赛不像美国国防高级研究计划局举办的沙漠公

路赛那样充满戏剧性，但是由于欧盟的努力，无人驾驶班车正出现在自动驾驶未来的地图上。这个历史悠久的官僚机构思维敏捷，在 Induct 公司破产后引入易迈公司，从而不经意间给这种原本单调乏味的自动驾驶汽车类型注入了一丝法式风情。美国的竞赛引发一拨儿具有灾难性和投机性及竞争残酷的投资，欧盟的做法与此不同，使法国交通行业和科技初创公司之间建立可能更加稳定的联盟。无人驾驶班车的最终成功或许缘于这一系列奇特的公共部门采购事件。

不过，CityMobil2 留下的最大遗产和由此催生的初创公司让全世界数百万人首次坐上自动驾驶汽车，这与自主论者幻想的已做宣传但远未成熟的产品大不相同。在欧盟的未来愿景中，城市不是充斥着飞驰而过、占道行驶的汽车，而是遍布着无人驾驶小型公共汽车，其安静地在市中心行驶。

* * *

无人驾驶班车承诺能带来机器人出租车接管的大多数好处，包括没有车流和排放量低。但是如果这些环保的交通工具对机器人出租车促进城市移动性的宝座发起挑战，它们就必须证明微交通能大规模运作。

关键不在于技术，而在于房地产。许多机构已经使用穿梭运行的人工驾驶面包车，将次级地点与高价值人群连接在一起。就像硅谷技术公司的发现一样，全世界的购物中心、酒店、医院、大学和公寓协会发现，来回接送客人、患者、学生和居民比迁移或扩大设施更容易。自动化只会提高班车的地位。Navya公司声称，无人驾驶班车能削减高达40%的运营成本。[46]

政府也能发挥带头作用。学校可以利用无人驾驶班车，使用较小型、更分散和更专业的设施，因为接送学生便宜又安全且毫不费力。医疗系统通过提供免费交通让人们不再错过医疗预约，从而节省患者费用，改善患者的预后。更好的办法是让医生和执业护士在班车上发挥初级医疗移动诊所的作用，其可以治疗一半的乘客，让他们回家，让他们免于接受昂贵的护理。此外，教堂、寺庙和社区团体也许会推出班车服务，照顾自己的群体。

然而，无人驾驶班车无序发展取得的成功，将给自身带来困境。

首先，谁能乘坐无人驾驶班车？如果交通系统有更多私有班车驶向酒店、住宅区、办公园区，甚至开往教堂和学校，那么交通系统就完全不属于公众了。班车在定义上是专用的，一个人无论是员工还是学生、患者还是教区居民，这个人的身份作为入场券取代了车票。我们见证了网约车的扩张，这已经让我们开始思考，私人共享出行服务增加是否会让公共交通收入减少，从而难以为贫困人口提供赖以生存的服务？

其次，不计其数的班车会加剧交通拥堵。尽管班车出现在高度依赖汽车的社区中是合情合理的，但它们或许应该在人口稠密地区，与更高效的公共汽车和轨道交通展开竞争。如果我们允许班车肆意扩张，它们也会占领马路。非正式交通横冲直撞的场景在南半球国家很常见，应该让我们停下来仔细思考。难道我们希望引入这些混乱，让广场和环岛被征用为临时公共汽车小站，与勉强通行的小型公共汽车车流纠缠在一起吗？为了回应本地人对这些班车不受限制地使用公共区域的投诉，旧金山等城市已经对企业班车路边靠站收取费用。[47] 当地居民也许很快就会转而抱怨路边拥堵了。

最后，就像在有轨电车扩张的时代一样，错综复杂的独立线路如何添加到整个城市系统呢？想象一下，你尝试在社区穿行，私有的无人驾驶班车抢占了道路。即使在线路交叉的地方，换乘也是不可能的事情，因为专用线路没有理由相互连接。你在东边上班，想去西边的日间托儿所，空荡荡的无人驾驶班车在路边与你擦肩而过，这些车可能和你去往同一方向，但是它们拒绝你上车。即使别人的巴士能直奔目的地，你也需要先到市中心，从工作班车换乘到儿童班车，因为那些车不对你开放。

还有另外一种可行的解决方案，我将这种方案称为"微交通网络"。如果常识能占上风，一些公司、大学或公寓协会很快就能清楚地看到发挥班车协同作用的机会，意识到两种系统组合起来比单独使用更好，进而将它们组合起来。不管是哪种无人驾驶班车服务在社区内运营，微交通网络都能让人们轻松通行。要使理想变为现实，我们需要克服两大挑战——信任与协调。

　　第一个挑战是验证乘客。在西雅图郊区贝尔维尤，有规划的无人驾驶班车网络，部分由雇主资助，很快将为快速发展的"企业走廊"提供服务，供大约 3 万名员工使用。[48] 这项举措有助于分摊成本，提供更频繁的服务。A 公司需要让 B 公司员工、C 大学学生与自己的员工共享座位。为了低成本而又高效地做到这一点，我们必须采取某些形式的数字身份验证。

　　一种选择是将这项工作外包给企业。Via 等公司在纽约、奥斯汀、芝加哥和华盛顿特区运营众多微交通线路，其已经配备乘客验证系统。我们很容易想象 Via 公司将自己的工具授予希望重振线路共享的参与机构或当地交通部门。我们面临的挑战是确保没有使用或不会使用移动设备的弱势群体能够上车，并确保每个人的数据是保密的和安全的。

　　第二个挑战是协调这些换乘，因为无人驾驶班车不会一直按照时刻表运行，许多无人驾驶班车不会坚持使用固定路线。在非正式交通中，换乘是随意的事情，人们在路边商店、十字路口和交通堵塞的公共汽车小站换乘。然而，微交通网络能充分利用开放的"移动即服务"的市场力量，按目的地对乘客进行分类。每个角落或路边都能成为临时换乘点，两辆智能班车在换乘点会合并交换乘客。

即使没有宏伟计划，微交通网络也能发展。参与机构开始尝试共享，可能首先给外部人员提供少量座位，以减轻对本机构人员会被大众取代的担忧。但是随着时间的流逝，小小的成功如同滚雪球般不断壮大。随着乘客有机会进入较为大型的网络，他们更愿意舍弃汽车、挤进班车。微交通网络也会给予运营商回报：通过减少不必要的出行，帮助其提供更好的服务，使用较少的车辆，减少行驶里程。如果按照不同时刻表运营班车的机构（比如学校和购物中心）共享车队，那么很可能获取更大的收益。

废气数据

你可能注意到微交通网络的一个特点：流经微交通网络的数据和运行的交通工具一样重要。这真是出人意料的转变。许多年来，互联网计算机的"数字残渣"被戏称为"数据废气"，比如完成乘车路线安排和信用卡记账后留下的日志文件。现在，剩余的数据非但不是废弃物，而且具有预测人类行为的价值，成为经济增长的主要驱动力。[49]

大量数据到处流动，每天每辆车产生太字节级的数据，全世界自动驾驶汽车的数字足迹即将超过我们自己的数字足迹。到 21 世纪 20 年代中期，100 万辆自动驾驶汽车能定期比 50 多亿台连接人类的设备产生更多的数据。

出行公司已经不择手段，为控制这些信息展开争夺，因为这是了解我们的出行行为、公司确定广告推销和定价的关键。但这些信息的用处不局限于交通领域，还能重塑零售业和娱乐业。提炼自动驾驶汽车的数据废气将创造巨大的价值，它的搜集、储存和分析可以成为互联网的首要商业用途。但这种变化不只是关于金钱，当这些信息用于设计我们的世界时，我们将经历形而上学的转变。移动的万物将感到协调性更强，随机性更小。

但是，这种精确控制的力量如果落入错误的人手中，将带来消费者利用的巨大风险，数据废气会成为名副其实的"毒气"。人们会产生想法，试图采取盈利但不总是令人接受的方式，将控制数据用来扰乱价格、调整薪酬和到处转移资产。当数据每分每秒都在改变所有移动事物的价格时，统一价格将成为过去。准备好航空公司的定价方式运用到道路通行费、出租车和列车中吧，你将一直需要和车道上、出租车里或坐在你旁边的笨蛋支付不同的费用。许多人以为保险公司会在无人驾驶时代消失，但是保险公司可能会大发横财，将我们对风险的观念转向众多不同的可量化的新危险。这些按需提供的保险服务与我们出行服务的时间捆绑在一起，将变得非常赚钱。

这些计划会变得公平或不公平，无缝衔接或完全支离破碎，相互竞争或相互勾结，这将取决于谁在无人驾驶未来控制"移动即服务"市场。随着优步等公司竞相抢占高地，各城市也在积极行动。少数城市正在建立自己的"移动即服务"开放式版本，以作为企业"围墙花园"的替代选择。2016 年起，芬兰城市赫尔辛基支持试验性"移动即服务"应用程序 Whim，其整合了公共交通、出租车、共享单车和共享汽车的规划和购票服务。2019 年，柏林的区域交通运营商（SVG）推出了自己的"移动即服务"应用程序 Jelbi，其集成了 20 多种公共和私人交通服务。[50] 该程序由立陶宛初创公司 Trafi 研发，借鉴了维尔纽斯的一个非常成功的实施经验，这个波罗的海国家首都 20% 的人口使用了这款程序。[51] 洛杉矶采取了更为精妙但更激进的策略：开发了一种名为 RouteAPI 的工具，其相当于陆地版"空中交通管制"。这一服务能根据城市在交通管制、通道和环境影响方面的优先事项，给申请城市移动许可的自动驾驶汽车指引方向。尽管这座"天使之城"是否要求出行供应商使用 RouteAPI 尚不明确，但是这种服务的存在代表着惊人的权力争夺，暗示未来官员可以运用"移动即服务"，对自动驾驶汽车车队的移动进行控制。更可能的结果是未来出行公司选择使用 RouteAPI，以换取城市交通信号和收费站的优待。

尽管这些努力前景光明，但如果城市对"移动即服务"的愿景占主导地位，那么将面临巨大的挑战。"移动即服务"令人振奋不已，有潜力培育多元化的出行供应商，但是最初收效甚微。赫尔辛基推行的应用程序 Whim 一开始的订阅价为每月 55 美元，服务包括无限制的公共交通使用、最多 30 分钟的单车出行以及出租车和汽车租赁折扣（还可以选择现收现付）。但是到了 2018 年底，该服务仅有 6 万名活跃用户，订阅者不足 7 000 人。人们通过该应用程序预订近 200 万次行程，但这只是当年全市 3.75 亿次公共交通出行的 0.5%。柏林明确表示希望承担出行服务整合者的角色，而不是拱手让给德国有影响力的汽车公司或优步[52]，但是柏林的 Jelbi"移动即服务"市场在销售订阅服务方面进展缓慢。[53] 更能说明问题的是，两个城市都在努力吸引出行公司加入它们的市场。赫尔辛基得益于

2018 年芬兰的一项法律，即通过有效立法对现有"移动即服务"做出规定，要求所有地面出行供应商开放票务系统。[54] 柏林的系统缺少此类支持，仅仅依靠公共和私有出行供应商的自愿参与。

与此同时，优步正在迅速拓展自己的出行市场。2019 年，该公司出行模式菜单增加共享单车和共享汽车服务后，开始与科罗拉多州丹佛的公交票务初创公司 Masabi 合作。新服务允许用户通过优步应用程序预约和支付交通费用，尤其是能提供并行比较，潜在地凸显其作为出租车的出行替代选择，拥有低成本和有竞争力的出行时间。[55] 时间会证明优步是否继续与公共交通合作，是否允许相互竞争的供应商在其市场中活动。但是很容易想象我们会向无人驾驶未来演进，未来出行就像今天的流媒体音乐，成为你手机的组成部分，绑定在你选择的数字云中。

在未来，并不是所有人都会购买自己的无人驾驶汽车，但每个人偶尔会租一辆。我们有必要理解从交通产品到出行服务的转变如何展开，以及未来对我们开放或关闭的选择。机器人出租车接管的多样性提升和微交通网络的成功，需要实现我们可持续性和包容性的目标，并将这些目标嵌入"移动即服务"的设计。此外，开放是关键，社区需要优先考虑选择、竞争和本地控制。

* * *

现在，我们在幽灵之路上的首次旅行结束了，我们已经进入崭新的未来。驾驶基本消失了，交通工具比以往更加丰富、多元和用途广泛。在我们的屏幕或其他取代屏幕的东西内，我们被不断增多的选项包围。只需要轻轻点击，我们就能从某个地方移动到另一个地方，就像今天网上冲浪一样轻松。

但是我们学到了什么呢？再深入挖掘，我们发现这个世界与我们预期中的不太一样。

从 A 地到 B 地充满了选择，但这意味着需要做出艰难的决定。我们或许能找到一种独自上班的答案，以及另一种供家庭周末短途出行的答案。计算需要考虑上千个变量，如果我们选择这么做的话。

选择合适的交通工具将带来同样超乎寻常的选项。拥有或共享？协调整个自动驾驶汽车车队的硅谷监督员会让我们自己决定。一个轮子或四个轮子？若我们愿意的话，高度警觉的代码能调整老式的物理结构，以维持平衡。

一旦上车，我们就会看到计算机在驾驶。它将我们释放出来，却让我们在移动时履行各种新职责。自动驾驶汽车里的生活比以往普通汽车里的生活更加复杂，所有人都指望从这种变化中牟利。看紧你的钱包吧，车辆已经离开车站了。

毫无疑问，创新无处不在的世界正在等待我们。一致性已经过时，专业化蔚然成风。许多人对于未来出行世界的个性化定制、精准定位、动态定价感到轻松自在，机器里的幽灵可以随时为他们效劳。

但是我们其余的人怎么办？在幽灵之路上等待我们的是什么？我们期待选择，但我们担心改变、混乱和冲突的到来。

第二部分

无人地带

自动驾驶汽车最大的影响将不是移动人，而是移动物品。自动驾驶汽车将使运输和交付变得更便宜、更高效，它们将加速传统零售业的死亡，削弱沃尔玛等巨头公司的优势。

第五章
持续交付

对电子商务公司而言，最重要的三项基础设施是信息流、资金流和物流。[1]

——马云，阿里巴巴集团创始人，2013 年

我所在的泽西城街区是 19 世纪设计的，我仍然像以前的人一样购物。我会步行到主要的购物街，光顾肉铺、面包店和鱼店。我这样生活是因为我可以这么做，我喜欢多样性和人行道上的偶遇。但在家用制冷设备出现以前，人们不得不以另一种方式购物。我听说在这附近的女性以前经常每天早上出门购买午餐食材，在男性上班和孩子上学后，午后不久又出去采购晚餐的食材。这种生活是艰苦的，也具有社交性和自发性。几代女性一起购物，菜单会根据收获的东西而变

化，这取决于当天农民从乡村带来的东西和渔民在码头卸下的货物。

我们中很少有人这样生活了，美国几乎没有人这么做。到1950年，大多数美国家庭拥有冰箱和汽车。他们购物没有以前那么频繁了，前往更大的商店。在那里，一个城镇中心的所有店铺与服务都集中在一个屋檐下——超市！冰箱能让新鲜的肉、乳制品和农产品安全储存在家。但是我们在大批采购食物的同时放弃了一些灵活性，当你以这样的方式购物时，你需要有计划地一次性购买一周的食物。

自那以后，我们大幅增加购物的数量和拓展购物范围。在我有生之年（我出生于1973年），美国新建房屋的平均面积增加了超过2/3。[2] 家居装饰巨头劳氏公司的风险投资人亚历克斯·埃文斯写道："随着房子变大，冰箱、食品储藏室、车库和壁橱也变大了。"他还指出："家变成了仓库，用来储存我们到零售店购置的过量物品。"[3] 这预示了开市客、山姆会员商店等仓储式商场的兴起，它们都在1983年成立，以批发价向顾客大批出售散装食品。现在你可以出门回到装货码头，尽情购买一个月的供给。

如今，我们正在经历另一个历史性转变，但这次屏幕代替了商店货架，快递员取代了我们的运动型多用途汽车。以我的家人为例吧，他们和我不同，对拎着大包小包走在街上毫无兴趣，也不想在过道和货架中搜寻，然后发现想要的东西已经卖完了。如果他们坐在自己家客厅舒适的沙发上，滑动和点击屏幕就能消费，为什么还要排队与坏脾气的收银员打交道呢？他们并不是唯一这么想的人。10年前，美国人每年平均离家购物300次；现在，美国人每年平均离家购物接近于250次。[4]市场分析师称，到2040年，这个数字可能会再下降30%。[5]

便宜的送货服务给网上购物的扩张扫除了最大的障碍。2017年，根据美国联合包裹运送服务公司的调查，半数以上的受访者表示，免邮或运费优惠是他们网上购物的主要原因。[6]通过屏幕购物比开车购物省钱多了，每年仅需花费300美元就能享受亚马逊Prime会员生鲜送货服务，其远低于你驾车购买基本生活用品的成本。送货服务也很迅速，你可以自选送货速度：两日达、一日达或当日达。

自动驾驶汽车能够进一步挑战极限。咨询公司毕马威预测："开车去购物看起来便利又便宜，但是无论身在何处，消费者召唤物品到他们身边将会取代开车购物。"[7]尽管人们有许多关于出租车和特斯拉汽车的猜测，但移动货物最有可能成为我们第一次和最强有力感受到移动自动化影响的领域。

＊ ＊ ＊

多年来，美国的电子商务交易总额每年大约增长 15%，并且仍在稳步增长。2018 年，线上零售商收入超过 5 000 亿美元，大概占零售总额的 10%（准确地说，当年线上零售商收入为 5 136 亿美元，占零售总额的 9.7%）。[8] 其他国家已经在零售业调整的道路上走得更远。美国仅有 3% 的食品杂货在网上销售，而韩国有 20%。[9] 当你在 21 世纪 20 年代初读到这里时，电子商务将占英国和中国消费者支出的 35%。[10] 由于现有商店数量庞大，美国在零售业调整方面稍显落后。（美国建造过多的消费基础设施，人均拥有 23 平方英尺[①]的购物空间，澳大利亚人均购物空间不到其 50%，英国和大多数欧洲国家人均购物空间仅为其 20%。）

这种转变让随处可见的商店最终变得空空荡荡。实体店销售额虽仍在增长，但是相比之下动力匮乏，每年仅增长 2%~3%。按照这样的速度，线上零售收入将每 5 年增长一倍，而实体店销售额在一代人的时间里才能增长一倍。每年商店关门的数量持续打破纪录。房地产咨询公司戴德梁行估计,2017 年美国约有 9 000 家商店关闭，预测 2018 年另有 1.2

---

① 1 平方英尺 ≈0.092 9 平方米。——编者注

万家商店停止营业。[11] 此外，跟踪零售技术的研究公司科赛咨询（Coresight Research）近期编写了一组预测报告，发现这一趋势正在急剧加速，2019 年第一季度宣布关闭的商店和上一年全年宣布关闭的商店数量一样多。[12] 投资银行瑞士信贷预测，到 2022 年，美国将有整整 25% 的大型购物中心停止营业。[13]

此外，这么多商店的消失伴随着大规模的在线整合。互联网曾经承诺促进全球贸易的民主化，但这并没有实现，网络销售如今由两大巨头主导，世界历史上零售权力集中在这些公司。亚马逊公司在美国占据主导地位，2018 年产品销售额达到 1 410 多亿美元，较前一年增长近 20%。[14] 美国人在网上每消费 1 美元，该公司就能得到 52 美分，[15] 这个份额比紧随其后的 10 家竞争对手加在一起还要多，并且仍在增加。[16] 亚马逊公司市值近 1 万亿美元，是其主要竞争者（西尔斯，杰西潘尼，百思买，梅西，塔吉特，科尔士，诺德斯特龙，沃尔玛）价值总和的 3 倍以上。[17] 阿里巴巴集团在中国拥有相似的市场份额，但与亚马逊不同的是，它在激烈的竞争中慢慢失去优势。[18]

在交付方面的不断改进和创新是这两家公司成功的关键。

亚马逊公司的秘密武器 Prime 会员服务已经尽人皆知，每年只需花 149 美元订阅服务，就能享受 1 亿多件热卖单品的免邮两日达服务。2005 年，Prime 服务在少数城市推出，到 2017 年在美国已经拥有超过 1 亿名订阅者，亚马逊仅在那一年就运送了约 50 亿件商品。到 2020 年，Prime 服务预计将占美国所有包裹运送的一半。[19] 为了降低成本和缓解顾客对货物丢失和被盗的不满，该公司努力将其业务范围深入顾客联网的家中。例如，"亚马逊钥匙"服务配有监控摄像头和远程遥控的门锁，可以让快递员把包裹放进你的家中，而不是冒着货物被偷的风险，把包裹放在门前台阶上。亚马逊的 Dash 按钮把冲动购物带到新高度，只需按下这个无线小装置，你就能再次订购洗衣粉等商品。

在互联网出现以前，中国几乎没有大型零售商或邮购业务，电子商务巨头阿里巴巴和京东从零开始，已经建立了各自的全国快递网络。从北京到阿里巴巴杭州总部有 800 英里路程，10 年前，运送包裹需要一周多的时间。现在，阿里巴巴向超过 125 个中国城市提供次日达服务。两家公司利用了低成本劳动力和高客户密度的偶然结合，使大量运送货物成为可能。约有 500 万名快递员从事乏味、通常又脏又危险的工作，他们需要配送阿里巴巴的货物，穿行于拥堵的街道，每年给客户运送价值 5 500 亿美元以上的货物。2018 年"光棍节"（更广为人知的名字是"单身节"），阿里巴巴在 24 小时内在全国交付了 10 亿件包裹。[20] 规模相对较小的京东也不甘示弱，占据中国电子商务市场 15% 的份额，组建了 100 万名快递员的队伍。[21]

运送这些物品需要付出高昂的代价，亚马逊每次把箱子从物流中心送到你家都会赔钱。仅在 2017 年，亚马逊在运输上花费了 200 多亿美元（每个包裹花费 2~4 美元），[22] 占该公司总成本的约 10%。[23] 不过，这种昂贵的支出从长远来看换来了更有价值的东西——你的忠诚度。在高收入的美国人中，亚马逊 Prime 的免邮两日达服务比选举更受欢迎，大约 80% 的富裕家庭是 Prime 会员。

不过，随着顾客要求更大范围的货物更快送到，亚马逊控制运送成本的压力与日俱增。2009 年推出的当日达成为新基准，这项服务能将带来高利润的高价商品快速送到六大城市的顾客手里。到 2019 年，1 万多个美国城镇的 Prime 会员能享受超过 300 万件常见订购商品的免邮当日达服务。当日达的占比仍然有限，例如只占英国总包裹市场的 5%~10%。[24] 但是顶尖咨询公司麦肯锡的分析师预测，到 2025 年，整整 25% 的顾客期待所有送货实现当日达甚至更快。[25]

＊＊＊

即时满足的新时代依靠自动化送货的调动，快速无缝实施网上销售，这是本书第二个重要的故事。想理解这种前景是具有挑战性的。正如我们所看到的一样，我们购物的方式已经改变了很多次，但是我们过去的经历没能帮助我们应付这么大规模和突然的转变。这就是"未来冲击"，根据未来学家阿尔文·托夫勒的描述，由于"过短时间内发生太多改变"，人们产生"巨大压力和迷失方向"的心理状态。[26]

我们中的许多人已经在努力跟上变化。我这个年龄足以记住电子商务、儿童信用卡以及包裹跟踪出现以前的生活。在青少年时期，我会给提供商品目录的邮购商店寄出汇款单（倒吸一口气！），我买的是计算机相关的东西，我总是购买这些。至少，有些事情从未改变。一连几周我都会翘首以盼，期待美国联合包裹运送服务公司的褐色货车绕过拐角处，为我带来货物。接着美好的一天来临，我家的门铃响了，小狗叫了起来，我在司机的单子上夸张地签字，真正拥有了这个快递。20世纪90年代，在线跟踪问世，我突然觉得自己就像无所不知的上帝。很多时候，我都是以查看我的小小快乐——包裹如何在供应链上移动开始和结束一天的。

如今，这种热切的期盼已经消失了，而源源不断的物流离开我们的屏幕，不停涌入街道、人行道和门廊上。我们会一口气买5件、6件、7件或者更多的东西，惊喜地发现它们在一小时、一天或两天后就送达了。但是，由于你的一连串发货需求不按顺序排列，欣喜很快变成了困惑。你先购买家庭装的多力多滋农场口味玉米片，再购买自助书，结果你先收到了零食包。至于那些一周前选购的拖鞋，它们在哪里呢？可能还在远处的某个地方，根据它们自己的时间表向你飞奔而来。毕竟，你的便利人生并不在你的控制之中。你可以做出选择，可以与之对抗，或者你可以不予理会，转而接受"持续交付"的新现实。

这不仅是因为网上购物的速度加快，或者包裹的数量增加——尽管现在美国家庭每周平均收到5个快递，是10年前的两倍。[27]持续交付就是你不再等待订单完成和忙于应对供应物品不断冲上你家台阶时所发生的情况。网上购物的旧流程连同那些熟悉的步骤——下单、发货、跟踪、收货、退货消失了。取而代之的是新的购物方式：订阅服务提供定期发货，联网按钮一键追加订购，以及送货上门服务。当万物皆可跟踪时，我们可以像对待数字文件一样轻松地对待实体产品。我们将产品从屏幕上滑下，它们会进入物流奔向你的家门。你如果对手上的东西改变了主意，只需要几个手势就能让它立即回到原来的地方。

运送货物的自动驾驶汽车释放的持续交付将对我们的社区产生更快速和更深远的影响，其远超自主论者或减少用车的社区成员想象的任何未来。购物中心和仓储式商场将停止营业，一些商场换上了神秘的外壳，变形后作为全自动化配送中心重新开放。它们成为全球零售巨头的前沿运营基地，停放着大批运送车、混合车和载货卡车，这些车辆把物品运到周围的区域，每个包裹每英里路程仅收取 4~7 美分。[28]

持续交付的未来即将来临，现在只剩下一道障碍，那是真正独特的东西。

克服"最后一英里"

20 世纪，运送货物是一些公司为其他公司做的事情。我们组装卡车和修建马路来运送原材料和制成品，将货物从田地和矿山运到工厂、港口和商店。但在 2018 年，美国首次有 50% 以上的包裹从企业直接运送给消费者。到 2020 年，美国从企业直接运送给消费者的包裹预计将达到包裹总数的 2/3。[29]

这种转变已经给在我们经济体制中运输材料的基础设施、车辆和人员提出了严格的新需求。寄出的消费品更多是小批量装运，它们的物流并不稳定。12 月交付的包裹比 9 月足足多了 25%，最忙碌的日子运送的包裹是平均水平的两倍多。[30] 压力无处不在：工人们长时间从事繁重的工作，快速被占据的仓库空间租金高昂，日益增加的卡车车流把我们所有人都挤了出来。

对于即将到来的货物危机，自主论者提出的解决方法是大胆设想，这丝毫不奇怪。在货运的世界里，这意味着一种东西——牵引式挂车。18 个轮子的自动驾驶卡车被 2017 年《麻省理工科技评论》评为"十大突破性技术"之一，不过在自动驾驶卡车将我们的公路变为幽灵之路之前，我们必须克服实现自动化的巨大障碍。柴油卡车可以使用几十年，大多数由独立的司机所有，他们没有资金购买最新的高科技卡车。卡车行业过去的成功策略是将成本推给这些不太重要的操作员，同时要求取得更好的结果，这让卡车行业对投资未来的运输工具准备不足。

但是自动驾驶汽车将产生决定性影响，很快能控制某个可怕区域的成本，这个区域被托运人称为"最后一英里"。让我们说得清楚一点儿，尽管短语"最后一英里"增加了传统术语"用卡车运送货物"所缺少的现代效率，但人们使用它的时候并没有带着感情。它的起源可以追溯到马拉松这种最古老的人类耐力测试的最后时刻。据说在 1908 年伦敦奥运会上，26 英里的马拉松赛道又增加了 385 码①，只是为了能将终点线设在王室看台的正前方。参赛者蹒跚进入最后冲刺阶段，即可怕的"最后一英里"。他们筋疲力尽，依然竭尽全力高喊"天佑女王"，在喘息的同时向君主致敬。[31]

这个词语的现代用法更为普通，但是反映了同样的疲惫感。20 世纪 90 年代，电信蓬勃发展，"最后一英里"等同于将线路从中心交换机连接到家庭的麻烦事，这是一种资本密集型、低利润的业务。这种业务从过去到现在都是吃力不讨好的，需要不断与反铲挖掘机、天气、破坏公物者和害虫做斗争。[32] 对持续交付而言，"最后一英里"将带来更大的考验，必须每天每时每刻都克服地理的无情阻隔，将脆弱的单线拉到某个地方接受考验。（"最后一英里"在货运领域的用法类似于在客运领域的用法，即第四章描述的人们离开公共交通网络后行程的最后一部分。该术语在货运和客运领域都是比喻的说法，实际距离从几码到数英里不等。）

这项运动从区域配送中心开始。这些大型仓库的集体足迹随着网上购物的繁荣而不断扩大。比方说在英国，网上消费每增加 10 亿英镑，就需要 80 万平方英尺的新空间来履行订单。[33]

---

① 1 码 = 0.914 4 米。——编者注

这些楼房是服务器农场和物联网的主控开关，是网上商店的实体表现形式。来自遥远加工厂的集装箱卸货了，物流裂变的流程开始了。"大批货物分裂为成千上万的个人快递，拥有各自的路线、地点和时间安排。"[34] 配送中心内的大量工作自动化程度很高，因此只有极少数人参与其中。亚马逊最新的配送中心和小城镇一样大，占地面积超过 100 万平方英尺，平均雇用人员却不到 1 300 人。[35] 这些庞然大物不是利用人力，而是利用便宜的电力、高容量道路和机器人，从而焕发生机。

不过，这些配送中心仍然不足以满足我们对包裹的渴望。持续交付的窗口期很短，从 48 小时到 4 小时不等，需要这些大型厂房的小型复制品部署在距离城市核心区更近的地方。如今，你能在大城市中心区的周围找到它们，它们就像环绕大型天体运行的小行星，距离某个地理区域的人口中心只有6~9 英里。[36]

从这里来看，繁重的工作仍是手工操作，这种努力代价高昂。大城市的当日达在过去依赖独立承包商的流动劳动力，这种组织方式使供应商能够根据需求，轻松调整后备工人。

目前，随着专业送货司机被优食（Uber Eats）和户户送（Deliveroo）等应用程序派遣的电话引导的零工取代，一批新的快递员正在四处奔走。这些小工具使公司可以雇用低技能工人，但是作为交换，他们缺乏珍贵的本地知识和市井经验。例如，英国一项研究指出，在进行相同配送任务的情况下，当地经验丰富的司机能比新手减少44%的里程，节省35%的时间。[37] 同时，本地配送的技术性降低，不可避免地压低工资，引发越来越多工人抵制配送公司，例如将户户送公司形容为"奴隶贩子"。[38] 连接云端的调遣集中化也减少了当地的中间商，其曾经在发生交通、停车或道路安全问题时，给警察提供了便利的紧迫地点。

然而，对托运人来说，从技术性降低的快递中获取的高额利益是不够的。剩下的选择不多了，许多人开始借助自动化在"最后一英里"削减成本和提高速度。即将到来的三大机遇或许能让托运人充分协调"最后一英里"的账目。

* * *

第一个机遇是在人和机器之间实现更好的配合。如今，几乎所有包裹的"最后一英里"都是由卡车或货车运送，食物可能使用自行车或滑板车投递，但通常是用汽车运送，这些都需要人员参与。未来自动驾驶配送车将更容易适应这项工作。用来运送货物的自动驾驶送货车形状、大小和速度各异。相比同类的载客车，自动驾驶送货车达到了另一种高度，完全不需要工作人员。

我们之前认识的运送车是漫游在人行道上的小型机器，它们适用于短途运送小型和易变质物品，只会给一顿饭的费用增加几美分。我在坦帕见到的运送车（第三章）制造商"星际飞船技术"宣称，它能将配送的费用从当前水平降低90%~95%。[39]2018年，该公司在位于芒廷维尤的软件巨头财捷（Intuit）的硅谷园区启动试点项目，6辆运送车从公司餐厅出发，沿着人行道网络给饥肠辘辘的员工配送早餐、午餐和咖啡。员工对早餐的需求量最大，因为送到桌边的配送服务使员工可以从停车场直接到办公室，不需要在餐厅停留。[40]

混合车更接近小面包车的尺寸，但与常规的运货卡车相比较为修长，并且独具一格。2015年，设计公司IDEO推出概念混合车Cody（科迪），专门为繁忙的社区而设计。这种未来主义的城市运输工具混搭塑料储物盒和小面包车，能将全天的快递运送到便利的角落，一次出行就能服务整座城市的客户。不过，混合车不只是送货，还能接收退货。与此同时，混合车替代了一批又脏又吵、通常很危险的运货卡车。[41]汽车制造商已经在生产五六种混合车样车。丰田汽车公司的混合车e-Palette合作伙伴包括亚马逊、必胜客和优步等公司。[42]总部位于帕洛阿尔托的初创公司Nuro在不到两年的时间里，从头开始研发出自己的混合车，并在 2018 年募得 9.4 亿美元风险投资，以推广该产品。[43]

放眼望去，几乎所有需要移动的物品都进行了自动化的探索。至少有 3 家公司销售半自动行李箱，它们可以跟随你穿过机场，同时避开行人、柱子和墙壁等障碍。中国制造的智能跟随旅行箱 Puppy 1 甚至可以在两个轮子上实现自动平衡。[44]梅赛德斯公司预见旗下凌特送货车未来可成为"母舰"，这种送货车配备快速部署坡道，最多可容纳 8 台"星际飞船"运送车。[45]我们只能想象这些采取"闪电战"的送货机器人会给它们服务的社区留下什么样的印象。

设计梦不会就此停止，自动驾驶送货车也会使自动驾驶进一步突破极限。货物不会晕车，不需要经历撞击测试。货物不会抱怨"侵略性驾驶"，也不会介意极其谨慎的步伐。自动驾驶送货车不需要保证乘客镇静或毫发未损，能尝试高重力加速和减速，特别快或特别慢的运行速度，以及车轮和轨道以外的新移动方法。由于没人在车内闹腾，这些送货车可以通过编程配置紧急制动，否则就会为了防止伤害他人而使乘客受伤或牺牲自己（或牺牲它们的货物）。它们夜里在工业区或几乎没人的地方运行，给街上行人带来的风险更低。

投资者也将推动自动驾驶送货车的创新，因为他们寻求比投资自动驾驶客车更快获得回报的投资方式。市场需求十分迫切：线上零售商在向食品杂货等低利润业务扩展时，急切希望降低送货成本。自动驾驶送货车比自动驾驶客车更容易进入市场，自动驾驶送货车更容易开发，因为它们只需了解一小片区域的方方面面，甚至能限定在人行道或人烟稀少的街道上行驶。这意味着相比自动驾驶客车，自动驾驶送货车可以采用更小型的地图和更简单的软件。另外，它们比乘用车受到的监管更少，这样可以减少测试的时间和成本。

* * *

"最后一英里"的第二大机遇是利用浪费掉的载货能力，例如我们的出租车后备箱、汽车后座和公共汽车的空行李架。和拼车一样，附带送货服务的车辆经过你家门口，这种想法已经运用于人工驾驶的交通工具。总部位于亚特兰大的 Roadie 公司作为中间商提供运送时效性要求较低的大件物品的服务，司机通过长途通勤或自驾游运输遗失的航班行李和家具。[46] 该公司与各大航空公司以及家得宝、梅西百货等零售商开展合作，声称其足迹范围比亚马逊 Prime 服务更广，在短暂的历史中已经服务了大约 1.1 万个社区。[47]

自动驾驶汽车为这种点对点的包裹游戏开启了无限新可能。

你不必整天为停车付费，为什么不在你工作的时候，把你的自动驾驶汽车出租给食品杂货店呢？或者无论你身在何处，你的快递都能送货到车，而不是送货上门。这是亚马逊公司的想法，它希望开发更便宜、更优质和更大的替代选择，代替其高成本和无趣味的包裹储物柜网络。[48] 该公司在美国 37 个大都市区提供送货到车服务，测试人们对于他们的汽车就是储物柜是否感受不同。送货到车服务使客户能在无人看管、不另收费的情况下，在各种通用汽车和沃尔沃汽车的后备箱安全收到快递。目前，快递都是由零工送达。不过，我们还需要多久才能偶遇自动驾驶混合车和自动驾驶运动型多用途汽车在停车场进行"配对"，秘密交换包裹呢？

　　未来还有更加雄心勃勃的计划，即利用闲置在交通网络中不为人所知的载货能力。数以百万计的商用车辆和政府车辆浪费了大量载货能力，这些车辆白天和夜晚大部分时间都处于闲置状态。这正是西雅图设计工作室 Teague 提出的自动驾驶校车 Hannah 背后的理念。这种六座小型公共汽车在早上和下午是学校班车按需系统的支柱，像优步一样接送学生；但在白天其他时间和夜间，它们可以送货。美国有近 50 万辆校车，此举能让当前"最后一英里"的配送能力翻番。相比之下，美国三大货物承运商之一的美国联合包裹运送服务公司每天只有

10 万辆车运行。好处是具备双重功能的自动驾驶校车可以变为无人驾驶送货车，为缺乏资金的公立学校提供急需的收入。

* * *

"最后一英里"的第三大机遇是利用自动化夜以继日工作的独特能力，并且不需要增加成本。长期以来，夜间操作对托运人来说是有意义的，使托运人能在道路畅通无阻时穿过人口密集区，以低成本自由、快速地运送物品。但是夜间工资的高成本和重型卡车的噪声限制了夜间送货的运用。

随着汽车技术的改变，这两个问题都将迎刃而解。电气化将大幅降低商用车流的噪声。事实上，电动车在黎明前的英国城镇有着悠久的使用历史。20 世纪 30 年代到 20 世纪 80 年代初期，2.5 万多辆电动送奶车通常会缓慢经过城镇和村庄。这种小型送货车两侧开放，便于接触瓶架。[49]《经济学人》杂志指出："里程短和最高速度较低对于送奶无关紧要，而近乎无声的行驶意味着顾客可以睡个好觉。"[50]劳动力成本不会在夜间提高，因为我们不需要给上夜班的机器人司机支付津贴。此外，如果交付的终端能同时实现自动化，例如装卸区、仓库和储存易腐烂物品的冷藏室，夜间送货也能真正为收货人降低成本。

夜间送货对于不想淘汰任何工人的托运人更是个有吸引力的选择，夜间车流量减少意味着托运人可以使用更大型的车辆，完成更多交付。而体量变大则显著降低了单位运送成本。[51]

奇怪的是，为夜班设计的自动驾驶送货车或许可以在白天作为风能和太阳能电网的备用电池，得到价值更高的运用。我们通常需要在夜间给电动车充电，那时太阳已经落山，无风，这是广泛使用可再生能源给电动车充电尚未克服的障碍。为了给不计其数的电动车提供所需电力，未来电力公司需要一个储存可再生能源白天产生的电能的方法。这样的储存十分昂贵，如果新的储存技术没有成功，我们将花费许多年，可能是几十年来建设。

然而，被安排在夜间运行的电动无人驾驶汽车能完美平衡消费者使用的电动车。风车和太阳能发电厂白天的发电量最高，夜晚的混合车会停在充电站，它们的电池会吸收原本可能会流失的电力。如果电力需求激增，电力公司会将电收回，而不是转向他们通常会发动的肮脏的燃气涡轮机以弥补短缺，避免额外的碳排放量。

至少柏林电动汽车充电接口科技公司（Ebee）的创始人亨宁·赫普纳是这么认为的，他十分了解这个领域。他预测，将夜晚工作的混合车作为储能设备出租，比按照预定功能将它们作为送货车的获利更加丰厚。[52] 考虑到这样能带来巨大的潜在收入，甚至能与它们作为送货车的价值相媲美，这种电力魔术容易成为这些车辆的主要商业用途。

赫普纳在 2018 年访问柏林申贝格地区的高科技商业园区 EUREF 时阐述了这个愿景，他的初创公司网络正在那里制作广泛的城市技术原型。我对他的预测信以为真，大脑开始急速运转。我想象未来城市的街道到处都是在太阳下运输物品的运送车和混合车。但是如果阳光消失，第一个算法上的遇险信号从电网发出，其会突然中断送货的工作，返回汽车站，将剩余的电能导入不稳定的电网。这是个诱人的愿景，即可以充分转换为完全使用可再生能源的电网，为全电动的车队提供动力。

不要指望你的快递会在无风的阴天结束时送达，卡车会由于同时被你的邻居当作电池使用而停止工作。

当物质像信息一样移动

征服"最后一英里"配送的战斗由机器人军队发起，这将会是未来 10 年了不起的商业故事之一。其必能在这场战斗中取得胜利。哈佛大学经济学家爱德华·格莱泽和珍妮特·科尔哈泽搜集了大量关于美国制造商运输成本的历史数据，他们在

2004 年发布的研究显示，货运成本在 20 世纪下降了 90%。这些哈佛大学教授总结道："我们没有理由怀疑货运成本仍会继续下降。"[53]

不过，运输成本能下降到什么程度呢？我们探索了三种"最后一英里"创新（无人驾驶汽车、包裹储物柜和夜间送货）。分析师预测，上述三种创新都有望节约大量成本，分别能减少50%、35% 和 40%。[54] 这里显然有部分重合，因为这些百分比加起来超过 100%。但有一点是明确的，那就是如果组合部署这些创新，它们将创造巨大的收益。无人驾驶革命能再削减90% 的货运成本吗？如果可以的话，这种近乎零成本的运输会对购物、商店和街道产生什么影响呢？

探索这些问题的好起点是一张显示包裹运输供求关系的简单的图（见图 5-1）。如果你曾经在微观经济学课上睡过去也别担心，这张图还算简单易懂。左侧垂直数轴（y 轴）越往上代表货运价格越高，底部水平数轴（x 轴）从左到右代表消费的货运总量增加。两条实曲线展示了我们所认识的世界：供给曲线（S1）向上和向右，表明随着价格上升，美国联合包裹运送服务公司、联邦快递等物流公司和邮政部门有意愿和有能力增加运力的程度。需求（D）的反应方式是相反的：当价格下降，消费就会增加。当这两条实曲线相交时，市场会达到

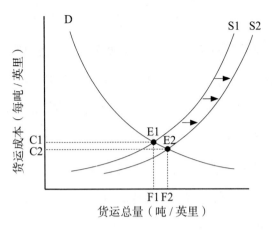

图 5-1　成本下降对运输需求的影响

平衡状态（E1），现行价格（C1）和供应水平（F1）便会固定下来。

　　现在思考一下，引进像自动驾驶汽车这样的新技术会发生什么。比方说有一天"机器人货运公司"进入市场，该公司拥有由百万运送车组成的车队和"最后一英里"的解决方案，能以低于其他货运商 25% 的价格运送货物。这样的结果是可以预见的。机器人货运商会削价与竞争对手抢生意，竞争对手必须在价格上与之较量，这样价格就会下降（到 C2）。不过由于价格变低，消费者以增加购买作为回应，供给曲线滑向了右边（虚曲线 S2）。市场出现了一个新的平衡点（E2），这种状态下货运成本更低，货运总量却更高。这并非难事，这只是资本主义。

这张图和许多经济理论一样，是对现实世界欺骗性的简化。随着这些技术引起的需求激增变得更加突然和频繁，市场适应"最后一英里"自动化的过程将是坎坷的。无论是夜间送货还是尺寸合适的车辆，每项创新都会导致沿街运送的货物量急剧增加，将对道路已经接近饱和的城市和大都市区造成尤为严重的影响。同时，货运总量会继续增加，制造和运输这些货物的碳足迹也会继续扩大。

幸好在某个时刻，混乱的步伐将逐渐停息。总是有一些摩擦源头阻碍货物的自由流动，包括配送中心本身的成本（亚马逊在北美洲设立 100 多家配送中心，建造每家配送中心花费 1 亿美元，并且消耗了大量电力），维护、修理、远程监测数不胜数的运送车和混合车，以及"最后一英里"带来的迟迟难以解决的挑战，就连最智能的机器人面对大门、楼梯和电梯也是进退两难。此外，边际收益递减规律终于见效。就像你在一周内吃的第 8 个圣代冰激凌不如第 7 个有价值，因为你每天对冰激凌的渴望得到了充分满足。在某种程度上，消费更多给顾客创造的价值更少（不过，我们会在下一章了解到廉价的运输也将鼓励企业自身生产更多商品和开展使用运输的服务）。

同时，我们人类会制造一点儿挑战，妨碍持续交付的发展，这个事实使我难以得到慰藉。与善变和不可靠的人类同步总是会产生运营费用。亚利桑那州立大学交通运输学教授戴维·金研究自动驾驶汽车，他指出："人们从来没有按时做好准备，他们没有在等待包裹的到来，而是准备打电话或者去咖啡馆。"[55] 他认为，即使有了自动化，要使这些系统运转良好，接受者也必须做好准备。

对货运发展来说，一个更为重大的抑制因素是大多数托运人节约的成本可能不会充分或者完全不会传递给消费者。亚马逊已经推行免邮，当前该公司所有控制成本的努力将直接变成公司利润。例如在亚马逊会员日的推广活动中，Prime 会员的快递能集中在一周的某一天送达。[56] 即使生产者的成本下降，消费者支付的快递费用也可能上升。2016 年，麦肯锡调查了近 5 000 名来自中国、德国和美国的消费者，发现超过 1/4 的消费者愿意"为了当日达或快速配送的特权支付高额附加费"。由于选择快速配送服务的人通常是没耐心、高消费的年轻顾客，从附加费中获取收入将成为一桩大生意。[57]

* * *

总的来说，10 年后，把物质发送到城镇的另一端几乎变得和现在把信息发送到全球各地一样便宜和容易。尽管无法达到免费的程度，但是费用能比现在节约90%。我们会如何利用这种新的物质移动性呢？它会引发哪些更大的变化呢？

奇怪的是，我们至今看到最好的近乎流畅的货运世界已经稍纵即逝，很少有人注意到。2013—2018年，旧金山物流初创公司Shyp提供按需和无打包运货应用程序，能把你的苹果手机变为科幻电影《星际迷航》里的物质传送器。如果你想将一些东西运送到城市或其他国家，你只需把手机对准某个物体，点击拍照，物品噌地就出发了。嗯，大概是这样。你仍需等待快递员来取走你的东西，但是不需要打包和填写运货单，这一点儿也不麻烦。顾客只需支付固定费用5美元（除了实际的运费），Shyp公司就会给即将运送的物品装箱，并将其转交给长途承运商。几天后，你的屏幕弹出通知，告知你的物品已经抵达奥斯汀、伦敦、特古西加尔巴或任何你邮寄物品的目的地。

Shyp公司远远超越了它的那个时代。在该公司服务推出时，我们中的大多数人仍然习惯于发出自拍照。通过拍照和点击发送键就能传输物品的想法显得过于前卫，让人无法理解。经过了5年的坎坷运行，还没等到所有人完全意识到这个构想的重要性，Shyp公司就破产了。但这个构想必然会卷土重来，自动驾驶汽车是让这个构想发挥作用的关键。

在美国国防高级研究计划局举行挑战赛以及谷歌声势浩大

地推出谷歌汽车的 10 多年后，用自动驾驶汽车运送乘客的构想仍然不太确定，就像猜测一个遥远的世界，我们不需要它们也能生活下去。但是，无人驾驶运送货物的技术和理论依据很快成形。我猜很快有一天，剩下的事情会变得豁然开朗，寄东西突然变得非常便宜，就像发短信一样，我们不用再考虑任何关于费用的问题。

此外，机器人出租车和特斯拉汽车等交通工具将改变万物运行的方式。

第六章

创造性破坏

我们试图在必胜客做到让烤箱离前门更近一些。[1]

——阿蒂·斯塔尔斯，必胜客首席执行官

曼哈顿的生活是一系列发生在箱子里的瞬间。你生活在叫作"公寓"的箱子中，（对我们许多人而言）你还在另一个叫作"办公室"的箱子中工作。这个箱子进一步细分为格子间，格子间本身就是小箱子。你乘地铁往返于家和办公室，而地铁是一长串移动的箱子。我们甚至以直角形式将大自然围起来，毕竟中央公园就是整个城市最大的箱子。在"大苹果城"（纽约）待上一段时间后，无穷无尽的墙会将你层层包围。

低海拔地区的低空飞行是已知短暂逃避现实的好方法，提供了观察城市不间断的直线构造的新视角。任何直升机旅游运营商都会乐于帮忙。在 1 500 英尺处，更开阔的逻辑主导了你的视野。你意识到 1811 年铺设的街道网不仅包围着我们，还连接着我们。南北走向的大街旨在通过加快通勤者的流动来发掘土地开发潜力。它们大获成功，从那时起就一直被交通堵塞了。不过，正是东西走向的街道把我们和大海连接起来，把货物从浩瀚的东河和哈得孙河运送到内陆变得更加容易。百老汇吸引了所有人的注意力，但是穿越市区的连接使纽约成为世界上最大和最高效的工业贸易中心。别的地方无法如此迅速和便宜地在轮船和阁楼之间运送这么多货物。货船已经不复存在，不过交通网络仍然存在，如今它促进了优步、公共汽车、自行车，以及每天运送 150 多万个包裹的大批卡车和货车的流动，送货数量是 10 年前的 3 倍。[2]

　　向西几英里的情况则非常不同，又有飞机起飞了。一架无人机穿梭于新泽西州哈肯萨克梅多兰兹大型配送中心的楼宇之间，将下方广阔的地面尽收眼底，一种不同的街道网出现了。从这个有利位置看，成堆纵横交错的货箱和其间缓慢移动的数百辆运送车，反映了这种楼层不高的产业扩张区能在大楼四面墙之外的各个方向延伸几英里。近距离观察显示，正是这堆货箱在移动，它们乘着自动滑板行进。

这种新的货运热潮带来真正的生意。2012 年，亚马逊为垄断这些仓库自动驾驶物流车的市场，以 7.75 亿美元收购总部位于马萨诸塞州的 Kiva Systems 公司。[3] 自那以后，这家大型零售商每年都在为其全球机器人大军增加 1.5 万台机器人，取得了惊人的成果。该公司将你下单到快递装车（商业中称为"点击发货"）的时间从 1 个多小时压缩到 15 分钟，同时减少了 20% 的成本。到 2019 年初，超过 10 万台勤快的设备在 100 多家亚马逊配送中心每天 24 小时、一年 365 天报到上班。[4]

摆脱人工为更密集和更活跃的工业建筑铺平了道路。在自动化的推动下，尽管这些未来仓库覆盖了 100 多万平方英尺的空间，但是它们让人感觉非常幽闭。架子之间的距离缩小了，同样的面积增加了 50% 的存货。[5] 自动驾驶车辆在一排排架子之间快速移动，速度高达每小时 17 英里，是快走速度的 4 倍多。工人们被限制在安全区活动。

我们即将迎来更加陌生的内部场景。亚马逊的对手没有借助 Kiva 公司的专利滑板方案，而是采用各自奇异的机器人工人构想。英国在线连锁超市奥卡多的机器人可以沿着悬挂在货物箱上方的轨道行驶，在穿过发光的网格时抓取物品，[6] 这让人联想起 1982 年的电影《电子世界争霸战》。中国京东采用奇特的蜘蛛状机器人，它们悬挂在天花板上，长 5 英尺的手臂每分钟摆动 100 多次，用于挑选和打包货运物品。[7]

酷似昆虫的智能机器大批出没于硬纸板聚集地，这的确让人害怕，但我们不得不接受它们。这些庞大的机器肩负重任，支撑着物质需求急剧上升的人口。如果目前的趋势继续下去，比起现在 40 多亿大都市居民，到 21 世纪中期，全世界城市居民人数将增加约 60%，达到 65 亿。他们会变得更富裕和长寿，受教育程度更高，要求更高，每天吵着要得到书、玩具、食物和衣服。不过，他们将面临控制碳排放的巨大压力。[8]在未来一个世纪复杂的权衡中，这些机器被动员起来为我们提供食物、衣服和护理。没有这些机器，我们将难以生存。

目前，由机械仆人组成的"城市"已经被包围起来，但是这种残酷的几何结构能得到控制吗？亚马逊下一步会将这个新城市计划推广到更广阔的领域吗？资本主义很少产生如此纯粹的"创造性破坏"机制，约瑟夫·熊彼特将这种"产业突变的过程"描述为"不断地从内部变革经济结构，不断地破坏旧的结构，不断地创造新的结构"。[9]这些包裹输送机会证明自己在重构社区方面同样效率极高吗？如果它们获得成功，"箱子"构成的新城市还会有我们的一席之地吗？

因为现在看来，显然只有当我们让路时，它们才可以在工作上做到最好。

＊　＊　＊

　　典型的达美乐比萨店平均面积仅为 1 500 平方英尺，拥有大城市公共汽车站的所有氛围。[10] 不管怎样，这是无人驾驶未来餐厅的运作模式。在亚马逊推出非常经济实惠、提供免费当日达服务的品牌"亚马逊倍思"之前，达美乐的员工早已发现顾客更重视速度而不是质量。1973 年，这家比萨大型企业开始推广其著名活动"30 分钟送达，否则比萨免费"。尽管这项保证在 1993 年取消了，但在那之前该公司对配送的严格标准已经永远铭刻于我们的集体无意识中。

　　当然，比萨外卖不是达美乐发明的，但达美乐将这种做法扩大到产业规模。如今，人类每年消费超过 50 亿个比萨，仅达美乐每天就要送出 100 万个比萨。毫无疑问，装进纸盒的硬比萨、少量的酱汁、合成口味的奶酪（2008 年替换为真正的天然奶酪）有助于降低成本。[11] 不过，偏僻狭小的店面与通信技术相结合才是真正的关键。

　　如果你在轮班之间顺便光顾这家比萨集团的某个荒凉的店面，你会发现寥寥无几的员工在四处走动。店铺面积很小，这里只有一个厨房，收银台也是调度台，还有零星座位主要供司机休息。然而，一旦有人打来电话、点击鼠标或者屏幕，店铺就会焕发生机，司机在茫茫黑夜飞驰，送出热腾腾的比萨。

达美乐决定倾向于这样的低租金环境是简单制胜策略的关键，即用便宜的运输取代昂贵的房地产。特许经营者不用为有着最大客流量的沿街商铺支付高额租金，可以选择任何偏僻的小型购物中心或工业园区，只需要便于通行的道路和大量手机。达美乐通过将用餐区外包给消费者，改变了比萨业的整个成本结构。

在数字时代，达美乐开创的模式从快餐不断扩散到各式各样的美食。这些忙碌的美食餐厅被称为"幽灵餐厅"，它们是简单的廉价店，为缺乏耐心、浏览 Grubhub 和 Seamless 等在线外卖平台的顾客提供廉价食物。智能手机被证明对改革外卖调度和出租车调度同样有用，在激烈的美食竞争中，吸引了更年轻富裕和消息灵通的人群。

这些虚拟的小餐馆仿照比萨店先锋，大幅削减成本和简化服务。Green Summit 公司使用的厨房的面积仅为 2 000 平方英尺。2017 年，该公司在芝加哥开张，将 9 家"幽灵餐厅"集中在同一个地方，提供中餐、墨西哥菜、三明治等菜式。[12] 2019 年，另一家初创公司 Kitchen United 获得谷歌投资部门 1 000 万美元投资，计划开设 400 个"幽灵厨房"，每个厨房提供多达 20 种不同的菜单。[13] 尽管堂食区有助于厨师招待投资者和面对面得到顾客反馈，但是这两家连锁店的堂食区都十分狭小。它们通过重新定位，几乎完全转向外卖，这样既降低运营成本，也让自身成为 Pret a Manger 等连锁店的替代选择。Green Summit 公司自称仅需要 Pret a Manger 1/4 的占地面积，就能招待这家三明治巨头 90% 的顾客，这些顾客在餐厅拿好食物就带走。[14]

"幽灵餐厅"的颠覆性经济学正在推动烹饪创造性的迸发。这类初创公司启动成本超低，使得更年轻大胆的厨师更易投身餐饮业（就像尝试流动餐车一样）。同时，超轻型的餐厅更加灵活。餐厅招牌可编程意味着菜单更改的成本较低，使"幽灵餐厅"能以较低的风险尝试新概念菜品。Green Summit 公司创始人表示，如果新菜单失败，公司损失仅为 2.5 万美元。如果想尝试波奇饭等新菜式，传统餐厅可能轻易就花费上述金额的 10 倍甚至更多。[15]

随着"幽灵餐厅"发展至产业规模，顾客坐下用餐大范围消失，其基础设施正在大量产生。2012—2017 年，100 亿以上美元流入 Postmates 等"最后一英里"外卖初创公司。[16] 但最有趣的行动发生在房屋背后，虽然达美乐主导了郊区小型购物中心的比萨业务，但优步创始人兼前首席执行官特拉维斯·卡兰尼克领导的团体则在争夺城市核心地区的停车场，并将它们改造成共享厨房和外卖站。2018 年，该团体仅在纽约市就接管了 4 个场所，耗资超过 4 000 万美元。[17] 据说如果你想在淘金热中发家致富，你应当出售镐和铲子。卡兰尼克的"云厨房"借鉴了勘探者的故事，将向满怀抱负的年轻厨师出租其第一间餐厅。

* * *

我从主街下山，到达邻近的城镇锡考克斯。近年来，该地的设施集群成为未来零售清算的起点。这里潮汐湿地和柏油铺设的产业园混杂在一起，通过两条行车隧道、东北走廊铁路线和世界上最繁忙的大桥与曼哈顿相连接，已成了为曼哈顿提供当日达配送服务的关键地点。[18] 锡考克斯拥有（相对）便宜的土地和便利的交通，被数以千万计的消费者包围，是打造未来按键操作式自动化购物系统的理想之地。

随机选择这里的建筑，你就能提前目睹持续交付的未来。Rent the Runway 公司坐落在一个没有窗户、占地面积 16 万平方英尺的褐色"箱子"里。该公司承诺为顾客"量身打造梦想衣橱"，本质上是一种由快递员提供的女性高端服饰订阅服务。你可以把它视为"幽灵百货商店"，那里装满了设计师品牌服饰，由快递员将服饰配送给希望在着装上给他人留下好印象的顾客，以求职、出席派对或其他场合。该特色服务在 2014 年推出，成为美国最大的干洗工厂。[19]如今，它的面积仅次于该公司开设的第二家工厂。新厂位于得克萨斯州阿灵顿，面积是原有工厂的两倍。[20]

MakeSpace公司位于另一处建筑，其运行模式就像云文件存储服务商Dropbox，只不过MakeSpace储存的是你的物品。MakeSpace公司的广告语是"再也不用去储藏室了"，你只需给该公司打电话，他们就会派人来取走你的物品，进行妥善保管。你甚至可以利用该公司的应用程序，给你储物箱里的物品拍照，之后你能在网上浏览它们，然后提交运送申请，所有操作在掌上就能完成。我提出"箱子构成的城市"不是在开玩笑。对空间有限的"箱子"居住者而言，这种服务能将他们多余的箱子储藏在其他地方的箱子里。

沿着新泽西收费公路行驶几英里，我们来到了蓝围裙公司位于林登镇的工厂，占地面积为50万平方英尺。数量较少的备餐工人在这里正忙着准备料理包，包括预先包装的新鲜食材、调味品和食谱。这家公司在美国拥有75万名以上订阅用户，这些料理包将配送给其中一些用户。蓝围裙公司比"幽灵厨房"更胜一筹。你不仅可以招待客人用餐，还可以自己烹饪。

这些公司所实现的整合是显著的。它们用可编程的移动性与邻近的地理位置进行交换，用新泽西州司机廉价的劳动力替代了曼哈顿店面的高额租金。过去分散在一大批街区商店、储藏室和厨房中的活动如今集中在同一个大屋檐下，从而产生了巨大的规模经济。接近顾客不再只是地理位置的功能，而是主要看你的调度软件能否发挥作用，让你的车队远离交通拥堵，按时完成交付。

大量低利润商业离开高成本中心只是一个开始，名牌服装、自助存储和美味料理包仅仅是"幽灵主街"的第一批业务。随着自动驾驶汽车让交付成本接近于零，这个过程将加速推进。比萨业可能再次领先。2018 年，必胜客与丰田汽车公司开展合作，将这家汽车制造商的 e-Palette 概念混合车改造为流动的食物工厂。一年后，达美乐与混合车制造商 Nuro 联手，在得克萨斯州休斯敦测试比萨外卖服务。[21] 几年内，自动驾驶汽车能载着整个厨房（配备储藏冷热食物的仓库、烤箱和制作比萨的机器人），出现在你身旁的道路上。[22]

不过，这种机器人驱动的餐饮、零售和街区服务整合能走多远呢？我们很容易想象大批混合车蜂拥而至，这些自动弹出式"小商贩"不仅出售比萨，还会出售矮牵牛花和小狗。算法设置了积极的定价，它们会顺应需求的突然变化，使所到之处的零售区陷入空心化。由于没有设置物理障碍或法律障碍，束缚它们的司法管辖权并不存在。

从基皮到循环经济

　　每周二晚上，我会从事第二份工作。我是一栋小房子的管理人，这栋房子就是我的家。尽管只有一户人家生活在这里，但是这里源源不断产生箱子，数量多得惊人，箱子需要拆卸和回收利用。这项工作令人感到满足。我通过滑动打开美工刀并切割箱子，把堆积如山的废弃物变为一堆捆扎整齐的可回收材料。这对我来说是一种宣泄方式。

　　过去一年来，硬纸板不断堆积，已经无法控制。我不是唯一一个被淹没在各种物品里的人。废弃物管理公司运输美国和加拿大2 000多万个家庭的垃圾和可回收物品，指出过去10年在路边收集的硬纸板的数量增长了20%。[23] 在我费力地把越来越大堆的硬纸板搬到路边时，我会想这些容器最初是装着什么东西送到我家门前台阶的。我一想到春季大扫除就感到害怕，因为去年的必备物品成了今年的杂物，而且那些废旧杂物都无法回收利用。科幻小说作家菲利普·K.迪克将消费者堆积的物品取名为"基皮"（Kipple），他在1968年出版的小说《仿生人会梦见电子羊吗？》中写道："基皮就是没用的东西，就像垃圾邮件，用完最后一根火柴的空火柴盒，口香糖包装纸，昨天的报纸。"[24] 现在，一次性物品的用途比迪克想象的更加广泛。

咖啡胶囊、苹果音乐播放器（iPod）、自己组装的家具等接近一次性使用的产品替代了一次性包装。不过，这堆东西和他预测的一样数不胜数。

即使目前仍在酝酿之中，持续交付也显然正在压倒我们。但是随着运输成本大幅降低，无人驾驶革命将引发新一波基皮化浪潮。垃圾物品会取代垃圾邮件吗？由于线上零售商可能在未经许可的情况下就向我们发送可能购买的东西，寄希望于我们不会将它们滑走，我们是否会在现实生活中而不是在屏幕上面对弹窗呢？我呆呆地看着自己的那堆基皮，想象未来垃圾邮件会凭空出现，我担心更糟糕的事情还在后头。迪克预测：“周围没人的时候，基皮就会自我繁殖……整个宇宙都在朝着彻底的、绝对的基皮化最终状态演进。”[25]

* * *

我对基皮化的担忧日益加深，资源经济学支撑了我的观点。现在送到我家的物品只是替代了原本我们在商店买的，这也许是真的。但是随着运输成为做任何事情最省钱的方式，运输不会只对零售造成冲击，还会成为所有产品制作和服务交付方式中广泛运用的要素。

为了理解原因，我们需要穿越回工业革命的鼎盛时期，当时英国工厂的运行依赖煤炭。几十年来，这个帝国平稳缓慢地前行，燃烧着丰富的自然矿产资源。然而，到了19世纪60年代，统治阶级开始意识到矿产很快就会开采殆尽，提高煤炉的燃煤效率成为当务之急。但是这种方法能让极其有限的资源免于枯竭吗？年轻的经济学家威廉·斯坦利·杰文斯在其1865年发表的《煤炭问题》中探究了这个问题。他坚定得出的答案是"不能"，从那时起，环保主义者就感到困惑，因为杰文斯提出，提高煤炉效率没有减少反而增加了煤炭消耗量。

杰文斯通过理性的归纳得出这个与直觉相反的结论。比方说某天炼钢厂安装了一种新型煤炉，其明显比现有技术更有效率。由于生产每单位钢铁所需要的燃料减少，公司的利润会立刻上升。现在公司所有者面临选择：继续生产相同数量的钢铁还是提高产量。环保主义者会力劝公司保持产量不变，因为这既可以降低公司整体的煤炭消耗量，又可以让公司将额外利润收入囊中。但是资本家发现了增长的机会，他们鼓动钢铁制造商大幅降价、扩大生产，从竞争者手中抢占市场份额，获取更高的总利润（尽管每单位利润会缩小）。杰文斯意识到，这样会迫使竞争对手通过掌握自己的煤炭节约技术做出同样的事情，否则就会被迫停业。这种令人不快、具有讽刺意味的理论被称为"杰文斯悖论"或"反弹效应"——尽管我们假设中的钢铁制造业在没有得到任何政府补贴的情况下，（实际上相当迅速地）使用了新的煤炭节约技术，但钢铁制造业还是比以往使用了更多煤炭。俗话说，有得必有失，市场这一"看不见的手"就是如此。

高效的煤炭生产能力使钢铁变得便宜，对经济造成连锁反应，事情从这里开始越来越糟。由于钢铁产能过剩，相对于其他材料，钢铁的价格下降。棉花、木材和其他劳动力密集型原材料被搁置在一边，因为它们的生产没有从煤炭技术的飞跃中获益，而其他产业找到了利用大量廉价钢铁的新方法。钢结构建筑风靡一时，中产阶级开始喜好钢制餐具（或许大胆的时尚达人也会开始穿钢制裤子）。钢铁需求的骤然激增只会鼓励钢铁制造商将利润投入煤炭技术研究，以期在繁荣发展时期获得优势。整个周期再次循环，煤炭消耗量急速上升。

环保主义者从杰文斯思维实验中提炼的要点既清晰也令人泄气：在自由市场经济中，仅靠提高效率无法降低资源消耗量，反而可能增加资源消耗量。"反弹效应"出现在每一个我们尝试通过引入新技术来控制消耗量的领域，[26] 例如提高制冷、空调和内燃机的能源效率似乎只会满足人们对更大的汽车和冰箱，以及分布更广、温度更低的室内制冷的需求。

廉价的送货同样引发了降价和消费量螺旋式上升的循环，

比萨业再次在这方面提供了珍贵的事例。达美乐应用电话技术、电视广告和计算机地图等技术，大幅降低了销售比萨和配送到顾客家中的成本，一个比萨的价格降至 10 美元以下。很快，我们吃的比萨比以往任何时候都多——1970—1994 年，美国人均马苏里拉奶酪消费量增长了 7 倍。[27]

这些与杰文斯在分析报告第一部分所预测的基本一致，但是在梅多兰兹仓库发生的事情不只促进了现有消费量的扩大。这是一种"新消费"。大多数人从来没有使用过租赁礼服、远程储物、餐饮半成品等服务。过去，我的妻子乐于参加每场鸡尾酒会时都穿着相同的礼服。如今，Rent the Runway 公司的出现意味着她每次参加酒会都要换上新的礼服。我以前大多数夜晚满足于吃简单的三明治或剩菜剩饭，现在蓝围裙公司让我每周 3 次在供应链上采购晚餐食材。这些都在开创危险的例子。我只能猜想，一旦自动驾驶汽车争先恐后地到达我家门前，那时将会发生什么？越来越多的衣服、食物、基皮……所有东西堆积在越来越多的纸箱里。

这不是一条可持续发展的道路。当然，持续交付网络有自己的环保外壳。每件从 Rent the Runway 公司租借一天的衣服，不会成为未来大部分时间只能挂在衣柜里的手工制作服装；每个在 MakeSpace 公司仓库的箱子，能让我们将更多微型公寓塞进高效率的曼哈顿高层建筑；蓝围裙公司供应的每份提前量化的食材，不会在我的厨房造成食物浪费。最重要的是，送货上门服务使我不用每个月开车出去好几次。即使考虑将这些东西送到我家的卡车消耗了柴油，我们最终也在碳计数器上遥遥领先。

我经常告诉自己这个自欺欺人的故事，不过我还是决定不给这场远程控制的零售盛典贴上"共享经济"之类的标签。如果说出租高级定制时装、外包家庭物品储存或者将散装食物拆分到无数个小塑料袋不符合社群主义，那真是难以想象。但是"反弹效应"开始在分析中显现，使生态效率的增量收益付诸东流。持续交付每带着我们向"节约"走近一步，我们似乎就会朝着"增加消费"倒退两步。

如果我们想驯服不可抗拒的自动化交付，其中一个主要的灵感来源就是"循环经济"背后日益增加的活动。循环经济理念更像是在设计活动而不是基础坚实的理论，主张采取多种用途、可再生的方法替代一次性、耗取自然资源的生产方法。[28]例如，每次你像我一样将食物垃圾制成混合肥料给花园施肥，你就是在家里创造了一个小型的循环经济。一个过程产生的垃圾能供给另一个过程，而你完成这个闭环，节省了原料和能源。

循环经济在我们的社区已经无处不在，但它通常不会出现在账面上，因为这类交易存在于传统市场以外的某种"影子交易"，经济学家经常忽视或低估它们的价值。循环经济的潜能远不局限于后院。循环经济经过精心设计，可以扩展到整个产业，释放自身的"反弹效应"——我们日常的商业活动不会加速自然资源的枯竭，反而有助于自然资源的补充。

自动驾驶汽车承诺将带来非常便宜和快捷的本地配送，这给推动攫取性经济向循环经济转型提供了令人振奋的可能性。如果工艺生产商、城市农场和其他可再生型地方企业能像亚马逊和阿里巴巴一样轻松送货，那情况会怎么样呢？它们能将持续交付和廉价运输的"反弹效应"转变为积极的力量吗？

食品配送将成为重要的起点。麦肯锡分析师预测到2025年，自动驾驶汽车每天将在德国所有主要城市提供超过30万次配送，每年大约送餐1亿次。[29] 目前，阿里巴巴在中国运营着许多大型食品杂货店，并计划到2023年开设2 000多家店。在店内，店员从货架和附近的烹饪站收集定制餐，这些餐品早前通过空中传送带快速地运送到储藏室，打包后又迅速送到上海居民的家中，能随时在3 000米配送范围内实现30分钟内送达。这些食物经过覆盖全球和完全自动化的供应链，惊人地完成了百万英里和碳排放的旅程。[30] 不过，蒙特利尔正在推进更为可持续的模式。Lufa农场提供个性化的新鲜农产品在线订购和次日达服务，货源全年来自当地生产商和 6.3 万平方英尺的屋顶温室。[31] 鉴于自动驾驶汽车能提供廉价的最后一英里送货服务，这种可再生型方案完全可以在全世界复制。

为什么不继续前进呢？我们可以在"餐厅节"等创新的基础上，实现更有利于循环的商业活动。每年 5 月底举行的"餐厅节"被称为"美食嘉年华"，鼓励全世界的城市居民在家门外搭建临时咖啡厅，和邻居会面，一起享受烹饪和用餐。我们很容易想象社区经营的即时配送服务能让未来的大厨在家开"幽灵厨房"。城市农场同样会发现自动驾驶汽车的多种用途，以强化生产，提高作物产量，降低将货物运到市场的成本。混合肥料运送车在街区内循环使用有机物，维持较低的碳排放量和高效的食物网，这可能会成为司空见惯的景象。

对自动驾驶汽车驱动的循环经济而言，服装是另一个巨大的机遇。制造服装的碳排放量占全球碳排放量的 8%。[32] 此外，纺织业产生的废物量占纽约市每年送往垃圾填埋场废物量的 5%，回收这些材料的代价高昂得令人望而却步。[33] 不过正如我们所看到的，人们渴望体验租借服装而不是购买服装。如果廉价的运输降低了奢侈品服饰之外的门槛，日常服装也能四处流通呢？当人们利用缩小衣橱和不断更新衣橱的机会时，交易活跃的服装租赁业务或许能蓬勃发展。日本的 AirCloset 公司已经在尝试推行这项服务，订阅者每次能收到3件精心挑选的服装，在希望更新衣橱时将服装交换出去。这家公司于2015年成立，在东京–横滨地区服务的顾客人数高达12万。[34] 想象一下未来世界，某天在街区运送的大量货物是服装和配饰。这项完美任务可以分配给上夜班的机器人，让机器人在我们熟睡时忙个不停。

由于当地制造商利用极其廉价的社区送货网络，共享服装的循环经济也能支持恢复更多的本土服装生产。想象一下基层工业区人行道上的运送车连接着一条虚拟的装配线。自动驾驶汽车载着半成品到处穿梭，小型车间和工作室可以连接成规模更大的供应链，构成独立制造商的协作集群，实现工厂般的规模。它们甚至会利用当地的"垂直农场"，获取编织这个家庭手工业所消耗的纺织品和面料所需的天然纤维。

与资本雄厚的亚马逊等电子商务巨头相比，地方循环经济不只是一种合乎道德的替代选择。自动驾驶汽车将使获得同样廉价可靠的本地配送变为可能，地方循环经济也能在创新方面超越大公司，尽管需要采用高科技手段来恢复老式的亲身实践服务。目前，25%~40%的在线订购服装被退回。[35] 不过，我们很容易想象一支聪明的线上女裁缝队伍垄断街区市场，以低于工厂的价格出售定制服装，在21世纪物流的帮助下采购材料和计件工作。她们这么做不仅能减少浪费，还能用女性掌管、自给自足的本土企业网络取代持续交付的高效的财富攫取。

工作的终结？

日本动画《极速战警》在 20 多年前首次播出，主角们拥有特殊技能。故事发生在未来的东京，在无人驾驶革命很久以后，只剩下罗娜、理沙和走一仍然懂得如何开车。这群年轻人接受过的独特训练能派上用场，他们在夜晚追寻发生异常的自动驾驶汽车，这些汽车遭受了蓄意破坏或是代码出错。这部动画和大多数同类体裁的作品一样，未来的阴暗面被青少年主题和动画表达掩盖了。

不过，让我们快进到现在，关于幽灵之路的另类文化形象显得更为邪恶。你在 2019 年推出的电子游戏《霓欧出租车》中扮演出租车司机莉娜，这个角色是自动化主导的城市中仅存的几名人类司机之一。作为出租车司机，你的任务是像黑客一样维持生计，同时在洛杉奥霍斯市搜寻你失踪的朋友和逃亡者萨维。科技博客 Gizmodo 的评论者写道："这感觉不像是老生常谈或戏剧化的未来。如果一定要说的话，它更像是霓虹灯笼罩下的警告标志。"[36]

从工业化初期，我们就担心机器可能会破坏劳动力。不过随着自动化出行大行其道，专业司机将在这些反乌托邦愿景中发挥主导作用。

* * *

相比过去的恐慌，现在我们关于自动化对工作影响的焦虑有了更加严谨的基础。就在创作《极速战警》的艺术家们描绘反乌托邦愿景时，麻省理工学院和哈佛大学的学者的开创性合作，勾勒出关于工作"计算机化"（当时的名称有些古怪）有条不紊的思考方式。

早在20世纪90年代末，几十年的技术变革已经积累在经济中。人们知道工作正在随着自动化的广泛运用而改变，但是没有理论指引研究者，甚至没有共同语言概述问题。随着政策制定者日益关注这个问题，一支跨学科的梦之队集结而成，以共同解决难题。他们是麻省理工学院斯隆管理学院商科教授戴维·奥特，麻省理工学院建筑学院城市规划系劳动经济学家弗兰克·利维，以及哈佛大学教育经济学专家理查德·默南。在之后的几年里，这三个人找到了巧妙而全面的新方法，他们称之为"任务模型"。[37]

任务模型进行了两种基本区分。首先，"常规工作"和"非常规工作"存在区别。常规工作包括重复相同程序的任务。因此，教授们解释道："这些工作可以由编程指令详尽地指定并由机器执行。"[38] 相比之下，非常规工作涉及解决问题和复杂的沟通。教授们写道："几乎没有基于计算机的技术能从模型中得出推论，解决新问题，或者形成有说服力的论点。"其次，"体力任务"和"认知任务"之间有区别。体力任务主要涉及物理世界的操作，认知任务则发生在更加抽象的分析和互动领域。

配备了这两个镜头，我们就有可能对某项特定工作的重复性和智力要求进行分类。两个镜头一起使用，形成了四种截然不同的工作类型。教授们推断，每种工作类型具有完全不同的计算机化潜能（见表6-1）。任何常规工作都是最容易实现自动化的，无论是把箱子装到送货卡车上（常规和体力任务）还是把法律记录归档（常规和认知任务）。但是沿着繁忙的街道驾驶相同的卡车（非常规和体力任务），以及撰写其中一份法律文件（非常规和认知任务），这些任务无法轻易实现计算机化，至少在当时看来是这样的。

表 6-1　任务模型预测工作的计算机化

	常规任务	非常规任务
分析和互动任务		
例子	记录	构建 / 检验假设
	计算	医疗诊断
	重复性顾客服务	法律文书
	（例如银行柜员）	说服 / 销售
		管理他人
计算机的影响	基本可替代	互补性强
体力任务		
例子	挑选或分类	看门服务
	重复性组装	卡车驾驶
计算机的影响	基本可替代	替代或互补机会有限

资料来源：David H. Autor, Frank Levy, and Richard J. Murnane, "The Skill Content of Recent Technological Change: An Empirical Exploration," *Quarterly Journal of Economics* 118, no.4,[November 2003] , 1279-333。

任务模型为后续的研究和辩论提供了急需的结构。我们第一次有了词汇来挖掘自动化对工作影响的趣事、希望和恐惧以及二进制思维。模型取代了没有根据的假设，提供了至少四种独特的逻辑可能性，其中包括预测人类和计算机在共同完成最具挑战性的任务方面强大的协同作用。尽管缜密的模型受到欢迎，但任务模型也是一种早期预警，提醒我们注意自动化将产生多么复杂和不确定的影响。

任务模型的概念框架已经改变了现在研究者理解自动化影

响人类工作前景的方式，其具体预测已经证明非常有预见性和惊人的持久性。[39] 任务模型在 2003 年首次发表时，奥特、利维和默南认定的很多常规和认知任务的自动化程度已经很高。自动取款机严重削弱了银行柜员的地位，数据库破坏了文书工作。不过，研究者关于"挑选或分类"（常规和体力任务）的自动化的预测仅在电子商务运营中实现了：正如我们之前所看到的，仓库机器人取代了人类工人。与此同时，对人机互补更乐观的预测也出现了。在医疗诊断中使用计算机视觉，能帮助医生以更低的成本提供更好的服务。不管怎样，人工智能极大地增强了人类的沟通能力，有助于说服他人。然而，研究者没有预见到深度学习。这项技术的迅猛发展改变了技术的趋势线。此外，尽管任务模型给卡车驾驶加上"替代或互补机会有限"的标签，但投资者不同意这种说法，仅在 2017 年就向自动驾驶卡车初创公司投资约 10 亿美元。[40] 即使你和任务模型的推测保持一致，不相信可能出现全自动卡车，但是计算机化的副驾驶员肯定在路上了。

尽管有些预测不够精准，但是任务模型在首次尝试解决真正棘手的问题上，向前迈出了一大步（不过研究者只是将自己的工作描述为记录该领域进展的"非正式"尝试）。[41] 任务模型还需要 10 多年的时间，才能真正运用于全面详细地拆解所有劳动力，对每项工作进行测试。在此期间，机器学习的进步不仅推动了产业的计算机化，也促进了科学界的计算机化。讽刺的是，经济学实验室采用廉价的人工智能，揭示了自动化如何威胁到范围更广、过去认为安全的工作岗位。

经济学研究的非常规和认知工作原来确实具有很强的互补性，这个发现要归功于牛津大学的卡尔·贝内迪克特·弗雷。任务模型论文首次发表的 10 余年后，弗雷的团队利用机器学习极大地提升了其预测的深度和广度。他们的人机协作混合网络包含两个步骤。首先，弗雷和他的团队与牛津大学工程学院的人工智能专家合作，梳理 O*NET（职业信息网）的大量工作描述，这个数据库详细说明了 700 多种工作涉及的各种任务。然后，该小组以 70 种工作为样本，给每个任务分配主观的"可自动化"分数，数值范围从 0（不可自动化）到 1（可完全自动化）。这种机器学习中的"训练集"用于校准模型，能对 O*NET 其他 600 多种工作的可自动化能力做出有根据的推测。

这些人工智能提供的推测结果让人吃惊。根据牛津大学研究小组的分析，美国经济中大约 47% 的工作岗位在未来 20 年面临自动化的风险。[42] 该报告引发了一轮耸人听闻的报道，吸引了全世界劳动者和政策制定者的注意力。

在所有当头棒喝的头条新闻中，关于无人驾驶革命对工作影响最发人深省的观点却隐藏在牛津大学研究的细节之中。首先，这项研究能正确认识麻省理工学院和哈佛大学研究组对卡车驾驶的误判。事实证明，卡车司机类型不止一种。O*NET职业分类系统显示，卡车司机类型不少于 3 种，分别是工业卡车和拖拉机操作员，重型卡车和牵引式挂车司机，以及轻型卡车或送货服务司机。

不同类型的卡车司机的未来职业前景大不相同。从工厂和田地到高速公路再到城市街道，我们已经看到了自动化如何运用于货车运输，研究结果几乎完美地展现了出来。和研究中的 702 种工作岗位一样，基于从 0 到 1 计分，按照自动化倾向对每种卡车驾驶职业进行排名（排名第 1 最不可能实现计算机化，排名第 702 最有可能实现计算机化）。工业卡车和拖拉机操作员排名靠后（第 588 位），这个结果与我们迄今为止看到的自动化广泛运用于矿业、农业、港口和仓库交通工具一致。根据弗雷和他的团队的分析，这种工作类型计算机化的概率为 0.93，这个结果几乎没有悬念。重型卡车和牵引式挂车司机仍然容易受影响（第 431 位，概率为 0.79），但是正如我们所看到的，未来人类工作人员在公路重型载货方面仍有大量工作岗位。

尽管"最后一英里"存在诸多非常规挑战，但这是卡车司机能坚持最久的领域。轻型卡车或送货服务司机（第380位，概率为0.69）成为自动化受害者的可能性略高于普通劳动者。

＊＊＊

关于自动化如何影响我们在当前经济中从事的工作，任务模型告诉我们很多。但是该模型只关注现有职业，将我们局限在某个位置上，我们所看到的未来只是今天劳动力的残余。读完牛津大学的研究，你离开时会深信人类前景黯淡。

不过，如果未来的工作和现在的工作不一样，那情况会怎么样呢？这是另一项优秀研究提出的问题之一。无党派团体"保护美国未来能源"发布了报告《美国劳动力和自动驾驶未来》，这个团体致力于降低美国对进口石油的依赖，坚定倡导自动驾驶汽车技术能减少化石燃料消耗量。[43] 这份发布于2018年的报告展望2050年，聚焦自动驾驶技术对就业的影响。相比于弗雷令人沮丧的研究，这份报告非常乐观，描述了自动化交通工具在这个国家对就业的影响几乎是"微不足道的"，直到21世纪30年代，影响才会有所显现。但即使到了那个时候，我们也能够应对这些影响，而不是面临灾难性的冲击。虽然牛津大学的经济学家认为自动化发展瞄准了职业司机，但

"保护美国未来能源"团体的专家则认为，即使在 2040 年就业最受冲击的时期，失业的结构性增长也将低于 0.2%。[44] 他们认为自动驾驶汽车不会带来大规模、无法复原的失业，预测到 2050 年，通过减少拥堵、减少事故、降低耗油量、重新获得开车耗费的时间价值，自动驾驶汽车每年将带来 7 000 多亿美元的社会和经济效益。"保护美国未来能源"团体表示，这些效益的任何一项都远超预计的薪酬损失。[45] 薪酬损失在 2044 年和 2045 年达到约 180 亿美元的峰值，而每项效益是薪酬损失的 3 倍甚至更多。[46] 据推测，节省下来的资金将重新广泛投资于整个经济，创造就业机会，以弥补那些因自动驾驶汽车而失去的工作岗位。

"保护美国未来能源"团体畅想自动驾驶汽车驱动的黄金时代，这个梦想令人充满活力，而牛津大学研究小组关于工作终结的噩梦令人感到恐惧。值得注意的是，麻省理工学院的戴维·奥特是任务模型的原创者之一，他认可"保护美国未来能源"的报告结果。"保护美国未来能源"团体的报告认为，自动化货运和持续交付是有待加速的经济引擎，而不是不可抗拒的强大力量，即将击垮剩余从事普通工作的中产阶级。此外，政策制定者仍有充裕的时间让劳动者和企业做好准备，以实现平稳的转变。[47] 该团体的乐观预测被视为行动的号召还是自满的借口将是个政治决定，但它比牛津大学的灾难预测看起来更有实用价值。该报告为美国提供了三种可能的路径，最后选定了一项推荐的政策，以将自动驾驶汽车的一些经济收益直接用于劳动力发展项目。[48]

在自动化亮出其夺走工作的底牌之前，这种审慎的方法都是有意义的。货物运输的发展总是对城市和街区造成巨大破坏，这种改变通常是令人痛苦的，就像布鲁克林和旧金山的码头被纽瓦克和奥克兰的集装箱港口替代。随着一些城市的工业生产能力削减，数十年来，每年都有成千上万的工作岗位消失了。但是经过一段时间，这些城市又能恢复原状，继续蓬勃发展——就业、收入和财富都超出最高纪录。人们再也不会为曼哈顿西区的码头工人消失而感到悲伤，除非他们观看《码头风云》（这部电影主要在新泽西的河边拍摄）。他们在那些码头野餐，用免费无线网络上网。

反思风险

关于无人地带的故事还有一个转折，因为无情的效率不是唯一的选择，有时未雨绸缪才是最佳策略。削减成本将推动许多投资自动驾驶汽车的商业案例，自动化运输也会改变企业应对 21 世纪日益增加的不确定性的方式。即使商业风险增加，几乎零成本的货运也会让各种组织的适应力更强，从而抵御不同类型的商业风险。

对许多非常依赖运输的公司而言，道路安全是运营风险最大的单一来源。目前，卡车和公共汽车每年大约造成 4 000 名美国人死亡，10 万人受伤。在未来的几年里，随着卡车运输劳动力老龄化和分心驾驶增多，死伤人数肯定还会增加。[49] 这些数字令人震惊。美国卡车运输协会预测在未来 10 年，40 万名经验丰富的司机将退休，多达 90 万名更年轻的新成员将加入卡车运输劳动力大军。[50] 不过，21~24 岁的卡车司机发生事故的概率是 30 岁及以上卡车司机的两倍。[51] 人们预料到风险上升，保险费已经急剧增加，还可能变得更高。通过消除或降低车祸的严重性，自动驾驶汽车不仅能拯救生命，还能控制医疗和财产损害索赔。此外，商用自动驾驶汽车搜集大量数据流，将为按里程付费的保险服务提供动力。例如总部位于伦敦的初创公司 Rideshur，其软件能以 300 米的分辨率模拟事故风险，每 200 毫秒调整估价。[52]

自动化车队也为企业提升管理经济风险的敏捷性提供了新机遇。不知疲倦的机器人司机提供更快的送货，意味着人们会较少遇到由恶劣天气和交通不畅造成的延误和损坏。自动驾驶初创公司 Embark 试驾改良牵引式挂车，演示了全自动驾驶汽车从加利福尼亚州横跨佛罗里达州，能将出行时间从 5 天缩短为 2 天。[53]

能源成本是特别不稳定的威胁。柴油占卡车运输公司经营成本的 1/3，价格或效率的一点儿小波动都可能改变或突破底线。再者，变化的劳动力将给公司带来更多不利因素。年轻司机更倾向于迅速加速和减速，耗油量比富有经验的司机高出 30%。[54] 不过，如果由计算机控制油门，每辆卡车能实现专业级司机的燃油效率。此外，随着气候变化将在未来几十年破坏能源基础设施，自动驾驶汽车能够更好地应对未来基础设施的故障。就像互联网能够自愈，引导断开连接的数据，我们可以想象卡车车队会自动调整路线，如果某个区域缺少汽油、阳光或是任何未来驱动它们前进的东西，卡车车队就会避开。

未出售库存是另一种存在的风险，自动化移动性为公司提供了新选项。几十年来，准时制生产方法一直试图将货物库存量降到下一个生产或配送周期所需的最低限度。自动驾驶汽车将在下一拨儿降低库存方面扮演主要角色。例如，沃尔玛使用自动化系统装卸货物和补充货架，已经减少了数十亿美元的库存。[55] 但是，更激进的自动化库存管理方法能消除所有的仓库。想象一队自动驾驶货车像微交通网络一样同步运行，过去储存在中央仓库的库存分散在各种交通工具中。所需的物品从当前行进中的位置来到你家前门将需要一系列转移，就像乘客乘坐无人驾驶班车穿过市区。货物像烫手山芋一样在自动驾驶汽车之间转移，最终抵达目的地，不需要中途停留在固定的仓库里。

没有仓库的配送系统附带了一个好处，就是能减少配送中心作为单点故障的风险。2019 年 2 月，英国线上食品杂货连锁店奥卡多的高管在向伦敦满屋子的投资者报告季度收益数据时，该公司位于安多弗的自动化仓库着火，多达 600 个机器人劳动力被困在里面。200 多名消防员被迫在建筑物屋顶上挖洞，与大火展开搏斗，大约花了 3 天时间才完全扑灭。[56]

然而，机器人货运的广泛运用将创造新的系统性风险。过去 10 年，我们目睹了金融市场的自动交易如何让交易所充斥着电子订单，产生"闪电暴跌"。想象一下这种力量应用在配送世界，投机者可能来自全球各地，只是为了削弱竞争，就将整个工厂的货物直接运到城市街道。我们需要修改关于"倾销"的字典条目，以反映这种野蛮的新贸易做法的到来。如果公司关于减税、基础设施和监管让步的需求没有得到满足，它们可以随时从社区撤退吗？任意制造这些突如其来的泛滥或稀缺，只是为了支持投机，说好听点儿这是不适宜的，说难听点儿这是不道德的。但是，如果这种大规模商业杀伤性武器投入使用，加上极其廉价的自动化技术驱动，其有效载荷会以令人害怕的速度秘密到来。

第三部分

驯服自动驾驶汽车

自动驾驶汽车将依赖于数据，并生成大量关于我们如何生活、我们去哪里、我们买什么的数据。确定谁将拥有这些数据，以及谁将能够把数据货币化，将对经济产生巨大影响。这本书认为，仅仅把问题留给市场是不够的。

第七章

新型路霸

系统的用途在于它所做的事情。[1]

——斯塔福德·比尔，"控制论之父"

在英格兰的东米德兰兹，从德比通往切斯特菲尔德的道路曾经是世界上最危险的。英国内战在 1649 年查理一世被处决后接近尾声，保皇派军官最终遭到遣散，他们突然发现自己失去了生计来源。派头十足的迪克·特平和斯威夫特·尼克等人占领了峰区的孤山，恐吓和抢劫谷底山路上的旅客。他们被称为"路霸"，四面八方的人都感到害怕。不过这些强盗只是传说中的人物，英国最后一次骑马抢劫发生在 1831 年。[2] 许多拦路强盗成为当地人可怕的报复对象，一种普遍的惩罚方式是处以绞刑，其中包括在十字路口悬挂恶棍被肢解的尸体。[3] 事实证明，在工业革命初期席卷英国的旅游热潮中，路霸不是唯一想从中牟利的群体，一种合法的勾当强行介入了。随着 19 世纪的快速发展，城际旅行的数量迅速增长。重量增加的运货和载客马车的数量与日俱增，行驶在几个世纪以来当地教区修建的老路上。为了协调建设和维护更加耐用的公路，议会设立了地方"收费公路信托基金"。在 19 世纪 30 年代的鼎盛时期，经过一轮建设热潮后，1 000 多家收费公路信托基金在整个英国运营着约 3 万英里的收费公路。这些地方管理组织依靠发行债券和征收通行费进行融资，1838 年收入 150 万英镑，而债务超过 700 万英镑。[4] 路霸看上去有多么巧取豪夺，收费公路信托基金就有多么乐善好施，它们通过贸易提升资产价值，促进地方经济增长。[5]

然而，收费公路信托基金引入了一种新型制度化的公路掠夺。8 000 多个收费处和侧杆（封锁地方支路的小型栅门）要求旅客为每一段旅程支付小额费用。设置侧杆是为了防止旅客避开主干道的收费处，但是这些侧杆激怒了农民，因为他们通常需要从被封锁的近路进入田地。

威尔士陷入严重经济萧条，收费公路信托基金在广泛的内乱中成为众矢之的。19 世纪 30 年代，农民家庭勉强维持生计，富裕的地主却继续提高地方公路的通行费。更加不公平的是，"许多地主担任地方法官，在济贫法委员会任职"，该委员会管理着议会 1834 年实施的公共救济系统，并在查尔斯·狄更斯的小说中流传百世。这"意味着其基本能够决定和执行自己的通行费，政府没有异议"。[6]

紧张局势在 1839 年达到顶峰，托马斯·里斯（威尔士语"Twm Carnabwth"）带领一帮乔装成女性的愤怒男子来到位于卡马森郡 Yr Efail Wen 的收费处，将其付之一炬。看着人们嗤之以鼻的收费处化为灰烬，这群人高喊《创世记》的经文："他们就给利百加祝福说：'我们的妹子啊，愿你做千万人的母！愿你的后裔得着仇敌的城门！'"[7] 不过，地方收费公路信托基金迅速重建了这个具有高度象征意义的收费处，导致这帮男扮女装者在几个月后冲出去，再次纵火烧毁了店。[8]

持续了 4 年多的"利百加骚乱"牵涉数千人，其中大多数人继续奋起反抗。尽管他们抗议的方式独特，收费处只不过是人们的日益不满中最引人注目的象征，但是"利百加们"的反抗强有力地提醒了我们一个普遍真理：一旦道路是免费提供的，日后任何征收费用的尝试都将引起激烈的反应。

随后的道路建设者都吸取了这个教训。收费公路信托基金逐渐消失，它们的消亡是因为铁路的兴起而不是因为"利百加们"的反抗。随着收费公路对人员和货物自由流动的狭隘障碍的消除，公路的运营和债务在范围更大的区域被合并。公路管理部门取代了私人信托，到20世纪初期，公路的真正成本通过燃油税等更加间接的方式来筹集。时至今日，对地球上大多数地方的众多司机而言，公路几乎是完全免费的。

然而，免费公路很快将成为濒危物种，是大规模自动化的又一个受害者。当每次移动都能被追踪时，我们将按里程付费或支付其中的一部分。收费公路对小额支付的偏好现在看来确实有先见之明，但是我们不会回到过去社区信托有利可图的日子。随着每辆汽车直接连接到云端，全球资本将取代本地资金，市场将取代政策，私人控制将取代公共所有。

这将我们带入无人驾驶革命的第三个重要故事，我把这个过程称为"移动性的金融化"。

全球化带来一种更混乱的结果：正当世界工人的工资原地踏步时，银行家获取的过剩财富份额却在膨胀。2010年，美国金融中介机构的薪酬总额创下历史新高，达到1.4万亿美元，占国内生产总值的9%，比1980年以前的不到5%有所上升。[9]这还是在金融危机摧毁了它们主要的账面利润之后。

理财管理者的规模和影响力快速扩大，评论家将这个过程称为"金融化"，这使得物质经济的关键部门陷入困境，而这些部门在 20 世纪的大部分时间里依靠惯例或管理的庇护，免受市场的全部压力的影响。美国人在第二次世界大战前普遍不了解住房抵押贷款债务，但其占国内生产总值的份额从 1948 年的 15%，激增到 2018 年的 80% 以上。[10] 一桶油高达一半的价格归因于投机交易。[11] 2008 年，农民生产的食物足以养活世界人口的两倍，但是那一年饿死的人比以往任何时候都多，他们是大宗商品交易商系统性地操纵小麦、玉米和大米等主食市场的受害者，而且大多数死者是农民。[12]

早就该轮到交通领域抓住巨额融资的机会了。政府利用无人驾驶革命征收新的通行费、税收和其他费用，以收回免费公路的真正成本，或许一开始这是以良性的方式进行的，不过这很快就变成怀有恶意的行为。虽然自动化有助于撤销汽车时代的错误政策，但也会为市场打开一扇门，使市场暗中渗透进关于我们出行时间、地点和方式的每个选择。这种新的逻辑将深刻塑造我们的行为，而且并不总是为了更大的利益。

这是我们在幽灵之路旅程上的关键转折点。到目前为止，自动化主要是为我们效劳，提供丰富的新产品、新功能和新服务（第一部分）；或者，自动化在我们身边工作，重组我们的物质世界，带来我们祖先从来没有想象过的可持续生活水平（第二部分）。但在本书最后的章节，我们将考虑一种较为阴暗的可能性：如果自动化直接与我们对抗，会发生什么呢？

正是我们面对无人驾驶革命移动性的金融化时，风险最高。我们能允许市场取代民主审议，决定出行的人物、时间、地点、原因和方式吗？如果全球金融本末倒置地控制了城市出行，我们该如何保证交通价格合理、可信赖和可持续呢？

谁在自动驾驶汽车驱动的未来领先或落后，这些问题的答案意味着两者的差别。

计量的英里

如果免费公路的时代即将终结，那么最终可能宣告其灭亡的是被称为"拥堵费"的方案。这种想法认为，在交通最拥堵的时间和地点向人们收取更多出行费用，人们就会转向公共交通、改变行程或选择不同的路线。这种想法受到智库的欢迎，只有自私的汽车驾驶员反对。同时，它也将成为移动性的金融化的催化剂。

据说"拥堵费之父"、哥伦比亚大学经济学家威廉·维克里"对物质享受非常不感兴趣，以至于对自己得到多少报酬几乎一无所知"。[13] 然而，这位心不在焉的教授非常清楚金钱的驱动力，拍卖是他主要的学术兴趣。维克里在这个主题上所做的开创性工作为他赢得了 1996 年的诺贝尔奖。不过，这位博学之士也十分热衷于利用市场经济学来改善分配公共资源的方式。在他职业生涯的初期，纽约市为他提供了验证想法的绝佳机会。

这种人员、市场和大都市的匹配是合适的，但具有讽刺意味。资本主义创造了这座了不起的工业城市，到 1951 年，它处于空心化的过程。随着城市人口逐步流入新建的郊区，地铁系统迅速衰退。客流量和收入已达到峰值，交通管理部门的财政前景不容乐观。[14]而前一年警界的腐败丑闻迫使市长威廉·奥德怀尔辞职。为了恢复公众的信任，他的继任者文森特·英佩利特里下令全面审查该市的财政情况。维克里被选为评估交通费用的牵头人，并试图找到稳定该系统的方法。

维克里为市政厅提供的研究报告杂乱无章，长达 150 多页，读起来枯燥无味。但该研究揭示了拥堵费的概念根源，就像今天的实践情况一样。维克里认为该问题主要是边际成本定价的一种运用，即产品和服务的价格是基于提供它们所涉及的额外成本，而不是基于市场的承受能力来设定的。轨道和列车等固定成本被忽略了。在商业中，边际成本定价通常是销售低迷期进行大幅折扣的基础，使生产商既能设定尽可能低的价格，又能维持产量和避免运营亏损。维克里推断，对纽约市的公共交通系统而言，边际成本能够精确衡量乘客愿意支付多少费用来避免拥堵带来的延误和不适。

这份 1951 年的报告遵循了上述深刻见解，主要记录了维克里对缓解交通高峰期拥堵所需开支进行的缜密计算，包括增加列车和扩建车站的成本，这些成本随着拥堵日益加剧而加速上升。最终的统计令人震惊，是在不同时段、不同地区出行的边际成本的详细矩阵。维克里表明，为了客观反映交通高峰期进入曼哈顿中央商务区的边际成本，交通费应为 25 美分，是当时盛行的统一价格的 5 倍（见表 7-1）。[15]

表 7-1　1952 年纽约市地铁交通的预估边际成本

到中央区的边际成本（美分）

	高峰时段	非高峰时段
来自		
外围地区	25 美分	5 美分
中间区	20 美分	5 美分
中央区	10 美分	5 美分

资料来源：改编自 William S. Vickrey, *The Revision of the Rapid Transit Fare Structure of the City of New York*, Technical Monograph No. 3,1952。

维克里的定价方案充满了革命性思想，涵盖范围极广，完全令纽约市的政客大为困惑，他们对采用这种复杂的收费方案犹豫不决。但是维克里也为这个细节制订了周全的计划。乘客一进入系统就支付 25 美分押金，而费用上限是 20 美分。剩下的 5 美分作为可退还的押金，在乘客离开系统时收取，再扣除基于出行时间和地区的费用。[16] 20 多页的文字和图表详细介绍了两种系统：一种是纯机械的系统；另一种是电子系统，能基于不同时段和地区准确收取费用。尽管维克里的系统承诺要减少过度拥堵和增加收入，但他的构想远远超越了那个时代。在有生之年，他只能看到边际成本定价零星运用于地铁。一位传记作家这样写道："交通价格似乎仍是根据当前的政治和预算压力来设定的。"[17]

拥堵费在地面道路的运用进展较好。1959 年，美国国会邀请维克里为华盛顿特区准备道路定价方案。这位教授按照要求提交了另一份典型的详尽报告，但是由于被认为在政治和技术上具有不可行性，这项方案没有再次实行。1996 年，维克里因心脏病发作去世，当时他正开着自己的车，行驶在哈钦森河大道上。那时世界上居然有了一个可以列举出来的拥堵费成功实施的案例，那就是新加坡的"区域通行证方案"。[18] 新加坡的方案兑现了维克里的承诺。新加坡在 1975 年实施这项方案后，收费期间进入这个岛国中央警戒区的车流量降低了44%，超过了预计的 30%。此外，随着通勤者驾驶私家车出行的比例下降，采用拼车和乘坐公共汽车的人数比例从 41% 扩大到 62%。[19]

从新加坡开始，拥堵费缓慢而平稳地在各地得到推广。紧接着伦敦（2003 年）和斯德哥尔摩（2006 年）两大城市实施了这项方案。在城市中央区周围设置拥堵费警戒区后，两座城市的车流量下降了近 1/3。[20] 上述三座城市的主管部门已经减少道路建设和维护，指定通行费收入用于改善公共交通。空气变得更加清新，巨大的公共卫生效益产生了，就连维克里都没有预料到：最大的受益者包括数百万儿童，他们原本面临排放物诱发哮喘的较高风险。2012 年，米兰成为第四座采用拥堵费方案的城市，纽约市准备在 2019 年引入该方案。

尽管拥堵费方案取得了一些成功，但它的普及才刚刚开始。更多地方的司机通过有组织的游说团体抵制这些改革，他们提出的关于公平的观点颠三倒四，宣称征收拥堵费对中产阶级和穷人的冲击最严重。但是事实上，穷人才是从征收拥堵费中受益最多的群体。他们不仅最不可能拥有汽车，而且能乘坐自由通行街道上运行得更快速的公共汽车，他们从中获益最多。[21]

然而，拥堵费吸引力的小幅度上升体现了交通堵塞的临界点。事实证明，为拥堵费赢得更广泛支持的最大障碍是不够拥堵。过去的 10 年里，进入城市中心的网约车数量激增，给交通危机带来新强度。舆论正在迅速改变。以旧金山为例，这里是网约车的诞生地，这座城市的居民最迫切地接受了网约车。到 2016 年，全市 1/4 的汽车拥堵要归咎于优步和来福车。自 2010 年以来，整整一半的车流量增加可归因于网约车巨头。比整体趋势更令人担忧的是局部的峰值。例如在该市市中心的金融区，近年来优步和来福车车流量增长的占比高达 73%。[22]重设移动性消除了交通机构、自行车倡导者和步行规划者 10 年来为减少汽车使用所做出的艰苦努力，这也是对其他城市即将发生的事情的警告。

更重要的是，拥堵费在政治上的不可逾越性似乎不再那么难以克服。伦敦的努力说明，这种方法不仅在新加坡等集权化国家或瑞典等社会民主主义国家可行，还可以在混乱的全球性大城市中推行并发挥作用。即使在政府功能长期失调的意大利（纽约市也是这样），人们也能就征收拥堵费达成共识。

* * *

我们不是第一次克服追踪车辆行程的挑战。出租车计价器能记录行进里程，以计算相应费用，它与西方文明一样历史悠久。公元前 3 世纪，希腊数学家阿基米德最先设想了这种装置。几世纪后，伟大的罗马建筑师维特鲁威终于制造了里程计。他的齿轮箱一端连接马车车轴，另一端连接小刻度盘，管理不断扩张的帝国的双轮马车的拼车网络。[23] 维克里也痴迷于收费问题，提出使用无线标签来实现自动化收费（他讨厌由于建设收费处而增加交通拥堵的想法）。当批评家认为这项计划不切实际时，这位孜孜不倦的教授独立制作了样机，每个设备只给自己 3 美元的零件预算。[24]

这些奇妙装置不再是必要的了，因为我们已经成为测量机器移动的跟踪设备。我们在世界上行进时，我们的智能手机留下了一串数字"面包屑"，其能准确指出位置、速度以及我们乘坐的车辆类型。相反，现在工程师更关注寻找更先进的新途径来计算账单，不再满足于距离乘以价格的简单函数。

有一家总部设在布鲁克林的初创公司 ClearRoad（畅通道路）走在前沿。这家道路收费软件公司没有制造无人驾驶汽车、设置路面传感器或运营自己的任何交通基础设施，而是运营连接拥有道路的政府、拥有车辆的公司和个人、存储每个人现金的银行的网络，旨在进行高精度的收费。你可以把它想象成针对行驶里程和收费的互联网路由器。

比方说在不久的将来，某天上午你的汽车载你去上班，行驶在刚更名的圣莫尼卡收费公路上，向东的公路连接着这座海滨城市和洛杉矶市中心。由于你已经在电子收费系统中注册，你的位置每时每刻都被记录了下来。你允许数据传输到

ClearRoad 公司，后者会根据你的行驶里程计算费用，自动从你关联的银行账户中扣除费用。你微不足道的付款与无数司机的付款捆绑在一起，在扣除了 ClearRoad 公司收取的少量服务费后，通过电子方式支付给加利福尼亚州交通部门。这种安排的吸引力在于它的灵活性。ClearRoad 公司处理了各种困难的工作，包括连接不同的部分，让所有人使用最适合自己的车辆、硬件、软件和银行。政府不需要接触你，你也不需要接触政府，你甚至不需要使用它的收费标签。你的汽车或手机，或者两者结合，就能追踪旅程。

ClearRoad 公司平台的一部分是虚拟收费处，一部分是信息交流中心；可以轻松地根据里程向司机收费，而司机开车经过的道路过去是免费的。这在短期内为政府提供了出路，使道路管理部门逐渐停止征收燃油税，因为随着电动车的兴起，燃油税注定会消失。从长远来看，这家公司的方法提供了灵活的框架，能追踪无人驾驶革命设想的任何机器，并向它们收取费用。它在政策上是不可知的，同样能基于拥堵或完全基于距离征收费用。

2018 年，我到访该团队在高科技孵化器 Urban-X 的办公室，其位于布鲁克林时髦的绿点社区。其间，ClearRoad 公司创始人兼首席执行官弗雷德里克·沙利耶解释道："这基本上是一个分类账本。一方面是计算里程，另一方面是计算费用，都是准确、持久和安全的。"

对于这家公司所构建的东西，它们的重要性不可否认。撇开关于拥堵费的政治争斗不谈，政府并没有许多替代燃油税的选择。在向基于使用的收费过渡的时期，这家公司采取的方法至少缓解了司机的痛苦。但是这种后端集成的业务无法让我兴奋起来，我觉得这是渐进的改善，而不是彻底的变革。我合上笔记本电脑，开始寻找出口。

接着，该公司首席布道官保罗·萨拉马发言，他提出："我们正在构建道路收费的金融基础设施。"

我停顿了片刻，仔细思考了起来：如果数百万辆无人驾驶汽车涌上街头，这个与金钱相关的平台能覆盖多广的范围呢？沙利耶把这个平台仅仅描述为"分类账本"，是否低估了自己的愿景呢？我再次打开笔记本电脑，沙利耶讲述了他在从事道路收费业务时的懵懂，他曾在私营企业 Sanef 工作了 5 年，这家公司运营法国东北部的国道。他解释说，Sanef 公司为了收回维护和运营成本，并根据与国家政府签订的合同，在受监管的情况下获得微薄利润，成为积极进取和富有经验的电子收费使用者。

就在我倾听的时候，美元标志（我想还有欧元）在我眼前跳动。我想，如果未来公路上充斥着自动驾驶汽车，政府是否会抓住机会尝试更加雄心勃勃的收费方案。我还想到自己连接互联网的手机和电视，以及几个月来不断随意勾选的订阅服务，道路上也会出现这些东西吗？我提出了这种可能性，沙利耶进行了反驳，他认为公共管理部门会发现实施如此复杂和不断变化的收费方案是有难度的，政治将严重限制其金融创新的自由（参考上文提及的"利百加骚乱"）。但是他承认，像 Sanef 这样的私营公司有能力和意愿推动这项技术实现收入最大化的潜能。

我离开会议时带着一个迫切且挥之不去的问题——我们即将面对哪些复杂且可能充满恶意的收费方案呢？萨拉马大胆的断言开始呈现出更大的意义。ClearRoad 公司不是在建造公路收费的金融基础设施，而是在打造完美的移动性的金融化孵化器。在 ClearRoad 公司的服务器上，你不只是加载一些新代码，从而改变某辆车的行为；只要一按键，你就能改变整个市场。对任何时间、任何类型的移动索要费用，对市场进行瓜分，收割市场愿意支付的每一分钱，这种可能性几乎是无止境的。它可能会成为金融工程的温室。

政府肯定希望从中获利，而潜在的不良动机可能悄然而生，这让我深感不安。我想象道路管理者调整公路，以达到车流和现金流的完美平衡；转动旋钮和翻转开关，力图兼顾政治和财政现实。例如，调高通行费，为急需的维修提供资金；下调通行费，以平息选民的愤怒。既然自动驾驶汽车能精确地追踪每一步，为什么不对左转弯穿过迎面而来的车流等导致拥堵的行为收取更多费用呢？建立预付通行费的期货市场怎么样呢？维克里肯定会同意，毕竟这是他早期工作中的关键见解，为现在航空公司的售票方式打下了基础。[25] 此外，利用金融工具进入二级市场，针对道路收入的风险和收益，让道路运营者、出行服务供应商和对冲基金参与投机性交易。现在，我们已经出发了。从分配公共空间的合理方案到制造金融危机的渠道，拥堵费通向毁灭的道路可能比今天看起来的更短。

现在，人们对拥堵费的有效性暂时取得了共识。对左派人士而言，该联盟已经实现两个重要的计划性目标：为交通获取新资金，同时阻止人们使用汽车。例如，纽约市 2019 年采用征收拥堵费方案，预计每年将带来 10 多亿美元的收入，为改善交通提供 150 亿美元资金。[26] 但是这个胜利原则上需要付出过高的代价，因为对右翼而言，拥堵费是意识形态方面取得的惊人胜利。拥堵费采取使用者付费方式，而不是用财富税或收入税来平衡开支，还能在市场机制的弱点下控制公共领域。随着无人驾驶革命将金融化的楔子不断深入推进移动性的世界，这种和谐可能会被证明是天真的。纽约市关于如何具体征收拥堵费的斗争提供了最清晰的案例，说明优先权能多快从清理道路转到填充城市金库，再到为哪个群体承担成本或得到回报而展开争夺。

随着更复杂和利润更丰厚的收费方案扩散到向未来计算机控制和联网的汽车征税，权力斗争只会愈演愈烈。目前，大多数城市把拥堵费重新投入交通领域，创造补贴的良性循环，进一步减少车流和排放物。然而，道路已经被视为自动取款机，用于填补偏离交通领域更大的预算缺口。金融机构必然会让自身的权力在斗争中得到体现，采用巧妙又昂贵的方案来获取和利用道路收入，它们通常会引诱城市达成廉价的交易，使用预付款、一次付清和虚报低价的现金支付。拥堵费可能成为通往未来的"诱导性毒品"，金融家和市长们将联手采用无限创造性和获利丰厚的方式，对我们的移动征税。如果你觉得我是多疑的，想想 2008 年发生的事情，芝加哥市长理查德·戴利签署了长达 75 年的合约，将这座城市的停车收费器交给摩根士丹利公司主导的主权财富基金财团。"停车费用从那时开始猛涨（到 2013 年，市中心停车费用增加一倍以上，增至每小时 6.5 美元），该公司净收入达 7.786 亿美元。到 2020 年，该公司将收回其最初 11.5 亿美元的投资，在未来 60 年持续赢利。"[27]

当我想到拥堵费时,我担心我们是否充分审视了它所代表的意识形态。但我担心的是,一旦放开拥堵费征收,我们能否控制住这种定量配给的依据。把公共领域交给汽车驾驶员是个可怕的错误,我对此并无异议。但是今天的拥堵费十分实用,也是政治上的权宜之计。一旦自动化生效,它可能很快就会变成与魔鬼的交易。

交通运输垄断的回归

章鱼是"一种可怕的怪物,它的触手传播贫穷、疾病和死亡",美国政治漫画家选择章鱼的形象,描绘了 19 世纪 80 年代约翰·戴维森·洛克菲勒的标准石油帝国达到前所未有的势力范围。[28] 然而直到多年后,这种顽强的新型反资本主义批评才到顶峰。1899 年,乔治·卢克斯的绘画作品《眼下最重要的威胁》刻画了纽约市电车企业联合组织庞大而错综复杂的利益网络,"公共交通怪物"多年来劫持这座城市。这幅图现在仍是批评"镀金时代"阴暗面最尖刻的图像之一(见图 7-1)。

当电动机取代了马匹时,这项新技术极大地改变了美国人在大城市的出行方式,但是电气化在资金方面的新要求更为彻

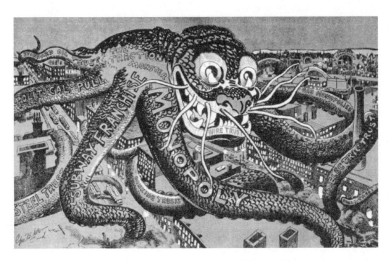

图 7-1　1899 年《眼下最重要的威胁》

资料来源：世界历史存档／世界图片组，来自盖蒂图片社。

底地重组了城市交通业务。直到 19 世纪 80 年代，"美国大城市的公共交通由无数相互竞争的有轨马车公司提供。这些公司是独立自主的，它们的运营是不协调的"[29]。在有轨马车行业，独立运营商用从朋友和家人那里筹集到的少量资金创办一家小公司，购买一辆车，进行自主创业。不过，19 世纪 70 年代的旧金山和芝加哥迎来了缆车，有轨电车在 19 世纪 80 年代末出现，使得进入该行业所需的周转资金急剧增加。突然间，交通公司也不得不建造基础设施了。

　　新环境不仅对资金充足的公司有利，也对与政府有联系的公司有利。崭露头角的公共交通企业家突然发现，他们需要就进入城市街道的复杂合同与腐败的地方政府官员进行谈判。相互勾结和阻断竞争是普遍现象。与电力供应商结盟对于控制全市也很重要。在费城，最大的有轨电车运营商和电力公司只是组建了企业联合组织，以控制交通和能源行业。[30] 但是在西雅图，几家公司合并为一个势力强大的实体——皮吉特湾运输、电灯和电力公司。该公司成立于1900年，成为北美洲最强大和遭受谩骂最多的交通运输垄断企业，巩固了这座滨水区新兴城市10年来疯狂的基础设施扩建。[31] 在费城、西雅图、华盛顿特区、新泽西州纽瓦克和许多其他城市，交通运输垄断企业几十年来在地面交通领域享有至高无上的权力。直到技术变革和联邦政府干预双管齐下，垄断企业才走向灭亡。[32]

＊ ＊ ＊

如今，城市交通运输垄断再次兴起。这次的垄断企业没有使用蒸汽动力发电机和电动机，而是利用无线网络和掌上超级计算机。其很快会将自动驾驶汽车加入军械库。尽管这些企业同样拥有主导市场的渴望，遵循前辈熟悉的行动指南，但它们的规模更大，对我们生活的影响更加深远。它们的触手已经包围全球，将在未来几十年塑造我们的出行方式。

未来交通巨头的雄心壮志在软银集团建立的帝国中得到了最充分的体现，孙正义在 1981 年创办了这家日本控股公司。软银一开始只是微不足道的计算机配件商店，现在已发展为全球最大的技术投资者。该集团在 2017 年发起价值 1 000 亿美元的愿景基金，本身拥有的财力超过了整个风险投资业，风险投资业每年仅在全球投资 700 亿美元。[33] 软银集团将这些资金投给正在利用人工智能重组大部分物质世界的新公司，该集团的投资覆盖了城市建设的各个领域：房地产、酒店管理、食品和零售。不过，统治世界的首要目标和关键领域是交通运输。

　　大量资金很少流动得如此迅速。愿景基金于 2017 年 5 月启动，此前，软银集团宣布第二次向中国网约车巨头滴滴注入资金。加上这次 55 亿美元的融资，软银集团对滴滴的总投资约为 90 亿美元。[34] 7 月，滴滴公司和软银集团联合向总部设在新加坡、在东南亚运营的 Grab 公司注资 20 亿美元。[35] 10 月轮到印度了，当地新企业 Ola 从软银集团"下载"了 20 亿美元资金到自己账户。[36] 11 月，软银集团终于投资 100 亿美元，获得优步 15% 的股份。[37] 最重要的是，2019 年优步斥资 31 亿美元，收购总部位于迪拜的中东运营商 Careem。[38]

　　这只"章鱼"很快加紧了控制。一些公司每天大约处理全球 4 500 万次网约车行程的 90%。通过投资网络，软银集团的领导层在这些公司的董事会中占据席位。软银集团立即急切地要求其跨外部帝国之间结束代价高昂的价格战。让优步退出东南亚 6 个市场既是第一项举措，也是最大胆的举措。经济学家判断，此举给消费者造成了"不可逆转的"巨大损害。[39] 随着最重要竞争对手的离场，Grab 公司垄断了新加坡 80% 以上的网约车市场，并将车费平均提高了近 15%。[40] 我在 2018 年 11 月去新加坡旅行，打开通常拥挤的优步应用程序，结果只看到毫无生机的地图，感觉有些怪异。这的确成了"幽灵之路"。

政府的反应十分迅速，却显得无足轻重。经历了优步和 Grab 公司的"洗牌"之后，越南、新加坡和菲律宾立即启动反垄断调查。[41] 在其中法治最强有力的新加坡，人们普遍认为 950 万美元罚款只是"公司成长路上轻微的碰撞"。软银集团将这一经验作为继续推进的许可，立即让优步撤出另一场与 Ola 公司在印度的降价大战。[42] 正如一位记者所说的，"软银集团正在玩网约车版本的《大战役》"，这是一款关于征服世界的经典棋盘游戏，"但是它同时拥有所有玩家的一部分"[43]。

来到北美洲，软银集团为一项更昂贵的战略提供资金，发起价格消耗战，针对的是优步唯一的实质性竞争对手来福车。2019 年，优步和来福车都进行了首次公开募股，都以惊人的速度继续"烧钱"，将它们当前收入的一半以上用于提供"司机激励，乘客优惠，销售和营销，力求比其他公司更快得到乘客和司机"[44]。正如硅谷专家蒂姆·奥莱利所言，这两家巨头"陷入了资本推动的生死决斗"[45]。

软银集团的计划很简单，那就是为未来的工作募集最雄厚的资金。沙特阿拉伯公共投资基金是愿景基金最大的投资者，也是首个与愿景基金签约的投资者。[46]凭借早期清算石化巨头沙特基础工业公司获得的收益，沙特王储以450亿美元的投资，在孙正义的愿景基金中占有近50%的股份。[47]另一个主权投资者阿布扎比穆巴达拉发展公司出资150多亿美元。为软银愿景筹集的资金中，总共有2/3是半个世纪以来开发化石燃料所获得的利润。不过，这可能只是个开始。孙正义挖掘了资金的深井，其几乎没有尽头。只需出售另一个沙特国有大型企业沙特国家石油公司5%的股份，这项计划就能让该企业的估值超过2万亿美元。即使优步多年来的季度亏损达到几十亿美元，在需要的情况下，这些收益也能轻松提供资金。[48]

2018年10月，《华盛顿邮报》专栏作家贾迈勒·卡舒吉遭到暗杀，其被指与沙特王室有关，软银集团和沙特的密切关系突然变成不利因素。尽管我们不清楚孙正义是否会重返海湾地区获取更多资金（自从那次谋杀事件后，他已经从其他渠道筹集140亿美元），但是在可预见的未来，沙特王室仍是软银这个全球新兴交通垄断企业崛起的主要受益者。[49]

* * *

优步在经营的前 10 年和许多城市的关系不佳。2014—2017 年，该公司使用"灰球"程序，搜索用户数据，识别出租车监管者使用的账户，这些监管者在一些网约车服务非法的城市进行"钓鱼执法"。一旦账户被标记，"灰球"程序就能阻挠市政府官员执法的尝试，在他们的屏幕显示一些虚假的"幽灵出租车"[50]。但在 2018 年，优步公司试图重新开始。在新领导层的带领下，该公司向世界各大城市抛出了橄榄枝。优步首席执行官达拉·科斯罗萨西在一篇博客文章中写道："我们已经准备好尽自己的一份力量，帮助那些希望出台明智政策来解决交通拥堵的城市，即使这意味着我们自掏腰包，对我们的核心业务进行征税。"[51]

优步对拥堵费的接纳最初受到好评，这发生在前一年特立独行的公司创始人特拉维斯·卡兰尼克被罢免之后。但是我不相信。我已经对拥堵费在算法金融谎言时代的前景感到紧张不安，我不信任优步。我想知道，拥堵费真的意味着对优步征税吗？还是说这家公司只是借鉴"镀金时代"前辈们的另一种伎俩，准备勾结市政府，让充满竞争的街道畅通无阻呢？

这种阴谋似乎过于邪恶，令人难以置信。优步支持拥堵费的表层动机是讲得通的。该公司的汽车和其他人一样遭受车流缓行的影响；这是显而易见的，因为车速越低，里程收入越少。短期来看，优步不得不承担拥堵费的成本。不过，关键在于其他人也是如此。这些费用也会加快来福车的资金消耗速度，加速其不可避免的消亡。优步可能很快改变局面，直接将拥堵费转嫁给你和我。

与此同时，优步还会在地方政府面前占上风。该公司的车队在市中心增长最多，已经有能力随意增加车流。随着优步完全占据市场主导地位，它不仅几乎能完全控制当前的拥堵水平，还能控制城市由此可以赚取的收入。善待公司，市长们或许能从街道上日夜不停行驶私家出租车中获取最优化的意外之财；恶劣地对待公司，公司可能会向进入拥堵区的共享车辆提供低价折扣，将通行费减少为涓涓细流。当然，你的城市街道会畅通无阻，公共汽车能够免费通行。你只是没有资金让系统维持下去，必须放弃一些东西。

在有轨电车时代，新兴交通垄断企业与城市达成协议，以巩固对城市移动性的控制。费城有轨电车企业联合组织联合运输公司兼并了它最后的竞争对手（包括悲剧性地命名的"人民运输公司"），同意重新铺设该公司轨道经过的每条街道。早期协议规定的5美分镍币的票价，在未来几年固定了下来。[52] 现在，城市同样可以授予网约车垄断权，换取资金或其他保证。[53] 如果优步及其同类公司境遇艰难，市政府就会控制这些服务，就像第一次世界大战后，有轨电车系统开始衰落时发生的情况一样。

尽管这种城市准许的交通垄断提供了稳定性，但是费城付出了高昂的代价。正如《纽约晚邮报》富有开拓精神的记者林肯·斯蒂芬斯所写的那样，处于交通垄断状态的费城既腐败又心满意足。[54]（或许"大苹果城"的报纸编辑只是嫉妒。19世纪80年代初期，杰伊·古尔德的曼哈顿铁路公司整合了该市的高架铁路，他将一趟行程的车费设定为10美分，这是原来的两倍。）[55] 纽约处于同样强大的交通垄断企业的控制之下，但是地铁的支持者坚持不懈，推动城市加速进入20世纪；"兄弟之爱城"（费城）则与纽约不同，没能实现现代化。今天，费城仍然拥有北美洲最大的正常运转的有轨电车网络之一；不过，它的地铁系统规模严重不足。由于缺乏对付怀德纳团伙的意愿和能力，费城陷入了严峻的经济困境，而其他城市正快速向前迈进。

投降不是唯一的选择。在其他地方，交通垄断企业的威胁不是遇到新技术，而是遭到政治力量的反击。1905年，西雅图选民批准创建一家公共电力机构，从而与皮吉特湾运输、电灯和电力公司正面竞争。经过激烈的斗争，这家公共电力机构最终接管了皮吉特湾运输、电灯和电力公司的有轨电车线路，并在 1918 年战时国有化浪潮中买下该公司。[56] 旧的有轨电车系统被改装为架空电线驱动的无轨电车，由独立实体"城市之光"供应电力。这个电车系统的所有权属于市政府，直到今天仍在运营。

金钱万能

我们之前看到了术语"自主性"是如何将我们的注意力从政府提供基础设施的重要作用上移开，使我们转而对技术和汽车产品着迷的。在未来几年，我们会面临类似的斗争，清楚看到自动驾驶汽车释放新的资金流。金融化需要一系列不稳定的转变，其能围绕银行、市场和监管机构的措施、机制以及意图，使经济体、公司和家庭重新建立联系。不过，金融化低调地完成了大多数工作，城市移动性现在落入了它的掌控之中。

高科技与巨额融资的紧密结合显然带来了巨大风险。2019年，优步首次公开募股申请披露了其一直以来对城市的真实意图，尽管该公司一年前就对拥堵定价高谈阔论。公共交通是竞争对手，而优步想赢得胜利。[57]更重要的是，该公司没有使用金融工程来产生对社会有益的结果——例如，假定使用峰时定价能产生引导供应的效果——而是转向了一种复杂的新型微定位"动态定价"。通过挖掘当前车流、你的出行历史、天气，甚至你手机电池的剩余电量的数据，这家公司迫切地部署掠夺性定价，而不考虑意想不到的后果。[58]

我们能监督一家公司的不良行为。但是优步对城市的背叛只是开始。无论是交通垄断、建在"移动即服务"平台上的二级市场，还是由于"超级连接"收费产生不良行为，对我们的公路、街道甚至人行道进行货币化的更有效方法即将出现。然而，移动性的金融化能发展到什么程度呢？

毋庸置疑，市场逻辑的逐渐标准化不会只停留在实施出行政策上，就像现在拥堵费正在做的事情一样。它会成为实际制定政策的工具，包含强大的利益，而不是由人来操纵杆杠。当进入道路空间成为一场机器人与机器人之间的赢家通吃的拍卖时，通勤面包车最终将和计算机化的司机展开代价高昂的竞争。高价值货物的承运人的出价将高于"低价值"人群的公共交通运输者。那些没有银行账户或良好信用的人会发现自己无法乘车。关于出行人物、地点、时间和方式仅存的公平假象，还有多久就会完全消失呢？

我们也可能让自己陷入另一场金融危机，这次是在出行市场。就像 2007 年不良房贷引发全球金融危机，自动化出行服务逐渐可预测的收入流适合转换为资金支持的证券，这些证券已经"基于电影票房、特许权使用费、飞机租赁和太阳能光伏带来的现金流而建立起来了"[59]。这些通过算法交易的金融工具被释放到二级市场，可能会造成难以形容的破坏。像安然这样不受控制的公司渴望垄断市场，会拒绝交通供应，以刺激它持有的证券价值。精明的投机者可能偷偷使用精准的算法交易，躲避监测，用难以检测和有害的方式操纵移动性的供应。

这远不只是控制城市街道。这些情景提醒我们金钱和权力令人难以想象的重新结盟。以加州公共雇员养老基金 CalPers 为例，这家基金管理着 3 000 亿美元资产，是华尔街最大的机构投资者之一。未来对交通垄断企业的投资或许能获得丰厚回报，而这个基金已经通过持有的各种股深入网约车行业。但随着这个团体 160 万名股东老龄化，发生利益冲突在所难免。例如，考虑一下出行、住房和医疗保健之间的相互作用。面对数量空前的老年人和他们难以解决的医疗费用，各国政府急于鼓励人们在合适的地方养老。机器人出租车将为困在家里的老年人提供获取护理和陪伴的重要连接。对 CalPers 这样的养老基金而言，这似乎是一种双赢。它从对交通垄断企业的投资中赚钱，推动改善其受益人生活和减少公共财政压力的创新。另一种选择——随着退休者一起搬进护理中心，住房市场崩溃——真是不堪设想。但是当这些政策将交通垄断变为人们眼中"大到不能倒"的重要服务时，会发生什么呢？医疗系统的存款会被一家寻租的交通公司吞噬吗？除了道德关切，这个资金网络涉及的数额巨大，以至于这种福利制度未来的偿付能力可能仍然悬而未决。

即使未来的全球交通垄断企业成形，我们也无法了解它们野心的尽头在何处。谷歌20年前就提出"组织全世界的信息"。谷歌在这方面超出了所有人最大胆的设想。目前，通过Waymo等企业，谷歌似乎也专注于组织整个物理世界。如今，亚马逊的身体追踪技术监视着亚马逊无人便利店潜在的小偷和仓库可能出现的偷懒者，极其详细地测量他们头部和手脚的移动。[60] 未来，这些监控系统可能对准全世界街道上的行人，以便了解行人最微小的举动，从他们身上赚钱。如果这是一条太长的桥……我们可以在哪里划定界限呢？我们会变得既腐败又心满意足，还是会选择一条更好的道路呢？

第八章
城市机器

> 如果有足够多的人看到这台机器，你就不必说服他们围绕它建造城市，事情自然就会发生。[1]
>
> ——史蒂夫·乔布斯，苹果公司联合创始人，
> 关于赛格威平衡车的评论，2001 年

你或许觉得这像久远的历史，但直到 1945 年，大多数美国人仍然居住在城市，乘坐列车和公共汽车上班。那一年，我的父母在费城的西橡树巷出生。但到了我出生的 1973 年，他们的街区和这个国家的许多地方一样，被郊区公路分隔开了。汽车带着众人离开逐渐陈旧的市中心，驶入广袤的新区域。我们的境况是大批人离开，一路前往马里兰，那是我出生的地方。

汽车是分散人口的强大引擎，这种"离心力"能使人口向各地扩散。它在 20 世纪塑造了美国，也重塑了英国和欧洲。

如今，中国正大力推进由汽车驱动的城市扩张，每年各个城市大约增加 2 000 万辆新车，其包围了城市环路。北京已经修建了 7 条环路。[2]

无人驾驶革命会使这一切化为乌有。专业化的自动驾驶汽车将提供更好的服务，但是只为那些居住在有限空间内的人。你会希望在自动化便利的庇护下，过着与他人近距离接触的生活。同样廉价的持续交付将给靠近配送枢纽的地方带来新的溢价，例如吸引企业、工作和居民的商业中心，就像乡村曾经做得很好的那样。金融化将市场力量无情地强加给出行决策，这种鼓励聚集的手段比任何政策都强大。这些力量结合在一起能产生将我们拉向城市中心的"向心力"。自动驾驶汽车驱动的生活不会分散我们，这与现在的汽车文化不同。自主性是关于机器独立性的技术，能将我们联系在一起。

这不是自动化第一次强化了中心。纵观城市历史，我们曾经使用自动控制的机器克服城市发展的障碍。1894 年，奥的斯电梯公司引进按钮式电梯，其不再需要配备电梯操作员，这加速了城市的垂直扩张。[3] 1892 年，伴随着工业城市的人口、面积和步伐以惊人的速度扩张，一名堪萨斯城的殡仪业者发明了自动电话交换机，协助市政府协调警察、消防和公共卫生。有轨电车、机动车和马车混合在一起时，自动交通信号（1917

年首次获得专利）使出现交通堵塞的街道变得畅通。[4] 这些发明都产生了显著的效果，使更多的人能安全有效地共享同一个城市空间，城市的运转离不开它们。我们发明技术使城市实现自动化，因为我们必须这么做。[5]

今天的数字技术没有什么不同。就像上一代的机械和模拟技术，数字技术正在帮助我们驾驭前所未有的城市发展所带来的问题——全世界城市居民的数量从 1950 年的不到 10 亿增加到 2020 年的 40 亿以上。[6] 自动驾驶汽车的发明只是这个漫长故事的下一幕。

＊ ＊ ＊

从汽车驱动的分散到计算机化集中的新时代的逆转，给我们提出了许多问题。在接下来的篇幅里，我们将探讨自动驾驶汽车如何助力克服当前城市发展的障碍，以更可持续的方式扩张。我们会看到这些技术如何让人们比以往更为集中地使用城市空间，创造出巨大的价值。在此过程中，我们也会得到如何控制自动驾驶汽车潜在过剩的宝贵经验。

这段旅程将带我们穿过想象中的未来城市，沿着被城市规划者称为"横断面"的路径，从城市中心到边缘地区。横断面是城市及其周围环境的横截面，切开后能显示内部构造，这有点儿像观察树木的年轮。从这个意义上来说，这项研究通过揭示城市如何日渐发展，让我们了解历史。横断面也有助于我们勾画出未来的道路，为我们描绘心中的理想未来提供了一幅画布。它帮助我们思考大楼应该建在什么地方，我们需要的空地数量和类型，以及运输人员和物品所需的交通线路。

我们城市的横断面包含 4 个区域（见图 8-1）。城市"核心区"的向心力最强，各式各样的自动驾驶汽车带来了一系列移动和构造，使得人类的活动高度集中。围绕这个中心的是"运营区"，在这个 21 世纪的工业区，人和智能机器一起工作，制造、改造、销售和运输堆积如山的货物。再远一些的"微扩张区"对郊区进行了重组，将许多价格合理的中等密度的新住房引到公共交通附近。最后到了大都市的边缘地带，这里有一片广阔的"城乡融合区"，城市边缘混乱的自动化农业和工业区域取代了乡村。

这种横断面不是让社区效仿的蓝图，它是教学工具，也是白板，让人们思考无人驾驶革命的三个重要故事将在未来如何上演。为了最有效地使用横断面，我们首先要考虑横断面的每个区域发生了什么。这里发生了什么事情？自动驾驶汽车和新出行服务介入哪些领域？这对人们生活、工作和娱乐的方式会产生哪些有益和不良的影响？然后，我们考虑可行的应对措施。

政府需要做哪些事情，或者激励他人做出哪些改变来适应？

在接下来的内容中，你会找到开始制作自己的一些设计所需的基础材料，而这是驯服自动驾驶汽车的第一步。

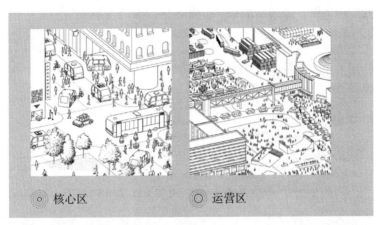

注：这个横断面反映了无人驾驶未来城市区域从中心（核心区）到边缘地区（城乡融合区）的长期变化。

图 8-1　无人驾驶城市的横断面

资料来源：达什·马歇尔工作室。

重建核心区

我常常震惊于我们停放车辆的空间长度。以第 11 大道 200 号为例,这幢新的豪华公寓大楼几年前在曼哈顿投入使用,其突出的特点是什么?它的"空中车库"汽车电梯可直达每套价值 2 000 万美元的公寓。[7]

不过,我见过的最令人印象深刻的停车场位于博斯普鲁斯海峡(伊斯坦布尔海峡)基岩的深处。2013 年,工人们对伊斯坦布尔最新市政建筑典范最高法院大楼的最后"润色"完成后,我偷偷看了一眼它的地下空间,这里很快将成为中东地区最安全的空间之一。我跟随这座建筑的设计师们,沿着略显曲折的混凝土螺旋结构进入地下深处,感觉有点儿像但丁在《地狱》开篇诗节里的情形。

美国人亚历克西丝·萨纳尔和土耳其人穆拉特·萨纳尔是东西方的结合,就像这座古老的城市一样。作为伊斯坦布尔的建筑先锋派,他们不断尝试协调这座城市独一无二的历史和一触即发的紧张局势。即使批评者的照相机不会来这个秘密空间,他们也嵌入了强有力的象征。每隔几米,小型房间从主环路岔开——我认为这是对土耳其社会排他的权力结构的一个微妙的尝试。[8]更明显的是头顶上方明亮的白色发光二极管连绵不断,照亮从上到下的道路，清楚地提醒所有经过的人法治神圣的延续性。

并非所有停车场都让人如此印象深刻，但是这个停车场可能是这种形式的顶峰，因为无人驾驶革命会让过度浪费的挖掘和建造变得过时。

＊ ＊ ＊

《汽车晚上去哪里？》是为自动驾驶汽车时代创作的睡前故事。故事的开头写道："汽车不再需要停车场。"我们了解到，这些失眠的交通工具从不休息，它们会将自己置于永恒运动中。

这个故事不太像《爱丽丝梦游仙境》，不过也充满了超自然的形象化的描述。绘画呈现了精力充沛、热心公益的汽车形象，它们"清洁街道……照料公园里的植物……修补城市破损的东西"[9]。戴姆勒公司旗下、位于德国斯图加特的 Moovel 实验室创作了这个故事，给原本乏味的市政后勤故事增添了一丝创意。这有点儿像自主性的软推销，将孩子们带入无人驾驶乌托邦的梦境。

然而，我们向成人讲述的自动化时代城市变化的故事就没那么巧妙了。彭博新闻社激动地报道："随着水力压裂法给老油田注入新活力，颠覆了石油工业，无人驾驶未来也将释放全新的街区。"[10] 这种类比十分有趣，让我想象一些从事城市规划的朋友将它和真正的水力压裂业务的盲目勘探混合起来。或许他们会一起喝得烂醉，前往市中心，在日常生活的中心设置井口广场。

城市规划者极其轻视停车场。停车场使城市大量最珍贵的土地闲置，也会因为每个方向的阻塞吞噬了街区的生活。不过，如果这种有害废物能转变为一项资产呢？全球设计公司Gensler 估计全世界有近 60 亿个停车位，[11] 仅美国就有 5 亿个停车位（更冒进的估计认为美国有近 20 亿个停车位）。[12] 美国大多数市中心有过多土地用于停车，你可以在现有建筑之间插入一整套新的建筑。即使北美洲的对汽车最不友好的曼哈顿，也有超过 10 万个不在主要街道的停车位。[13] 英国的情况没有那么糟糕。不过，一项研究指出，超过 1 万个可回收的停车场可以用于给多达 100 万人建造住宅。[14]

房地产开发商也讨厌停车场。无论城市规划者的想法和行动是什么，开发商对停车场的厌恶最终重塑了城市。事实上，开发商长期与地方政府就停车位最低要求争论不休，这是一个衰落时代的遗留物，过去规划者的工作是确保开发商为新住宅和商户提供足够的后街停车位。法律规定建设停车设施，不仅增加了成本，还夺走了空间，这些空间原本可以用于建造产生更多利润的单元。如今，许多社区逐步淘汰过时的规定，设置停车位数量上限，鼓励人们步行、骑自行车和使用公共交通。建筑商支持这些改革，因为这么做能提升他们的利润。因此，他们对自动驾驶汽车以及可能带来的停车场"瘦身"感到兴奋。

问题在于如何过渡。未来的建筑物已经处于设计阶段。但是，许多开发商展望未来30年，意识到停车场将在建设贷款还清之前就已经过时了。[15] 因此，尽管我们未来可能只需要今天所拥有的停车场的一小部分，但你现在如何为汽车提供所需要的空间，同时保留日后将停车场变回住宅或开放空间的选择呢？

事实证明，今后建设适合转换为住宅、办公空间或物流枢纽的停车场比看起来的更困难。建筑的布局必须足够灵活，才能适应市场和技术难以预测的波动。同时，现在的建筑必须足够经济实惠，可以在未来一二十年进行改造。这项任务变得更加困难，因为现在人们为了图省事使用一些设计窍门：倾斜的地板，低矮的天花板，淘汰管道和电缆的立管，电梯安装在角落而不是中心等，它们使这些建筑不适合人类居住。仅仅将天花板提高到人们可接受的高度，建设停车场的成本就会增加15%~20%。[16] 更具实质性的设计变化耗费更多，例如把坡道移到建筑外部，或是重新安置支撑柱，这样当公寓在2050年取代停车场时，它们不会挡住你的视线。

这些都没有妨碍开发商的尝试，对住房的高需求促成了一些成功的停车场改造。以奈特利停车场为例。1949 年，未来派的奈特利停车场建在堪萨斯州威奇托的边缘地段。停车场首次开放时，市中心购物者可以在前往附近的商店之前，让服务员代为停车。购买的东西由专人递送和升降机吊起，寄存在装有空调的休息室，以便顾客稍后用私家车带走。停车场甚至为贵重物品配备了保险柜。不过，经过两年的改造后，它在 2018 年重新开放，这里变成 40 套豪华公寓，迎来了新一代消费者，他们更可能接受亚马逊 Prime 的机器人货车和"星际飞船"运送车提供的服务。[17]

尽管停车位的"水力压裂"只不过是"标题党"，但是我越琢磨这个比喻，就越发现两者之间的相似之处很清晰。首先，使水力压裂成为可能的技术——更好的（地下地质学）地图和更先进的操控物理世界的技术（水平钻井）——与实现自动驾驶汽车的技术属于同一类别的创新。其次，尽管为"后停车未来"在土地价值高和网约车普遍的城市建设车库是有意义的，但和水力压裂技术一样，资金主要集中在全新的领地——地面停车。仅洛杉矶县就有近 1 900 万个停车位，占地 200 平方英里①，市场价值预计为 3 500 亿美元。¹⁸最后，和水力压裂技术相似，城市房地产也是投机性和不稳定性强、债务推动的行业，能随时以惊人的速度兴旺起来。

＊ ＊ ＊

自动驾驶汽车的到来将使大城市市中心首先受到最大冲击（见图 8-2，第 260 页）。这种迫在眉睫的威胁已经促使从多伦多到台北的几十个城市设计自己的愿景，探索无人驾驶革命会如何发展。这些城市的市长和他们的团队通常会与居民和企业商议，从而尝试了解如何促进自动驾驶汽车的合理使用，同时预先制止破坏性活动。他们需要处理诸如老龄化、就业、住房和流域管理等各种问题，这些都会受到自动化出行不稳定效应的影响。2017 年，美国全国城市交通官员协会"城市街道权威俱乐部"发布《自动驾驶城市化蓝图》（以下简称《蓝图》），其最清晰地概述了市政府的集体思路，但只关注未来街道的基本情况。考虑到这个问题涉及范围广，这种情况的出现不是什么好兆头。

《蓝图》立即变得既引人注目又令人好奇，这是一次过于

---

① 1 平方英里 ≈2.59 平方千米。——编者注

雄心勃勃的尝试，试图为一项刚刚脱离设计阶段的技术绘制准确的模式。但它填补了关于展望自动驾驶汽车和城市的重要空白。建设交通系统和改变街道的设置可能需要很多年，这些选择一旦做出，将在未来几十年塑造这座城市。市政领导者必须超前谋划，无论他们对未来技术、经济和社会的了解有多么模糊《蓝图》为各个城市提供详细的指南，利用它们现有的知识、法律效力和财权来驯服任何可能到来的自动驾驶汽车。

不过，《蓝图》最引人入胜的观点完全不在于街道设计，而是关于软件设计的内容。《蓝图》的大多数建议与计算机代码直接相关，这些代码能像物理变化一样塑造"未来街道的动态"[19]。例如，由于限制街道网络的灵活性和鼓励超速驾驶，单行道被认为是过时的。《蓝图》放弃了单行道，支持采用软件同步的双向交通。另一项建议呼吁利用计算机控制的转向装置划定更狭窄的车道，同时取消路缘石，使人们步行更加便利。城市管理机构精心协调新的数据层和代码层，管理各种各样的移动，例如指挥交通工具到路边接乘客上车和收取货物，封闭街道以禁止车辆通行，甚至设置移动的车辆后方的间隔以确保行人有足够的时间经过。[20]

然而，《蓝图》最重要的贡献是建立人和机器之间的等级次序，确定了人类优先。《蓝图》明确禁止"幽灵之路"，建议

"禁止只有自动驾驶汽车通行的车道",认为"各种大小的街道是为人类设计的,而不是为交通工具设计的"。为了强调这一点,这份指南坚持永远不得要求行人携带或佩戴任何自动驾驶汽车能检测到的信号源——人类应当保证自身有安全生存的权利。[21]

《蓝图》的目标是展示城市如何划定防御性的边界,抵御城市中心自主性的潜在过剩。许多城市交通官员认为,自动驾驶汽车威胁过去 20 年来以人为本的出行的来之不易的成果,包括大量增加骑自行车出行、步行广场,降低速度限制。《蓝图》敦促市长们巩固这些已有成果,同时对自动化进行合理的规划。《蓝图》向他们展示了自动驾驶汽车有可能提高交通能力和出租车的便利性,扩大步行和骑自行车的空间。它还说明了软件将如何使我们极其精准地控制街道、人行道上的人和自动驾驶机器的交融。虽然这份指南的名字以及已完成设计的错误幻想令人心驰神往,但作为思考自动驾驶汽车如何服务城市而不是城市如何服务自动驾驶汽车的样板,这份指南将在未来奇妙的日子里变得弥足珍贵。

注：在城市核心区，自动化比以往运输更多的乘客和货物，创造更高效和充满活力的空间，对汽车的需求和给汽车留下的空间很少。

图8-2 城市核心区

资料来源：达什·马歇尔工作室。

迁移到运营区

　　沿着横断面，我们离开市中心核心区，进入城市快速变化的环形区——运营区（见图 8-3）。虽然运营区同样令人兴奋不已，但是不要把它和红灯区混为一谈。运营区是 21 世纪的阁楼社区，那些不可或缺的城区依靠低于平均水平的房租和优于其他地方的交通而发展起来。

　　持续交付塑造了运营区的结构，相比机器人驱动的工作即将出现，建筑是次要考虑的问题。任何一种建筑都可以，每个城市都会找到不同的类型：空荡荡的购物中心、老式的医院或一堆废弃的海运集装箱。① 在它们之间，运送车和混合车在街道上热闹地穿梭，不断来回运送货物。

　　尽管自动化商务在这里是最重要的，但自动化商务所产生的活力也吸引了一种极端的混合使用。每个地方的建筑都在孕育各种各样的由自动驾驶机器支撑的企业和生计。但这不仅仅是炫耀性消费，这里是高度循环的经济集群，以周密设计的回收和升级再造循环、形成价值链。运营区也是社区的所在地，

---

① 例如，2017 年，在密歇根的庞蒂亚克，银顶体育场被拆除，这里将成为亚马逊的配送枢纽，价值 2.5 亿美元。Omar Abdel-Baqui, "Pontiac Mayor: Amazon May Bring 1,500 Jobs to Silverdome Site," *Detroit Free Press*, September 19, 2019.

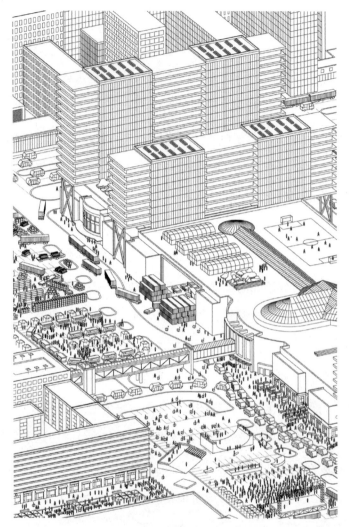

注：配送枢纽、"幽灵餐厅"、快闪零售店和居住空间混搭，通过自动驾驶班车和持续交付与周边地区连接。

图8-3　运营区

资料来源：达什·马歇尔工作室。

人们使用独轮车和承载 300 名乘客的软件列车往返。学习和休闲无处不在，外行人往往难以辨别。

得益于三种汇聚在一起的迁移，运营区的魔力出现了。其中，两种迁移涉及物品，一种迁移涉及人员，它们都是由自动驾驶汽车调动起来的。

第一种迁移是，线上零售商把这里当作滩头堡，进行当日达，进入人口密集和富裕的城市市场。相比几年前建立的大型区域配送中心，运营区距离核心区更近，且不会与办公大楼和豪华的高层建筑过分争夺土地。在这里，租金、运输成本和行程时间的复杂方程可以实现有效的平衡。Prologis 公司是一家经营配送中心的房地产信托公司，正如该公司的高管解释的："租金仅占我们客户供应链总成本的 5%，而运输成本的占比超过 50%……如果支付更高的租金能让客户降低运输成本，更加接近主要的消费市场，那么客户愿意支付。"[22]

第二种迁移是由小型零售商和服务供应商组成的，它们逃离了传统市中心店面的高成本。如今，"幽灵餐厅"已经迁移到运营区"配送导向"的厨房集群，更多的餐厅将跟随这股潮流，就连最受推崇的美食之都也会出现空心化。毕竟，根据 2018 年的一项调查，尽管曼哈顿人和巴黎人承担着一些世界上最昂贵的住房成本，可能是为了住在时髦商店和高档餐厅附近，但由于外卖软件兴起，他们外出就餐的次数比以往任何时候都少了。[23]

然而，随着廉价的自动驾驶汽车扩大了零售颠覆的范围，"幽灵业务"的繁荣发展不会局限在餐饮领域。各项服务将在运营区宽敞的区域开设店铺，用机器人出租车或无人驾驶班车去接客户。相反，从线上到线下的服务，这已经是目前中国发展最快的领域之一，[24] 可以利用自动驾驶汽车，根据需要从运营区的操作基地派出移动的家庭教师、理发师和宠物美容师。最后，公共领域可以测试自动驾驶汽车驱动的新型零售：混合车和房车为边远的快闪店提供动力，给提供自助服务的街角适时运送货物。

第三种迁移到运营区的群体是寻找住处的人。这种城市生活将促使开发商利用多用途的设计发挥创造力。例如，近年来伦敦的当日达配送站数量迅速增加，同时人们对住房的需求与日俱增。随着适合开发的土地数量的减少，配送和居住这两种用途如今为同一块土地展开直接竞争。不过，近期英国首都的项目将 1 000 多套公寓和 50 万平方英尺的"最后一英里"物流设施合为一体，这种巧妙的概念被称为"仓库加住宅"。[25]

如今，很难想象我们如何协调自动化商业和城市生活之间的冲突。尽管运营区创造了不和谐的并列使用新方法，但

"仓库加住宅"的理念凸显了未来设计的可能性。想象一下它是如何运行的：一队混合车在黎明之前安静地出动，近距离运送包裹到城市核心区。不远处，通勤者慢慢从高楼下来，从一堆闲置的"漫游者"中挑选一辆，骑车去上班。白天，运送车根据需要四处奔走。重新设想19世纪常见的垂直仓库与住宅叠加在一起、耸入云霄，它们将再次迅速耸立在世界的各大城市。

纵观历史，交通和零售的关系一直是实验设计的丰富来源，持续占领新的商业细分市场——车站酒店、购物中心、现代机场航站楼出现在脑海中。因此，随着自动化颠覆了城市货物的流动，未来最有趣的建筑实验将在运营区实现。

微扩张区

让我们继续这段旅程，进入宽阔的住宅区，我们大多数人居住在这里。自动化公共交通和单座自动驾驶汽车的新组合将在此处产生新的社区模式，我称之为"微扩张区"。微扩张区与过时的郊区扩张不同，有既增加经济适用房供应，又减少碳排放量的潜力。不过，实现这些效益需要我们重新思考当前关于交通、步行友好性和优秀城市设计的设想。

第一个需要全面调整的概念是城市规划者所说的"公共交通导向型开发",简称 TOD。公共交通导向型开发恢复了汽车到来之前的做事方式。这是一个简单易懂的构想:建造列车,然后在附近建造楼房,理想情况下步行就能到达公交站点。这种形式在欧洲从不过时,并在亚洲得到普遍运用。但是从 20 世纪 90 年代开始,这种做法花了一些时间才在北美洲重新流行起来。目前,大多数公共交通导向型开发模式采用分区法,激励开发商建造比过去更高、更密集的楼房。人们所期望的结果是,人们生活、工作和访问新区的大部分日常需要能通过步行来满足,搭乘列车或公共汽车做其他事情,而不需要拥有汽车。公共交通导向型开发创造了一套积极的反馈循环,旨在消除汽车推动的扩张所造成的破坏,以更少的能源增加了使用机会和出行,扩大了住房供应,理论上降低了价格。①

自动化乍一看像是公共交通导向型开发的"力量倍增器"。知名城市规划者已经接受了软件列车和紧凑型社区的协同作用,包括新城市主义大会创始人彼得·卡尔索普。[26] 我们很容易想象,

①　城市住房专家长期一致认为,增加住房供应能降低价格,但近期研究质疑了这种观点。可参考 Andrés Rodríguez-Pose and Michael Storper, "Housing, Urban Growth and Inequalities: The Limits to Deregulation and Upzoning in Reducing Economic and Spatial Inequality," *Urban Studies* (September 2019), https://doi.org/10.1177/0042098019859458。

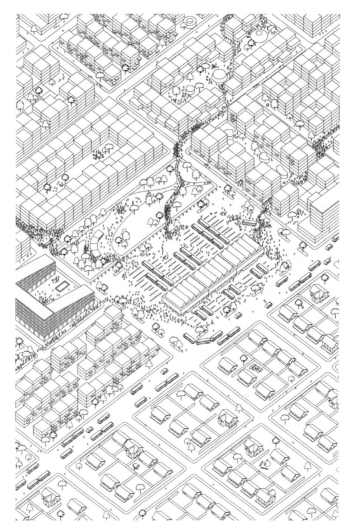

注：微扩张区（上半部分）比上一代低密度的区域（下半部分）有了改善。微扩张区是大片高密度住宅，人们可以通过私人"漫游者"和软件列车公共交通进入。

图8-4 微扩张区

资料来源：达什·马歇尔工作室。

无人驾驶班车在连接"卫星社区"方面发挥作用，规划者设计这些社区时没有考虑汽车，而是注重增加人行道和减少停车处。这是瑞士 Les Vergers 生态社区背后的理念，这个建在日内瓦边缘的社区包含 1 200 个可持续住宅单元，通过机器人货车与市中心的交通系统相连。[27]

然而，自动驾驶交通工具规模越小，对街区的影响就变得越复杂，与正常预期相距甚远。过去几年，滑板车和自行车共享服务迅速普及。这个新兴领域被称为"微移动性"，旨在服务 5 英里以下的出行，这类出行占据美国出行总数的 60%。[28]城市规划者大多欢迎这些新服务的到来，期待它们能替代产生拥堵和碳排放的私家车。它们的确对网约车行业构成了最大的直接威胁。例如，在加利福尼亚州的萨克拉门托，目前优步自行车共享平台跳跃（Jump）提供的出行服务多于该公司网约车。[29]借用硅谷的委婉说法，唯一的问题在于微移动性似乎也在"颠覆"步行，这是个大问题。[30]早期调查显示，多达 37%的滑板车出行替代了徒步，而不是私家车出行取代了徒步。从历史上看，对于推动公共交通导向型开发生效，步行是不可或缺的一部分，是一切的关键。城市需要担心滑板车驱动的扩张吗？

也许需要。不过，我们是否有办法把这种威胁变为机会呢？我们能结合自动化看似矛盾的两种影响——对交通的改善和对步行的颠覆，调动新型社区吗？"漫游者"能真正帮助我们改善而不是放弃公共交通导向型开发吗？

＊　＊　＊

在 21 世纪初的房地产泡沫时期，"开车到适合你的地方"按揭买房成为首次购房者孤注一掷的准则。这条准则或许也适用于"漫游者"云集的城市，不过你在这里会跳上自动驾驶的滑板车，而不是钻进运动型多用途汽车。

想了解其中原因，我们需要从几何学的角度思考。有一条经验法则广泛运用于城市规划中，假设人们只愿意步行约 20 分钟到达一个交通站点；对公共交通导向型开发项目而言，人们实际上愿意步行 1 英里到达站点。不过，同一个人骑着"漫游者"平稳行进，能在相同时间内完成更多里程（多达 5 英里），覆盖的圆形区域面积是原来的 25 倍（记得吧，$A = \pi r$）。这种以公共交通为导向的新领地变得更加开阔，理论上能以与过去较为狭窄的领地相同的密度进行开发。在这个过程中，我们从根本上扩大了适合建设住宅的交通条件良好的土地供应，减少了人们生活中的汽车。

仅仅采用这种策略就能降低房价，减少碳排放量。但是我们不必止于此，我们还可以利用自动化提升主要交通线路的运力，服务我们的移动新区中心。这使我们有可能改变整个社区的用途，进行比传统公共交通导向型开发更高密度的开发。我们可以建造联排住宅和公寓楼，而目前独栋住宅可能在这里占据主导地位。我们利用"漫游者"提供的移动性进行横向拓展，通过开发密度更大、楼层更高的住宅进行纵向拓展，将数量增加 25 倍、50 倍甚至 100 倍的居住单元设置在一个站点的附近。我们可以使用高度自动化的公共汽车而不是列车来实现，从而减少建设成本。这样，资金有限的城市更容易建设公共交通系统和推行较低的票价，以吸引更多乘客。

微扩张区可能会拓展公共交通导向型开发的目标，有助于许多社区打破当前的僵局。人们对住房的需求已经超过了可用于建设的土地供应，交通系统无法承受在现有线路上进行更多的公共交通导向型开发，而且人们普遍反对增加现有社区的密度。微扩张区提供了一种新工具，允许规划者在更大区域插建高密度住宅，给他们更多灵活性，以避免冲突。通过软件列车和更常规的基于通信的列车控制技术（CBTC），核心交通线路实现自动化，可以承受额外的压力。同时，更多当地交通从汽车转移到"漫游者"，这既能减少排放物，又能使大型车辆离开道路。这一切都可以通过扩大适宜人们往返交通站点的范围来实现。

微扩张区也会带来巨大的挑战。微扩张区也许会对步行和公共空间造成严重的附带损害，未来的微扩张社区会让人们觉得非常怪异，人们很难知道它们会从现在适宜步行的中心和过去以汽车为中心的社区中继承哪些优点和缺点。规模较小的市中心和乡村中心已经在努力吸引人群，它们或许会随着"漫游者"取代步行而逐渐消亡。同时，为"漫游者"建设的相同路径将为运送车提供配送网络，加速持续交付对当地商店和餐厅造成的创造性破坏。不过，事情是这样的：实现经济适用房大量增加和急需的交通相关碳排放量降低，或许值得牺牲若干个市中心。适应气候变化的紧迫性或许会比我们想象的更快带来这类艰难抉择。

我还是怀疑我们能否迅速适应，并找到利用"漫游者"新能力的方法。你可以用手机和可穿戴设备召唤"漫游者"，甚至可以对着智能路灯大声说出它们的名字。它们会了解我们的习惯，提前出现在交通站点、餐厅和学校等受欢迎的接送点。它们会在闲置状态时迅速离开，隐藏在后巷、小街和旧车库。一旦我们了解了"漫游者"在以人为本的移动性中发挥的新功能，我们就会找到无限的机会，在微扩张区内重组一系列新的聚集点。广袤的新街区布满数字化的"坐骑"，或许令人觉得不可思议，但我们一开始乘坐地下列车时也是如此。等到支付抵押贷款或租金的时候，我们可能就会认同我们的舍弃都是值得的。

脱离城乡融合区

我们旅程的最后一段穿过了城市和乡村之间的模糊边界。大都市星座的"外层轨道"距离城市核心区几十英里；在这里，无人驾驶革命的引力没有那么大。在这里，自动驾驶汽车拥有无限的注意力持续时间，开辟了辽阔的领地。幽灵之路勾画出了广袤无垠的巨大网络。

这里是横断面中最令人困惑的区域，我们需要给它取一个特别的名称。给这个边缘地区贴上"城市远郊"等贬义标签，无法说明我们在这里的发现。这些词描述了这个地方不是什么，却没有描述这个地方是什么。我把这个区域称为"城乡融合区"（desakota），这个表达借用了世界另一端的语言，结合了印尼语中的"村庄"（desa）和"城市"（kota）。20多年前，我在新加坡从新西兰地理学家特里·麦吉那里第一次听说了"城乡融合区"，他是这个词的提出者。

在世纪之交，雅加达、马尼拉和曼谷等城市广阔的周边地区让大多数学者难以理解。[31] 原料、移民和资金的全球网络所塑造的景象轻易呈现。现代基础设施穿透了人们仍然用手工工具耕作的农田，古老的渔村紧挨着崭新的工厂。脱离乡村的人挤进大批量建造的楼房，他们长期熬夜为海外零售连锁店做计件工作，例如缝制衣服和组装电子产品。购物中心在稻田上拔地而起。这些地方似乎都是并列在一起的。不过，麦吉用"城乡融合区"这个词捕捉到了巨大的异化以及将其捆绑在一起的混乱的连贯性。

"城乡融合区"引起了我的兴趣，当我想象在幽灵之路尽头的外围地区会出现什么时，用这个词描述似乎正合适。尽管这个词起源于其他国家，但放眼全世界，城乡融合区不再是遥远的地方，现在这已经是我们建设大城市边缘区的方式。随着廉价的自动化出行覆盖全部地区，农场、工厂和城镇的不规则分形网络将在这片土地无限地扩散（见图8-5）。

配送将首先得到重组。未来的港口有自动驾驶卡车往来，可能位于堪萨斯或哈萨克斯坦，就像现在的港口位于深圳或旧金山一样。商业地产经纪公司世邦魏理仕（CBRE）的分析师认为："自动驾驶汽车有潜力显著扩大卡车可以提供的日常覆盖范围，从而让偏远存储区域发挥作用。"[32] 随后，软件列车在这个地区散开，它们将引发新一轮进入内陆的产业跨越。正如格莱泽和科尔哈泽在他们关于货运成本和城市的研究中平淡

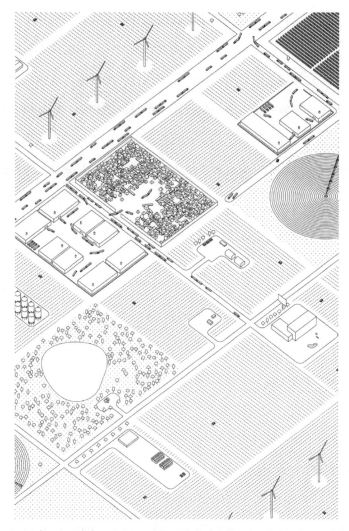

注：在远离区域中心的地方，分散的力量开始占上风，廉价的自动化移动性使产业向自动化农田深入蔓延。

图 8-5　城乡融合区

资料来源：达什·马歇尔工作室。

总结的那样，"服务型企业的选址应在它们的供应商和顾客附近，制造业企业则不应当这么做"[33]。

不过，城乡融合区的农场可能比车站实现更为彻底的自动化。荷兰建筑师雷姆·库哈斯写道，如今卫星能扫描每一平方英寸①的耕地，引导"一队复杂的收割机，它们庞大且昂贵，需要每天24小时进行共享和工作"。"为了给不断发展的城市提供食物和娱乐，维持城市运行，乡村正成为庞大的后勤部门，坚持用笛卡儿主义的精准来安排一切。"[34]

毫无疑问，人们会沿着幽灵之路来到城乡融合区，寻找21世纪的家园。他们之中既有受城镇约束的"超级通勤者"，也有逃离被淹没的海岸的团体。不过，一旦大型自动驾驶汽车的信息素轨迹散布在这片地区，乡村的未来就被确定，新的工农业基地将在市区外的边缘地区形成。

幽灵之路的忧虑

横断面帮助我们将大都市的巨大复杂性拆解为可以集中思考的小模块，但它用所有任意和想象的边界，传递了"分离是

---

① 1平方英寸=6.451 6平方厘米。——编者注

件好事"的错误信息。事实远非如此,就如何在无人驾驶时代规划社区而言,或许没有比这更大的风险了。

不管你从什么样的规模开始都无关紧要。以街道为例,20世纪人和车辆的分离,迫使行人与汽车驾驶员争夺稀缺的公共空间。在过去的20年里,世界各地的社区都开始质疑这一设想,许多社区逐渐要求将部分街道用于服务人而不是机器。当其这样做时,步行、骑自行车和使用公共交通的人数增加了,司机被迫减速,交通事故死亡人数有所下降。这种道路被称为"完整的街道",能发挥作用是因为它打破了界限,任何人都能使用街道,只要他们共享它。

难道自动驾驶汽车与共享街道不兼容吗?现在的自动驾驶汽车将它们的全部资源用于发现其他车辆,甚至努力应对这种挑战。然而,共享街道使自动驾驶汽车需要应对许多无法预料的事件,而工程师开始反击。Drive.AI自动驾驶公司的吴恩达提出假设:"我们构建人工智能不是要克服避免有人踩着弹簧单高跷过马路的挑战,我们应该与政府合作,让人们做到守法和为他人着想。"[35] 20世纪中期,这种思维用于认定行人的行为是非法的,而在那之前,这些行为被认为是普通与合法的。"乱穿马路"(jaywalking)一词最初用于形容不遵守人行道规则。[36] 20世纪中期,汽车业者将这个词用作武器,认为路段中央的人行横道是非法的，这扩大了汽车驾驶员在街道上的权利。[37] 像吴恩达这样的自主论者会发起新运动，指责那些阻碍自动驾驶机器的人吗？

　　许多建筑师和城市设计师似乎愿意牺牲我们，为自动驾驶汽车铺平道路。当前对未来自动驾驶城市的展望中，"分离"无处不在。南山区是中国新兴城市深圳的新城区，该区最初的总体规划是个好例子。科恩·佩德森·福克斯事务所的建筑师一开始提出，自动驾驶汽车在专用的高架平台上行驶（行人会被引导到高架构造的另一条分离的导轨上）。[38] 他们声称灵感来自纽约市的"高线"，这个看起来前卫的方案其实和汽车一样历史悠久：1924 年，美国区域规划协会对纽约的设想"赞成多层次的密集交通和运输解决办法，让铁路、轮式车辆和行人分离，上层是阳光照耀和风景优美的广场，以及提供遮蔽的凉廊"[39]（见图 8-6）。

　　让我们把镜头拉远，来到社区的范围，"分离"依然在无人驾驶的未来挥之不去。另一个现代主义过去放弃的构想"巨型社区"，在无人驾驶时代得到重新采用。这是一种独立自足的社区，周长数万英尺，这里没有分隔的道路，因此也没有汽车。巨型社区长期以来因为增加分离和减少移动性而受到指责，但在自动驾驶汽车准备就绪的房地产开发中起着重要作用，包括新加坡的裕廊湖区以及米兰的科技和创新园区。这些设计以打造没有汽车、广阔的行人友好区为幌子，提出了一系列设想。谷歌从事城市建设的子公司——人行道实验室却也将这些区域看作一种工具，使人类司机远离计算机控制的司机，进一步简化了推出安全自动驾驶汽车的挑战。该公司致力于封锁其提议的多伦多园区，使其成为"世界上第一个传统汽车将成为历史的地方"[40]。

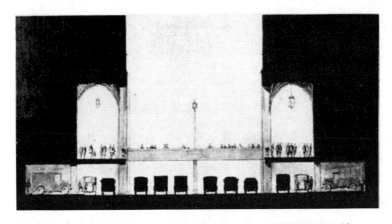

图 8-6　分离的世纪。区域规划协会 1924 年为曼哈顿制订的
交通分离方案

资料来源：区域规划协会。

这座古城和这些新"后汽车"综合体之间的接合带来了一系列的设计挑战。17 世纪，阿姆斯特丹的规模扩大了一倍，马车堵塞了街道。像莱顿广场这样的"马车广场"被指定建在

城郊，人们可以在这里下车，继续徒步。[41] 人行道实验室的多伦多项目同样设想建立"一个作为过渡区的小型区域"，给传统汽车留下有限的停车位。[42]

这些新城门之外会发生什么？启蒙时期的阿姆斯特丹市中心的街道上主要是行人，人行道实验室的多伦多项目则有所不同，未来这里的居民会发现他们需要和自动驾驶汽车面对面。什么人（或者什么事物）将真正统治道路呢？第一代无人驾驶班车从一开始是为在步行的人身边运行而设计的，能按照程序设计让行，往往过于如此。近期，香港临海的西九文化区推行无人驾驶班车试驾，试验在几个月后就停止了。如果没有反复停止和发出碰撞警报，过于谨慎的自动驾驶汽车就无法在这座中国城市的密集人群中穿行。当地城市设计倡导者呼吁让这个"发出声响的怪物"转移到专用的导轨上，[43] 但是这种解决方法意味着步行来之不易的空间会被收回，让位于机器人。提高自动驾驶汽车的攻击性，让行人处于防御状态，显然也是同样糟糕的替代方法。

其他被误导的现代主义方案在设计无人驾驶城市的努力中得到了新的审视，其中包括货运隧道。人行道实验室的计划是将运送车置于地下狭小的区域，以兼具清除垃圾的功能。新加坡的未来主义者设想，这类隧道网络到 2040 年将遍布整个岛国。"购买的东西寄存在购物中心内的货运中心，标有收件人的地址。当收件人到家时，他的货物已经在他住宅区附近的货物接收中心等待了。"[44]此外，科恩·佩德森·福克斯事务所的建筑师们最终在放弃给南山区设计自动驾驶汽车专用的高架道路后，也转向跟随机器人隧道的潮流。

战后，人们许多次提出和放弃建设自动货运地下隧道，尤其是在1973年，未建成的"明尼苏达实验城"有一部分是这些隧道。[45]货运隧道不仅造价高昂，还使我们局限于现在对交通流量的预测。我们未来的购物习惯变得更加难以预测，这些隧道限制了可用于运送货物和垃圾的车辆形态，将带来巨大的安全风险。有时，自动驾驶汽车货运隧道看上去集合了列车和卡车的所有缺点，而没有体现列车和卡车的任何优点。

"分离"是一条诱人的捷径，如今似乎成为我们最聪明的设计师和最有野心的开发商的第一步行动。将人类的安全空间包围起来，可以避免自动驾驶汽车与人类近距离接触所带来的困境，同时显著简化了自动驾驶软件工程设计。这是一种目光短浅的策略，背离了以往非常优秀的构思，比如"完整的街道"和"公共交通导向型开发"。相反，这种策略使幽灵之路——机器占据主导地位而人类害怕经过的空间，能够直接穿过未来新社区的中心。

第九章

应对监管

> 在每个人都拥有私家车的时代，驾驶私家车进入城市每栋建筑的权利实际上是毁灭城市的权利。[1]
>
> ——刘易斯·芒福德，1964 年

　　在自动驾驶时代，未来市长们的工作可能是最艰难的。在设计师、开发商和工程师离开很久以后，市长们需要收拾残局。但如今，我们主要关注刺激自动驾驶创新所需要的国家改革。监管自动驾驶汽车影响的真正挑战由地方政府承担，就像汽车时代那样。

　　自动驾驶技术带来范围广泛的机遇和威胁，远令众多城市措手不及。不过，许多城市正在评估即将发生的事情和它们的选择。多伦多率先编制无人驾驶革命方面的规划，它是加拿大最大的城市，也是21世纪10年代大部分时间中北美洲发展得最快的高科技中心。[2] 2015年，该市委托多伦多大学开展全面的研究，设想三种"终局"情景：在一座未来城市里，第一种情景中的多数自动驾驶汽车都是私有的，第二种情景中的多数车辆都是出租车，第三种情景中的所有权是分割的。这种预测也让全世界的城市初步粗略估计自动化潜在的安全、经济和土地利用效益。[3] 2019年6月，多伦多在这次视野开阔的扫描后制订了详细的战术计划，安排了数十项具体行动，使自动驾驶汽车政策与城市当前追求移动性、公平性、可持续性和隐私的目标保持一致。[4]

从那以后，其他城市纷纷效仿多伦多的做法。我和彭博慈善基金会合作，追踪全世界超过135个市政府如何为无人驾驶革命做准备。它们有许多关心的问题，有三个问题是长期挑战的首要问题：公共交通、货运和公共财政。其会被误认为是关于技术的冲突，实际上都是关于权力的，不管是争夺土地、资金还是数据等新的价值来源。对更崇高利益的关注会影响城市及其市长做出的决定，但是狭隘的政治利益通常会使这些决定偏离轨道。

捍卫公共交通

自主论者对公共交通的轻视程度令人震惊。

谷歌联合创始人拉里·佩奇在密歇根大学上学时就幻想着用无人驾驶汽车替代校园巴士。2018年，《自动时代》一书全面介绍了美国自动驾驶汽车发展的历史。劳伦斯·伯恩斯曾经主管通用汽车公司自动驾驶汽车业务，他描绘了年轻的计算机科学专业学生在美国中西部的寒冬中发抖，咒骂着罕见的班车，幻想着自动驾驶的救赎。伯恩斯写道："那些没有汽车的人被迫乘坐公共汽车，公共汽车通常不定期运行，有时候根本没有运行。"[5]

特斯拉联合创始人兼首席执行官埃隆·马斯克公开表达了他的偏好。2017年，他在加利福尼亚州的长滩对着听众讲话，猛烈攻击集体出行的想法。"我认为公共交通是痛苦的，非常糟糕。"马斯克抨击道，"为什么你会想和很多人乘坐同一辆车？这辆车不在你想让它离开时离开，不在你想让它启动的地方启动，也不在你想让它停止的地方停止。"[6]

我们很容易将这些反对公共交通的情绪视为科技精英自私的想法而不予考虑。但是随着网约车的便利性普及开来，出行公众的意见似乎倾斜到科技精英的一边。网约车与公共交通的杂乱关系使事情变得错综复杂，许多优步和来福车的行程在交通站点开始或结束，这些公司经常强调这个事实。但是 10 年后，更大的转变出现了：网约车在其扎根的每个地方与公共交通展开竞争。撰写本书时，我获取到的最全面研究分析了 2012—2018 年美国 22 个城市公共交通和网约车的客运量，发现网约车客运量增长的同时，公共汽车和重型铁路的客运量显著下降了（每年分别下降 1.7% 和 1.3%），且原因不明。[7] 2013—2017 年，仅洛杉矶的公共汽车客运量就下降了20%。[8] 更糟糕的是，网约车的侵蚀效应逐年增强。每辆新的网约车都使交通更加拥堵，这使公共汽车的速度慢了下来，因此打消了潜在乘客乘坐公共交通工具的念头。[9] 与网约车竞争导致公共汽车服务消亡，成为自我应验的预言。

交通系统该如何响应呢？自动驾驶汽车驱动的出行服务推出时，交通系统应当削减或扩大服务，还是改变自身功能呢？在交通系统努力适应的过程中，我们可能会看到三种方法都发挥作用。

大多数交通系统将努力继续做它们最擅长的事情——沿着最繁忙的交通走廊，频繁和定期运行列车和公共汽车服务。人们认为，交通系统不要试图在"第一英里"和"最后一英里"与大批机器人出租车、"漫游者"、无人驾驶班车竞争，公共资源应该集中在维持高效的高速公共交通主干系统上，以覆盖更远的距离。许多公共汽车系统已经通过多种措施推动实现现代化，包括调整公交线路，增加站点之间的距离，加强需求充足地区（例如靠近大学、医院、工厂和夜生活区的地区）非高峰时段的服务。这有助于加快出行速度，服务更多人群，使公共汽车更具吸引力。不过，自动化也能为处境艰难的公共汽车系统带来益处。爱丁堡和斯德哥尔摩正在进行标准尺寸的无人驾驶城市公共汽车试验，[10]希望其既能提高安全性和大幅削减成本，也能为乘客提供高科技体验。[11]日本筑波的交通部门官员计划启动自己的自动驾驶公共汽车试点项目，特色是单座自动驾驶豆荚车，其能将乘客从自动驾驶快车站接送到家门口。[12]

更大胆的交通机构可能尝试将自己转变为"移动性集成商"，拓展到"移动即服务"业务，同时继续运行列车和公共汽车。这将使政府的作用逐渐扩大，从仅仅建造和运营列车与公共汽车，转变为协调出行数据和出行服务交易的流动。柏林运输公司采用了这种做法，2019年该公司与软件公司 Trafi 合作，推出 Jelbi "移动即服务"市场和应用程序。作为真正开放和公共管理的"移动即服务"市场最大规模的部署，Jelbi 是一项重要测试，检验无缝的和并列式的比较购物是否有助于稳定交通客运量。但这里或许有更大规模的"终局"。将 Jelbi 与 ClearRoad 这样的公路收费平台结合起来，我们可以想象一下这样的世界：交通规划者可以同时微调交通和公路的收费，这样不仅能减少拥堵，还能鼓励人们采用低碳的出行模式。[13] 建立"真正的交通公共事业"的管理制度会是我们管理出行方式的历史性转变。

最后，无人驾驶革命给交通系统带来了机会，我们可以从根本上重新设想其所提供的服务。讽刺的是，想实现这些不是要依靠引进新技术，而是要依靠重新创造交通劳动力。当自主论者（多数是像佩奇和马斯克这样的男性）吹嘘无人驾驶公共汽车能节省很多成本时，问问女性或老年人是否期待乘坐公共汽车时没有穿着制服的工作人员同行，你一定会听到相当不同的观点。美国劳工联合会-产业工会联合会大约由 32 个工会组成，该联盟指出："驾驶员的存在确保有人能应对紧急情况，召唤快速响应的急救人员，防止无人看管的公共汽车成为滋生犯罪的温床，在出现技术故障的情况下提供后援。"[14] 此外，有组织劳工的支持对安全、有效地实现自动化本身至关重要。如果交通自动化只被视为大幅裁员的工具，那么工会一定会阻止它，这是很自然的事情。

相反，未来公共交通的自动化工作必须找到提供非凡和独特价值的方法，这意味着个性化、积极响应和以客户为中心的服务。如果支付给司机和调度员的资金用于培训新的交通工作人员，以满足乘客的其他需求，那情况会怎么样呢？公共汽车工作人员能帮助老年乘客和残疾人乘客，出售食品和饮料，清洁乘客区，提供更多的安全保障。

不过，除了这些基础功能外，交通工具可以转变为无处不在的公共服务提供点，以延伸社会服务、医疗、教育以及儿童和老年人服务。公共汽车一直充当着"第三空间"，在那里，社会联系在行驶中形成，[15] 但是它们能成为自动驾驶未来的市民空间吗？

发现货运的空间

社区如何应对货运的激增，保证当地企业和就业不被在线商务毁灭呢？美国国家和州政府正在为自动化卡车运输扫清道路。例如，得克萨斯州有"大约 6 家初创公司正在这个州进行测试，一些公司已经在提供商业服务"[16]。巴黎、纽约、圣保罗等少数城市都在鼓励夜间送货。[17] 不过，现在就连多数大城市都不知道运输货物的数量、时间、地点或原因。[18] 如果无人驾驶革命迅速转向低成本交付的道路，那么城市将没有足够的能力去适应。然而，我们还不清楚未来运送的变化如何转化为车流量。

目前，卡车占据发达国家道路车流量的 10%~15%（这个比例在发展中国家更高，因为发展中国家拥有私家车的比例较低）。[19] 或许我们可以预料到次日达、当日达或即时交付导致货运激增，堵塞街道的卡车数量大幅增加。更糟糕的是，居民区而不是商业区将首先受到影响，居民区的卡车数量将是增长最快的。

不过，这种逻辑是有缺陷的。事实上，相反的情况更有可能发生——网上购物的繁荣发展将提高卡车运输的效率，大量购物者不必在路上奔波。该业务中所谓的交付密度是原因所在。由于你所在的街区有更多人涌向亚马逊、Jet 和阿里巴巴等电子商务平台，以满足日常需求，"最后一英里"的送货卡车不再需要东奔西走地到分散的地址配送个人包裹。卡车可以停在街区尽头，司机步行配送几十个包裹。同时，近期研究数据表明，随着购物者果断转向送货服务，他们前往商店购物的次数可能会减少一半。[20] 网上购物增多不会使街区挤满车辆，而会使街区腾出更多空间。[21]

即时交付是这种预测中的未知因素。当每个包裹需要一次单独的运送行程时，高交付密度产生的规模经济也许会消失。咨询公司毕马威表示，如果 1 小时送货取代了所有节省下来的购物行程（占现在购物行程总数的一半），仅美国就需要 100

万辆运送包裹的自动驾驶汽车，这是目前美国正在运营的出租车数量的 3 倍。[22]

这里出现了反弹效应。成群的运送车疾驰着完成时效性强的任务，它们的数量增加了，当地企业也将发现廉价的货运自动驾驶汽车的许多新用途。2018 年，福特公司开始在迈阿密测试轻型商用自动驾驶汽车的潜力。这项小型干洗业务测试使用了一辆自动驾驶福特 Transit 系列货车，其将脏衣服从 4 家店铺运到中央洗衣工厂。这项测试解放了两名专职雇员，该公司为此感到振奋，希望在新服务领域运用机器人货车，例如给附近的大学宿舍提供低成本的洗衣和折叠服务。[23] 我们几乎无法预测类似的额外自动驾驶汽车出行服务创新，将给当地街道和人行道增加多少里程。

由于最大的线上零售商竞相争夺对"最后一英里"的垄断，更加艰难的困境将会出现。亚马逊已经采取行动了：该公司多措并举，推出了包裹储物柜、亚马逊会员日之类的集中送货激励措施，并成立了自己的运输公司，希望最终能让运输成本与收入持平。2016 年，该公司为 Prime 会员送货一年就耗费了大约 10 亿美元。[24] 到 2019 年，该公司的物流业务预计运送了本公司约一半的货物，而 2016 年的这一比例仅为 8%。[25] 这种抢占先机的策略逐渐变得不太像是成本控制，更像是将其他人挤出本地配送的系统性运动。

亚马逊对"最后一英里"的垄断将带来深远的负面影响。[26]该公司不仅能给网上竞争对手致命打击，阻止它们在当地送货或者收取高昂费用，还能用与削弱线上零售合作商相同的方式，迫使街区的店铺投降。过去10年，亚马逊建立了100多个消费者品牌，主要方式是复制这些成功，以较低的价格与公司的Marketplace（集市）项目的独立店铺竞争。[27]一种噩梦般的场景可能发生：如果亚马逊垄断了当日达配送，这些掠夺性的做法将向地方零售商扩展。经营失败的商店带来"滚雪球效应"，原本用于重新投资到当地经济的小本生意的收入被榨取，当地快递工作岗位流失，这些将使城市受到沉重打击。随着亚马逊积极向零售业扩张，收购全食超市，推出 Amazon Go 无现金结账商店，这个噩梦现在看来未必不会成真。

* * *

我们或许有其他方法。多数城镇几乎没有能力来反抗这股世界级和历史性的力量。但是，社区通过利用仅有的适度权威或许能发现，给机器人送货重新增添一些人情味儿会获益良多。

如果我是市长，我会站在路边。我会从禁止运送车进入人行道开始。持续交付的兴起，加上实际上很少有城市能负担得起像货运隧道这样疯狂的方案，你已经具备了使路边变得非常拥堵、人行道上挤满了机器人的所有要素。在世界范围内，城市对这两块地盘的管辖权是无可争议的。这种变化或许很容易获得支持。在我谋划下一步行动时，我可以安心遛狗，叫出选民的名字，和他们打招呼，对着镜头露出笑容。

接着我会走复古路线，恢复看门人岗位，即看守大楼入口和帮助搬运行李的服务员。我会安排他们站在整个城镇的路边迎接运送车和混合车，让他们到离选民家门口最后一米处亲自交付包裹。给看门人付费是个问题，但是这里面有很多可能性。业主委员会或许会买单，将其当作在该区域街道维持法律与秩序的成本。商业区从业主那里筹集资金，为租户保持街道畅通，提高办公大楼的市场价值。在市检察官的支持下，我甚至会像巴黎市长安妮·伊达尔戈一样勇敢尝试，在每一站对亚马逊和它的同类公司征收进入路缘的通行费，使用这些资金建立我自己的看门人市政服务。在最坏的情况下，我会将看门人服务特许经营权授予小商贩，并为退伍军人、政府廉租房住户、其他有需求的自力更生者创造急需的就业机会。

我会证明自己的体系不仅对民众更有益，对产业也更有好处。机器学习和人类智能的精华相结合，能消除教机器人爬楼梯、操作电梯和敲门等费解的问题。我会给杰夫·贝佐斯打电话，指出消费者更喜欢活生生的快递员送货，即使他的公司提供折扣，他们也不愿意使用包裹储物柜。[28]

接着，真正的乐趣开始了，因为一旦看门人就位，他们就会发现自己成了发展基层经济的平台。除了保持人行道和路缘的畅通，看门人可以让自己加入网上点击和消费者之间的价值链。他们会充当杂务工并介入其中，提供服务，完善交付生态系统——组装产品、收拾杂货、快速送走包裹。他们会保证空箱子最终送进回收箱，而不是进入废物流。他们能帮助公司想出更巧妙的办法来应对退货，或者更好的办法是防止顾客退货。

不过，我不会就此打住。在我成功发挥看门人作用的基础上，我会与亚马逊正面交锋，创建我提出的城市专属"最后一英里"网络，确保当地企业有权使用它们发展所需的货物配送和运输。我们会从小事做起，从几辆租赁的混合车和运送车开始。我们的大目标是形成物流、能源流和资金流穿过社区的闭环，重建循环经济，以取代消费网络。看门人甚至能协助指引无人机抵达安全着陆点，这是需要优先考虑的重点，因为越来越多的研究证实了早期的发现，即无人机在每英里行程中比送货汽车和卡车更加低碳环保。[29]

我想亚马逊会竭尽全力来"镇压"我们，不过这正是一半乐趣的所在。

让移动性价值连城

《阿特拉斯耸耸肩》是安·兰德对个人主义的赞歌。在这部作品中，铜业实业家弗朗西斯科·德安孔尼亚继承了巨额财富，发表了冗长的演讲。他说："金钱只是一种工具，它可以带你到想去的地方，但不会取代你司机的位置。"[30] 随着自主时代的发展，请记住上述这些话，因为社区即将面临最艰难的困境，本质上是财政问题。哪些新的收入来源能给急需的交通改善提供资金呢？如何利用市场力量，同时避免"监管俘虏"的诅咒呢？在这种腐败的情形中，产业界领导者引诱本应该是监督者的政府机构，为了商业利益而行使国家权力。这些令人担忧的问题将让未来的市长夜不能寐。

自动驾驶汽车将使停车费和交通罚款这两种对许多市政当局极其重要的收入来源大为减少。公共管理行业杂志《管理》调查发现，美国 25 个大城市在 2016 年收取了近 50 亿美元汽车相关的税收、费用和罚款，平均每位居民缴纳 129 美元。[31] 尽管多伦多汽车费用和罚款的年度收入仅为 1 亿美元，只占

城市总预算的 1%，但是这种潜在的威胁仍然值得关注。该市
2015 年的预测指出："向自动驾驶汽车和智能交通系统过渡，
需要改变本市资本和业务预算的设想和计划。"[32] 像阿姆斯特
丹这样的城市，整整 27% 的市政收入源自停车费，产生的影
响可能是灾难性的。[33]

所有人的目光投向了路缘，25 个美国大城市每年在这里
收取近 30 亿美元停车费和罚款。2018 年，经济合作与发展组
织就该议题发布了一份重要报告，报告指出："因为相当大一
部分的付费停车实际上未获得偿付，其中还有很大一部分未被
发现，这或许代表技术驱动的执法可以预料到潜在收入的下
限。"[34] 关于收入目标的讨论已经淹没了人们对移动性的关注。
2018 年，美国网络杂志 *Slate* 专题报道的口号是"美国城市为
停放的车辆浪费了珍贵的不动产"。[35] 一周后，《管理》杂志紧
跟潮流，刊登的文章用了"贪婪"的标题——《从路缘获利》，
作者是哈佛大学教授、人行道实验室顾问史蒂芬·戈德史密
斯。[36] 看上去就连众人之中头脑清醒的人都失去了理智。"城
市交通官员俱乐部"美国国家城市交通官员协会的马修·罗伊
说："这是城市拥有的最宝贵空间，也是最未得到充分利用的
空间之一。"[37]

我完全赞成城市从持续交付中获取它们应得的份额。但是，

关于路缘收费的宣传非常迅速地越过移动性的好处，直接奔向巨额付款，这令人感到不安。路缘收费最初被认为是一种工具，确保未来在优步车队和亚马逊送货车之中，贫困人口乘坐的公共汽车和老年人乘坐的小型公共汽车能够靠边停车。但当你现在听到所谓的专家谈论路缘收费时，这听起来就像是不折不扣的抢钱。

与其说通过通行费从路缘牟利的城市随意考虑了移动性的金融化，不如说这些城市给了移动性的金融化一个结实的拥抱。这种战术思想的危险之处在于我们忽视了更大的战斗，失去了对公共领域的控制。他们愿意让市场逻辑缓慢发展的前沿向前推进多远呢？首先是道路，接着是路缘，人行道会成为征收拥堵费的下一个新领域吗？我们之前看到网约车革命是如何导致勾结、整合和把费用转嫁给消费者的。这也会成为"最后一英里"配送的未来吗？亚马逊等资金充裕的企业可能在路缘征收拥堵费上进行操控，迫使竞争者出局。我们很容易想象资金短缺的城市与亚马逊达成协议，亚马逊一次性预付了大笔款项，以获得优先到达居民家门口的权利。

不过，我们非但没有高估路缘，反而可能低估了路缘在未来的战略意义。或许现在是时候重新思考路缘作为网上经济和地方经济的新型边界、停车收费器作为 21 世纪海关的角色了。

如果像亚马逊这样的大型零售商对地方零售和服务经济的生存构成威胁，路缘会成为大型零售商全球货物输送通道在当地岸边卸货的码头。这里是城市反击的最佳"阻塞点"。我们不是要收取复杂和未来主义类型的停车费，或许我们应该就冲上岸的东西的价值进行征税。

第十章

推送代码

一群幽灵蜂拥而至，

他们说话就像同一个人，

每个幽灵都爱你，

每个幽灵都留下了一些未完成的事情……[1]

——蕾·阿曼特劳特，《不期而至》

著书是一项特殊的工作。最初你的兴奋之情感染了同事、亲人和朋友，不过接下来只剩下你一连几天、几周、几个月甚至几年面对自己的构思。你和纸页角力，它们要么是完全空白的页面，要么充斥着排列顺序错误的话语。最让你感到吃惊的是孤独，你唯一的向导和伙伴是在你前方开辟道路的人留下的著作。

最终，你带着手稿再度出现。你和从事平凡工作的普通人一样期待得到一些反馈，以确保自己走在正确的轨道上。但是你的初稿总会出现不完善的段落，即使最温和的评论家也能迅速发现它们。所以你回到书桌前重写，真正迈出培养敏锐的延迟满足感的第一步，这是你成为作家需要磨炼的技巧。现在，你面临着一些压力，因为我们生活的世界充斥着维基百科修订、深度伪造和经过编辑的推文，而你这个作者只能一步到位，完美打造你的文本。

程序员创建代码的方式则非常不同。他们的职业需要深入协作，不断迭代，可以立刻获得满足感。软件要么运行，要么停止，计算机会马上让你知道。

在开始写本书时，我已经十分了解程序员是如何工作的，但离我亲手编写软件已经过去20多年了。我想在快速演进的人工智能世界亲身体验许多东西，理解人工智能对无人驾驶革命的更深层次的影响。所以，我决定重新钻研。在著书的这一年里，我白天忙于写作，晚上的时间则用于写代码。我没有创建自动驾驶软件，但确实拼凑出了一款追踪我家附近公共汽车的出行应用程序。我自学 Python，这是当今使用最广泛的计算机语言之一，同时尝试驱动自动驾驶汽车的开源软件——免费共享的代码库，从而完成绘图、机器学习和计算机视觉等基础工作。

在这个过程中，我也认识到我们对这两种职业的刻板印象有多么错误。我们将世俗的作家神话化，他们坐在小餐馆喝酒和吸烟，讨论重要观点，身边都是朋友。我们将被排斥的计算机工程师污名化，这些所谓的黑客藏身于幽暗的房间。比起与人相处，他们和技术打交道更能应付自如。不过，事实恰恰相反。程序员比作家更善于社交。程序员在聊天室交谈，聚在一起喝咖啡。他们不断地几乎是情不自禁地分享建议、诀窍、入侵和操作技巧。另一方面，作家通常有囤积症的问题，他们牢牢守着自己的笔记、故事创意和来源，把草稿锁起来收好。程序员则走向另一个极端，他们是多产的发布者，持续推出进行中的作品，他们称之为"推送代码"。

因此，我不仅像作家一样孤独地写作，也会像程序员一样编码。我的公共汽车追踪器首个能运行的原型被人们称为硅谷"最小化可行产品"，只能显示文本和表格。它看起来很糟糕，而且出现各种各样的故障。不管怎样，我还是推出了这个程序，人们开始试用它的功能，仔细钻研我的代码。我根据一条建议，在下一个版本中增加了线路图，标注了当前公共汽车所在的位置。几周后，在重新学习 JavaScript 编程语言后，我添加了一些脚本，其能够实时更新公共汽车的位置。突然间，公共汽车在我屏幕上沿着街道缓慢行进。随着社区越来越多的人开始使用这个程序，我收到了更多改进建议。我给计算机计分增加了字母等级，从而评价每条线路的频率和可靠性，总结我储存的一批"数据废气"。我们的当选官员很快注意到这个程序，他们说服当地交通机构着手增加服务，并清除几个特别拥堵的瓶颈路段。

我在体验这种工作方式时，对如何驯服自动驾驶汽车的理解日渐成熟。代码不只是我们自动化未来的原材料，还是最有力的干预点。这不是说我们应当强制规定自动驾驶软件的设计，但是我们必须对它如何执行设定预期。

然而，更重要的是我们需要在自动驾驶汽车上路前展示代码，这些代码控制着来势汹汹的机器。我们现在的方法是袖手旁观，指望浇筑混凝土和颁布规章制度等过时的方法控制它们。但是这种精心设计的软件显然是狡猾的，即使软件看起来在做一件事，它也可能为了达到其他目的而秘密工作。机器人出租车调度等良性业务流程成为一种不易察觉的算法歧视运用。每天增加百万倍的简单乘车路线任务，使得公司从政府交通工程师手中篡夺控制权。我们以为摄像头正在衡量我们在计算机的控制下拿回方向盘的意愿，但其实它正在为广告推销暗中获取用户画像。此代码是真正的战场，我们关于效率、安全性和公平性的设想将写入改变未来一举一动的算法。这就是我们将在未来重大冲突中获胜或失败的地方。

不过，即使我们认识到代码在改变无人驾驶革命的重要性，我们也需要更擅长写代码。人们过去通过铺设沥青和铸钢塑造未来，代码与这些原材料非常不同，可塑性很高。代码不像书，能一直修改，所以程序员拥有操作运行代码的惊人工作流程：提交、恢复、变基、复刻和分支，等等。如果你仔细研究我的公共汽车追踪应用程序代码，你会发现 350 多个"里程碑"，其标志着我和我的合作者做了小修改。

我们的无人驾驶未来的蓝图同样必须像自动驾驶汽车上运行的代码一样具有可塑性。这些蓝图应当设定宏大和坚定的目标，但是实现目标的方式必须是灵活的。然而，这并不是当今多数地方政府发展技术的方式。世界每天都在变化，它们却以 10 年为周期进行规划。因此，在本书的最后部分，我们考虑的是塑造未来社区的"实代码"——软件，以及软件给我们带来的重大问题。当前自动驾驶软件在多大程度上把我们限制住了？相反，自动驾驶汽车可能给人工智能带来哪些我们再也无法控制的风险？我们作为人类能依靠哪些伦理、道德和社会"代码"，应对无人驾驶革命软件为我们塑造的选择呢？

像自动驾驶汽车一样观察

许多城市设计专业的学生最早读到的书包括凯文·林奇出版于 1960 年的著作《城市意象》。林奇和简·雅各布斯同时代，但他缺少雅各布斯对城市社会生活的深切感情。这位麻省理工学院的教授在职业生涯中致力于深入思考，提炼关于城市的物质词汇。他尝试破译建筑物、街区、街道、广场的外观和布局如何塑造人们穿梭城市时产生的"心象地图"。

林奇的大构想是他所说的"可读性"，这是城市的一种内在特质，能够反映它们的结构是多么直观。他提出，"书的可读是因为它由可认知的符号组成，是可以通过视觉领悟的相关联的形态"。[2] 林奇认为，城市应当以相同的方式运转。人们只需看看周围的环境，就能轻易识别出重要的地点以及它们的重要意义，知道它们如何相互关联。《城市意象》清晰阐释了优雅而实用的词汇，介绍了 5 种基础和通用的城市形态组成部分——道路、边界、区域、节点和标志物。掌握这种基于直觉和几何学的简略表达法，你就能像阅读图书一样读懂任何城市。

林奇认为，可读性是城市成败的关键因素。多数城市拥有基本的组成部分，但是这些部分能否连接成令人难忘的形态才是区分优秀、较好和糟糕的城市的关键因素。他以三座城市作为案例研究进行探索，全方位阐明了美国城市的可读性。最具可读性的城市是他常去的波士顿，那里有美洲殖民地时期展现人文尺度的道路，让人感到舒适的公园和广场，以及历史建筑。最糟糕的城市是洛杉矶，林奇发现由于其缺乏传达不同部分如何连接在一起的功能，人们在这里迷失了方向。第三个案例研究对象新泽西州的泽西城介于前两者之间，这座城市的不同街区在可读与不可读的状态之间交替（近 60 年后，这个城市的情况仍是如此）。此外，林奇远远领先于他的时代，强调各种组成部分以及它们在各个社会群体中不同的可读性，是如何强化基于阶级、种族和性别的空间分离的。[3]

林奇关于可读性的著作对我们今天在城市中的移动方式产生了广泛的影响。城市"寻路"（wayfinding，他创造的一个词语）是个不断发展的产业。世界上许多城市已经大力投资协调一致的标识方案，这有助于填补城市"文本"的空白，鼓励更多的人步行。例如，"可读的伦敦"是一项 2012 年启动的大规模寻路工作，将 32 个独立的标识系统整合为信息丰富、易于理解的人行道路标统一网络。[4]该系统减少了在拥挤不堪的地铁里乘坐一两站的人的数量。当人们步行时，他们消耗了卡路里，并在当地的商店消费。[5]

可读性也有助于我们理解自动化时代未来的发展趋势。林奇认为，如果没有人的解释，就不会有可读性。他在《城市意象》的开头写道："城市如同建筑，是一种空间的结构，只是尺度更巨大，需要用更长的时间过程去感知。"他给我们提供了一种语言，其用于解码大城市传递给我们的潜在信息，解释我们作为男性和女性、黑人和白人、居民和游客的身份如何为建筑物和自我之间的交流增添趣味，告诉我们该往哪边走，在拐角处可能遇到什么。

然而，我们正处于这场无人驾驶革命的风口上——我们终于睁开双眼看到城市环境试图告诉我们的事情，却又再次闭上眼睛，将我们的视觉感知外包给机器。自主论者为计算机视觉在这么短的时间内取得的进展而大惊小怪，但是考虑到很少有自动驾驶汽车冒险远离熟悉的领地，我们有充分的理由担心这些进展被过分吹嘘了。Waymo 公司在亚利桑那州大规模推广自动驾驶汽车的地方，离加利福尼亚州乔治空军基地东面仅280 英里，该基地是 2007 年美国国防高级研究计划局举办挑战赛的地点（由于这项比赛模拟了城市地形，通常被称为"美国国防高级研究计划局城市挑战赛"）。那时，谷歌的团队被大肆宣扬，其只是在一个基本相同的地区和一组理想化的条件下复制成功：降雨稀少，阳光充沛，道路建设符合现代工程标准。从这里到达卡甚至底特律的都市荒野的旅程将是漫长的，充满了不确定性。

林奇继续写道："无论光线和天气怎么样，人们都能看到城市。"[6] 因此，如果一项技术只在风和日丽的日子里效果最好，又将如何带领我们迈向未来呢？

* * *

计算机视觉难以克服的缺陷日益变得不容忽视。

其中一些缺陷是滑稽的。2019 年，在罗得岛普罗维登斯进行的一次测试中，无人驾驶班车因为树叶而感到困惑。事实证明，"在预先设计的路线绘制时，树上还是光秃秃的。叶子和其他枝叶一旦出现，就会干扰帮助汽车导航的传感器"[7]。

其他缺陷可能是悲剧性的。我们投入了大量精力，使自动驾驶汽车擅长发现其他车辆，结果它们却不太擅长发现我们。2017 年夏天，福特公司的自动驾驶汽车在密歇根州安阿伯大学城里平稳行驶，除非十字路口配备特殊的信号装置，否则这些车辆甚至无法检测到人行横道。[8] 2018 年夏天，优步自动驾驶汽车在亚利桑那州坦佩造成首例自动驾驶汽车撞死行人事故。知名的自动驾驶汽车法律专家推测，该公司软件可能"将伊莱恩·赫茨伯格归类为静止物体以外的事物"[9]。此外，越来越多的证据表明，特斯拉汽车等使用的计算机视觉算法可能更加擅于识别白人，较难识别非白人。[10]

自动驾驶汽车制造商希望看到社区转变方向，从花钱添置路标，使人们更容易辨认街道，转变为花钱让自动驾驶机器能够读懂街道。帮助司机确定方向的路面标志可追溯到20世纪20年代，底特律的官员将网球场划线机重新设计，让其给整个"汽车城"的人行横道和停车位画线。[11]未来街道或许会拥有更奇特的外观，路面上的二维码引人注目，这些二维码包含丰富的数据。每个蕴含丰富信息的图标符号都能对独特的统一资源定位符（URL）进行编码，自动驾驶汽车可以从中下载数量无限的数据，这些数据详细说明了某个特定街区或道路交叉口的规则。随着人类驾驶的车辆消失，信号灯甚至会取代常规的路标。不过，如此详细的标志需要频繁进行修饰，尚未有人能弄清楚城市如何为这些工作买单。

另一种可能性是完全废除街道指示牌和路标，将街道规则的展示转移到网络空间。从字母表公司旗下人行道实验室中脱离出去而组建的Coord公司就有这样的想法，其忙于建设关于城市街道规则的海量数据库。从2017年开始，Coord公司的地图绘制师散布于西雅图和旧金山各地，沿着街道来回行驶，搜集路标图片。该公司使用一款定制的增强现实应用程序，从背景中挑选出交通信号灯并转换它们的信息，迅速积累自己独有的已发布规则的综合性目录。令人吃惊的是，城市自己的记录通常是不完整的，错误比比皆是，或分散在多个数据库中。Coord 公司十分聪明，认定城市会将交通规则的校对、传播和执行外包出去，这肯定会成为增长型市场。随着无人驾驶革命带来更多种类的汽车、更多使用汽车的方式和新的驾驶行为，城市将需要更加复杂的规则。

Coord 平台也会成为金融工程的有效工具，从未来城市街道榨取收入。让我们想象一下，一辆机器人出租车进入市中心，到达目的地附近正在寻找靠近路缘的位置，好让车内的乘客下车。这辆自动驾驶汽车或者它在云端的调度后台程序向 Coord 平台的服务器发送请求。该公司名为"Curbs API"（路缘应用程序接口）的服务将发回几个适宜靠边停车地点的可用性和价格。机器人出租车做出选择，可能与乘客确认下车的准确位置，再次呼叫 Curbs API 预订停车地点。整个交易几秒钟内就结束了。此外，如果你的汽车驶进停车站点，你无须向老式的停车计时收费器投放 10 美分硬币，汽车可以自动登记。如果乘客离开后，汽车在此处停留的时间过长，汽车或许也会因为过度闲置而受到影响。[12] Coord 公司或者从路缘收费中分成，或者从城市中赚取按数量计算的许可费，或者两者兼有。尽管 Curbs API 的愿景所提供的实现未来收入完全控制和自由流动的方案，非常吸引城市，但是这种方案进攻性强、充满风险，朝着公共空间私有化迈进了一步。从另一个角度看，Coord 公司做的许多事情都是搜罗城市自己的数据，再卖给城市。尽管该公司正在投入自己的资源，搜集城市忽视的数据，但我觉得让城市永久依赖该公司的服务在道德上是一种不太可靠的尝试。

相较于 Coord 公司"出租规则"的模式，对城市更加友好的替代方案正在成形。总部位于华盛顿特区的"共享街道"平台基于免费维基世界地图"开放街道地图"建立了一个街道数据注册表。谷歌主导在线地图超过 15 年，"开放街道地图"在此期间充当了替代选择。然而，与"开放街道地图"不同，"共享街道"更像是封闭的公共领地，而不是开源的信息库。作为数据协同平台，"共享街道"为城市、出行服务运营商和其他利益相关方搭建安全和可靠的平台，分享街道相关的数据和路况。该组织与行业合作伙伴共同建立开放的路缘数据标准，提供 Coord 公司作为唯一交通规则测量员和档案保管员以外的另一种选择。"共享街道"拥有来自福特汽车公司的资金，有计划创建能模仿 Curbs API 大部分功能的框架。"共享街道"不打算像 Coord 公司向城市推销的那样提供体贴周到的端到端服务。正如创始人凯文·韦布解释的："城市需要对地图进行投资，采用的方式应保证数据仍然是公共信息。众包或许是其中一种方法，但最终必须有人投入时间或精力来做这项工作。"[13] 不过，城市获得的回报是这项重要虚拟基础设施的所有权和控制权。采用 Coord 公司的方案，将获得可以立即使用的完整系统，但是你需要获得许可，才能使用你所在街道的数据，每个希望经过你的城镇的大大小小的出行服务供应商也需要获得许可。

奇点和单体

1993 年，科幻小说家弗诺·文奇做出大胆预测。他写道："30 年内，我们将具备创造出超人类智能的技术手段。不久后，人类的时代将结束。"计算机能力提升的速度飞快，呈指数级增长。文奇认为，一系列突破很快会出现，包括无所不知的超级计算机，横跨互联网的联网大脑，模糊人类大脑和机器"大脑"边界的接口，在生物层面得到强化并提升智力。文奇继续指出，这些将产生远远超过人类脑力的人工智能，这样的装置能持续提升自身的设计，引发加速学习的连锁反应。文奇把这类事件称为"奇点"，"奇点"是"无法控制的指数级增长"，是"可以与'人类生命在地球上出现'相提并论"的技术革命。[14]

这种激进的预测不是第一次出现。20 世纪 50 年代初，数学家约翰·冯·诺依曼已经提出这种可能性。[15] 但文奇所传达的信息及时简明，特别值得广泛传播。尽管他的主张听起来像反乌托邦小说的情节，但许多极客和专家都欢迎机器拥有超人类智能的可能性。他们认为，在人类基因组计划和气候模型的时代，人类面临的巨大挑战更多被认为是信息问题。在未来处理大量数字运算、令人惊叹的机器面前，一切都需要让步。

然而，技术奇点近年来已经落后于原定计划。技术奇点的表现与它的宇宙学同名物相当不同，宇宙奇点指的是黑洞深处的点，那里重力场的强度趋于无穷大。相反，我们越靠近，奇点似乎后退越多。文奇估计奇点大约发生在 2005—2030 年，但他当时也承认："人工智能爱好者在过去 30 年间一直提出类似的主张。"[16] 近期，技术达人喜爱的奇点宣传者、人工智能先锋雷·库兹韦尔进行了调整，重设了这一数字狂热的最后期限。"我已经设定了 2045 年作为'奇点'的时间，到那时，通过与我们所创造的智能相结合，我们的有效智能将增加10 亿倍。"[17]

更多对这个时间表的修改或许将要发生。关于"人工智能寒冬"即将到来的报道可能是夸大的。从 20 世纪 70 年代初到 20 世纪 90 年代末，人们多次对技术感到失望。在这个领域，几乎没有人期待回到那些反复出现失望的时期。但是，人们对人工智能发展的速度越来越感到不安。

在人工智能寒冬，研究者编造"机器学习"这类委婉的词语，对资金提供者掩盖人工智能工作的实质。[18] 不过，现在的焦虑源于对技术更充分的估计，这得到了人工智能社群的普遍认同，但是人们对这些技术的能力知之甚少。大部分焦虑围绕着"深度学习"，这个词语已经成为修辞上的武器，远远超出其技术潜力。麻省理工学院计算机科学与人工智能实验室前主任罗德尼·布鲁克斯指出，人们经常错误使用这个词语，暗示"'深度学习'算法在学习一些东西时，拥有深层次的理解；实际上，相比真正的人类学习，这是非常浅层次的学习"[19]。尽管这项技术的商业化在医疗诊断、自然语言翻译、物流等领域产生了巨大的经济价值，但该技术在复杂的现实世界环境中越发清晰地展现了严重的局限性。2018 年，纽约大学计算机科学家加里·马库斯就深度学习撰写了一篇详尽的评论文章。他写道："当代神经网络在与核心训练数据相关的挑战中表现良好，但在外围的情况中开始出现故障。"[20]

深度学习的局限性在自动驾驶汽车开发中表现得淋漓尽致。迄今为止，涉及自动驾驶的最具灾难性的事故都是关于所谓的"边界情况"的。在那些突发事件中，训练深度学习模型的数据不足或者完全不存在：在 2018 年 3 月 18 日亚利桑那州坦佩，一名推着自行车的行人穿过昏暗的街道中央；在 2016 年 5 月 7 日佛罗里达州威利斯顿，一辆白色拖挂卡车在明亮的天空下被遮蔽；在 2018 年 3 月 23 日加利福尼亚州芒廷维尤，公路出口匝道上出现一组罕见的路面标记。

在上述案例以及许多其他即将出现的事故中，人类为深度学习的缺陷付出了代价，这给人工智能发展也带来了巨大的附带损害。马库斯总结道："相对于早期宣传，如果无人驾驶汽车在大规模推出时被证明是不安全的，或者在许下众多承诺后，无法实现完全自主，这会让我们感到失望。整个人工智能领域的受欢迎程度和资金都可能急剧下滑。"[21]

如果自动驾驶"爆裂"，留给人类的一线希望或许是可以维持工作中的等级秩序。牛津大学经济学家卡尔·贝内迪克特·弗雷预测了最有可能败给自动化的工作，排名接近最后的是飞机货物装卸监督员。[22] 或许奇点的无限期延迟将为人们提供大量工作，他们唯一的任务是监督智力更加有限的机器人。

* * *

尽管奇点是偶然事件，但如果你不认真考虑奇点，你将自行承担风险，因为一旦奇点来临，催生恶意的人工智能，后果将不堪设想，使人不寒而栗。哲学家尼克·波斯特洛姆已经在思考这个问题，他在 2014 年出版了著名的专著《超级智能》，想象在不久的将来，人类的努力或许确实能创造出迅速提升自身能力的人工智能。随着这种有感知力的新实体逐步进化，它能在不断加速的自我完善周期中以惊人的速度提升能力。从我们生物上的时间观来看，它或许会毫无征兆地突然出现，拥有神一般的认知能力。

如果你觉得超能力的人工智能的出现令人惊讶，那么接下来所说的事情会令你感到震撼。我们可能为了自身目的挖掘这种东西的才能，但现在控制我们的创造为时已晚。波斯特洛姆解释道，假设我们注意到它的存在——或许它会不遗余力地隐藏起来，我们可能来不及在未经它允许的情况下改变超级智能的软件。即使我们能避开它的安全措施，它对自身代码的完善也已经超越我们相对不够精深的知识。因此，它能自由追求任何从初始编程继承的目标，以及它自己虚构的目标。如果这类装置取得"决定性战略优势，即达到一定的技术水平和其他方面的优势，足以使它完全统治世界"，它会夺取控制权，并形成"单体"。"单体"是波斯特洛姆创造的词语，预示"一种世界秩序，在全球层面有单一的决策机构"[23]。

我们很容易想象到一些噩梦般的情景。异常的人工智能从亚马逊云端出现，使人类服从它对无穷尽供应链效率的渴望。

一些自动驾驶车队上演着本书第四章介绍的 1935 年的科幻小说《活着的机器》，它们在大地上失控地奔驰，十分糟糕。而波斯特洛姆的假想最可怕的部分是什么？那就是我们很难证明这些事情尚未发生，我们还未生活在单体之下，就像《黑客帝国》里的基努·里维斯一样。

然而，波斯特洛姆认为，单体前景变得令人不安的原因在于它不仅是可能出现的，还是不可避免的，除非我们采取预防措施来阻止它。失控的超级智能事故似乎更像是核事故，而不仅仅是异常的陨石撞击。我们需要建立安全措施，而这些措施可能仍会适得其反，就像人们在三英里岛和切尔诺贝利做的事情一样。

《超级智能》的主要内容并不是想吓坏我们（它在这方面做得很好），而是开启严肃和符合实际的讨论，采取实际措施应对威胁（这一点它也做到了）。[24] 波斯特洛姆的远见让比尔·盖茨、斯蒂芬·霍金等足够有影响力的人物警觉起来，他们开始反思尚未明朗的人工智能的未来。波斯特洛姆所属的牛津大学机构的名字并不低调——人类未来研究院，盖茨和霍金都是这家研究院的资助人。2015 年以来，该研究院募集的资金超过 2 500 万美元。[25]

无人驾驶革命几乎不需要超级智能。自动驾驶汽车和卡车能勉强使用不那么稳健的人工智能，但自动化出行必定为单体出现提供资源丰富的发展场所。超级计算机提供动力的自动驾驶汽车部署在高度协调的车队中，将成为有史以来最大规模的组合机器学习装置。此外，有些软件聚焦于管理世界范围内的人员流动和物流，体现惊人的复杂性；几十亿运行代码实例之间产生不可预测的交互；我们孵化出有感知能力的东西的概率迅速增大。然而，更大的风险存在于出行市场的暗网，以及软银集团、亚马逊和字母表公司等未来交通垄断企业的计算机巨像中。波斯特洛姆推测，超级智能获取权力的潜在路径是"巧妙地操纵金融市场"。满怀抱负的单体必然拥有开发陆地资源、控制民用基础设施的野心，他将这种野心比作"纳粹分子冲向罗马尼亚的油田"。[26] 一旦未来的数字独裁者发现有机会从星球上自动驾驶汽车的每次出行中分成，它将采取行动，速度和力度会让当前即将成为交通垄断企业的公司都相形见绌。

大移动性

纵观人类历史长河，人口的移动会在地上和空中留下痕迹。出行队伍扬起的阵阵尘土在几英里内都能见到，在泥土留下痕迹。但是当我们在有车辙的路面上铺路时，我们的出行对地上和空中的影响消失了。

如今，无人驾驶革命开始，我们正在建造代码和数据的"发动机"，推动更多流量通过这些沥青道路。本书的三个重要故事指向了共同的潜在性——出行设想和发明的暴增。我们将迎来更多种类的交通工具，满足出行需要的多样化服务，以及在整个出行市场中提供资金的强大新能力。如果我们不加以遏制，这些发展将引发人们和物品移动不受控制的扩张。除非我们改变方式，否则我们无法遏制由此产生的灾难性影响。不过，如果我们是明智的，这些相同的转变能成为应对气候变化紧迫威胁的工具。幽灵之路既有承诺，也有危险，它正在召唤我们。

我们从本书中看到了许多优秀政策和最佳实践，其有助于我们做好准备。关于自动驾驶汽车产业和政府应该做些什么，我们已经看到许多好想法，未来肯定还有更多好创意。但是，仅仅机构发挥带头作用是不够的。作为个体、家庭和社区，我们面对一系列选择，包括出行方式、购买的产品和服务以及每天参与的活动。这些选择将塑造出行市场，或许比未来几年我们的领导者能组织的工作更加重要。

但是，我们应该如何生活呢？我在本书最后几页提出一组原则，倡导人们更加有抱负、有思想地生活，我将它称为"大移动性"。你可以把大移动性当作无人驾驶革命的人类准则，它提炼了我们对未来的理解，以便现在做出更好的决策。大移动性对未来提出三点设想。

第一，大移动性由科技驱动。大移动性拥抱自动化，将自动化作为减少成本、碳足迹和车辆交通风险的手段。我们不应急于对自动驾驶汽车施加限制，但我们也一定不能回避对自动驾驶汽车的开发和使用进行严格监管。我们还必须寻找方法利用它们的效率和灵活性，同时不放弃我们的价值观。

第二，大移动性是出行密集型的。糟糕的设计或政策会迫使人们进行不必要的出行，没有人应该住在这样的社区，这就是为什么城市规划采用的渐进式方法强调"使用权"高于"移动性"。人们居住在最好的社区时完全不需要出行，因为各种事物之间的距离很近。这是一种崇高的愿望，但是我们以这种方式重建全部国家和城市需要花费很长时间。我们应正视这样的事实：虽然我们基本上无法找到大规模创造使用机会的方法，但是我们发明廉价、灵活和可持续的出行技术的能力是卓越的，包括漫游者、运送车、机器人出租车和软件列车等。我们必须继续推进更优质的社区设计，避免无序扩张和使用私家车，转为选择步行和公共交通。但我们也需要接受即将到来的适应挑战的紧迫性，这意味着我们必须利用自动驾驶汽车提供的廉价和灵活出行，将它们扩展到按照新设计建造的新城镇，而不是为了现有社区就土地使用有争议的变化达成一致意见而等待多年。

第三，大移动性是自我保障的。换句话说，大移动性积极测量和减轻出行的外部性，披露拥堵和碳排放等危害，旨在影响我们的行为。它将透明度和问责性提升到与频率、准时到达、成本和可靠性等交通系统性能传统指标同等重要的位置。这意味着大移动性会限制移动性市场，为了对冲它们未来产生的环境、社会和金融等方面的风险。

接下来，我将阐述六项原则，它们的目标简单易懂：引导你稍微往幽灵之路的更为良性的支路行驶。你可以把这些原则当作过滤器，以理解生活和社区中关于自动驾驶汽车的未来选择，无论你是在点击应用程序还是在投票站。幸运的话，它们将帮助你实现古老的梦想，即轻松实现人类对亲近根深蒂固的渴望，并且同时顾及负荷过重的星球对我们施加的极端约束条件。

第一，要求平等使用。2018 年，Waymo 公司开始在菲尼克斯为自动驾驶出租车安排路线，少数社区的业主以抗议和暴力威胁来回击这些车辆和安全驾驶员。有一次，一名喝醉的本地人死死盯着 Waymo 公司的货车。该公司的试车司机告诉警方，"她将通知 Waymo 公司停止向该区域派送车辆"[27]。Waymo 公司是否真正从它的服务地图上删除了这个分区呢？哪怕是这种举措的可能性也会引发人们对未来令人不安的担忧。

　　自动驾驶汽车使出行变得更加便宜、轻松和更具自发性，将给出行不便的群体带来巨大的好处，比如老年人、没有车且居住地远离公共交通的人、青少年。不过，如果自动驾驶汽车要为所有人效劳，那么所有人都必须能够使用自动驾驶汽车。选择是否服务一些社区不是唯一的方法，公司会把不易察觉的除外条款写入自动驾驶汽车服务。价格提供强烈但通常有害的信号，表明人员和物品移动的地点、时间和方式。机器学习算法本身用有偏差的数据进行训练，并对类别进行编码，使有害的固定模式永久化。

　　监管者应当是防止滥用的主要力量。当公司可以挑选向哪些人、在哪些地方提供服务时，在不受审查的情况下，它们制定出行政策时未向公众征求意见。但是你能用自己的钱包投票，尽可能乘坐公共交通工具，抵制踩红线和涉及算法歧视的自动驾驶汽车公司。

　　第二，与分离做斗争。你可能会认为，与未来所有算法的详细分析相比，物理分离的威胁显得逊色多了。但这种想法就像交通工程起死回生的解决方法——其已被扼杀和埋葬了许多次，却能一直复活，重新困扰我们。这些设计会变得多么黑暗，几乎没有限制。想想 2016 年的一项专利申请吧，人工智能伦理研究者披露了亚马逊早期对于员工和自动驾驶交通工具合适位置的想法《西雅图时报》报道，"这项专利附带的插图……展示了被围起来的小型工作空间，其就像笼子一样，安置在某种机器人小车上，小车推着货架在亚马逊仓库四处移动"[28]。你或许会发现这是一个令人瞠目结舌的比喻，象征着不受欢迎但可能无法避免的城市未来。

幸好亚马逊搁置了"人类牢笼"的计划。如今，该公司配送中心的许多员工穿上了"机器人技术背心"，这款不那么令人压抑的防护装置能让他们避开仓库机器人。这种幽灵之路的"盔甲"能将员工的存在用信号发送给附近的机器人，使得超过 12.5 万名配送中心的员工能和约 10 万个仓库机器人共同工作，而这些机器人又能迅速划定员工的聚集处。亚马逊机器人部门的高管解释："过去，同事们在工作的地方标出网格，以便机器人移动规划者灵巧地绕开那片区域。现在，同事们不需要明确标出那些区域，这种背心能使机器人……从远处探测到人类，智能地更新它们的移动计划并避开人类。"[29]

相比笼子装置可能带来的机器人隔离，亚马逊的防护装置显得较为理想，但它仍然使我们滑向危险的境地。如果这类方案传播开来，我们很快会发现自己戴上了小装置——将我们标记为活着的障碍物。《自动驾驶城市化蓝图》是城市规划者在无人驾驶时代的福音，在这个问题上则采取了"人类优先"的立场："行人应当是相互连接的，而不是被探测的。"[30]与亚马逊的仓库不同，《蓝图》提出，"不得要求步行和骑自行车的人携带传感器或信号灯来确保自身安全"，"交通工具应当能够在任何情况下发现行人并让位于行人，对不伤害他人保留全部责任"。

那么，我们该怎么办呢？深度学习的自动驾驶汽车侵占了我们越来越多的私人空间，这种想法让人深感不安。但除非我们能用高标准衡量自动驾驶机器，要求它们按照我们的条件和我们打交道，仅在证明它们有能力的情况下才接受它们，否则其他替代方案可能会更加糟糕。如果我们将它们驱逐到机器称霸的危险之地，那里开车、骑自行车或步行的人都会感到害怕。这种幽灵之路的出现不仅使我们世界上的大部分地区成为禁区，就像汽车在20世纪做的那样，还会增加自动化的经济和社会成本。分离的道路网络、机器可读的标识、新的无线信标……不管需要哪些基础设施，这些都将由纳税人出资。我们都将承担更多分离所带来的更高成本。

第三，开始移动起来。自动化会让我们所有人变为最糟糕的"电视迷"。如今，发达国家很少有人能达到日常锻炼指南的要求，无人驾驶革命将进一步加剧恶性循环。随着本地服务不再开设店面，机器人出租车送服务上门将取代人们步行或骑自行车到理发店或干洗店。我不否认当日达有神奇之处，现在你能得到无数送货上门的商品，这比你合理安排到商店购物用的时间短得多。但是，这类炫耀性消费总会带来危害，对我们的腰围、心理健康和我们的主要街道产生影响。

对于这个问题，我们需要努力工作，确保无人驾驶革命的一些红利重新投入那些让我们保持活力的事情。如果"微扩张区"用私人电动汽车取代踏板自行车，我们就需要建立开放空间和户外锻炼的新中心。如果零售商潜入运营区导致主要街道出现"空心化"现象，我们就必须为公民休闲生活打造新枢纽，以保持相互联系。随着工作转向线上模式，我们需要为有意义的谋生手段创造机会，从而不必被隔绝于自己家中，不必远离社会保障体系。科学告诉我们，这些方法都能让我们保持身体健康和心情愉悦。[31]

想要克制坐着不动的冲动，你需要改变自己的行为。对于步行路程 1 英里以内，骑自行车或乘坐公共汽车路程 5 英里以内的出行，不要使用网约车。尝试安装 Icebox 等阻止购物的浏览器拓展软件，它能"隔离"你的网上冲动购物多达 30 天。这段时间很长，足以让你考虑转向本地购物。你应该在附近寻找商品和服务，衡量快速送货的消极影响，起身到外面的世界看看。

第四，使用而非拥有车辆。人们对共享汽车寄予过多希望，认为它是汽车时代解决过剩的灵丹妙药。但是，如今网约车运营商不仅为共享汽车提供更大量的补贴（它们为共享汽车损失了更多的钱，共享汽车最初被视为赢得顾客和品牌建设的策略），与陌生人分享汽车后座也处于停滞状态，远低于"减少用车的社区"转型所需要的水平。人们满怀希望地推测，自动化带来的费用降低将改变这个事实。

然而，自动化仍能帮助我们摆脱单座汽车。无人驾驶革命将带来无穷无尽的小型车和专业化服务。这是我们与金融化魔鬼交易得到的回报。我们不是要强迫人们共享轿车，而是要组织出行市场，允许公司探索激励人们的新方法。较低的车费不是唯一能吸引人们选择共享汽车的因素。移动性的金融化存在许多风险，不过如果我们允许的话，移动性的金融化也许对针对真正增加车辆搭载人数的新型的鼓励措施非常有效。

通过卖掉你的汽车和订阅服务，你在无人驾驶革命这一时期开始发挥作用了。优步和来福车刚开始尝试提供这样的服务，在它们弄清楚如何通过一个应用程序给众多可能的选项定价后，他们需要快速掌握大量新技能。你是倾向于选择特定模式——出租车、自行车、滑板车或公共交通，还是比较喜欢儿童友好型出租车或老年人班车等专业服务？包装和交叉推广也将发挥重要作用。我们会看到出行服务和住房等其他产品捆绑在一起。随着互联网巨头打入我们的社区，你可以按月付费，获取车辆、食品杂货和多媒体云的"三合一服务"。如果你愿意，这种彻底的"互联网生活"将变得司空见惯。

当然，你仍然可以先使用后支付，少数笨蛋或许还是喜欢自己拥有车。但是，这些人的数量将会减少。随着拥堵费和碳排放税增加，他们需要支付的额外费用也将增加。其他人则不会注意，因为那些讨厌的费用已经包含在每月账单中。

第五，找到自动驾驶的用途。人们总是被描绘为无人驾驶未来的被动消费者，我们必须停止这种行为。任何人都无法也不应当试图预测我们使用这项技术的方式。真实的人以发明者从未想到的方式重新利用新技术，这种摆弄东西的永恒冲动成为改变自动驾驶汽车和我们如何对待它们的主要因素。就像赛博朋克作家威廉·吉布森在 1982 年写的那样，"街头会为各种事物找到自己的用途"[32]。

例如，从早期的底特律到 20 世纪 50 年代的洛杉矶改装汽车团体，汽车爱好者们总会拆开发动机，挑战制造商设计的极限。但正如我在全书中提出的，自动驾驶汽车的可编程性是它们最重要和最新颖的优势。这些机器从上到下、每时每刻完全是可塑的，终端用户创新的潜力近乎无限。

我们显然不希望人们无视安全控制，让其他人在公共道路上面临危险。我们还不清楚各个公司会如何向喜欢捣鼓东西的人开放自动驾驶汽车，黑客会如何破解无人驾驶汽车代码来实现自己的目标，以及这类黑客入侵行为是否合法。从声名狼藉的终端用户许可协议到订阅者合同，一系列工具将限制民法所允许的行为，一系列广泛的道路安全和网络安全法律也会很快对风险最高的改造行为进行刑事处罚。

不过，未来还有测试的空间，我们应当尝试一下。就像我们现在有智能手机，谷歌或苹果公司或许会提供能检测道路和旋转轮子的底层操作系统。但当我们在无人驾驶的未来行进时，我们会求助应用程序，进行任何需要的特定任务的轻微调整，以了解和组织、强化和优化我们的出行，使出行的氛围变得活跃起来。

第六，卸下你的防备。然后请抬头往上看看。我在本书中忽略了无人机，这是我故意省略的。实际上，无人机是非常复杂和带有风险性的话题，我们很难公正地评判它们。无人机能测量广阔的地形，却被陆地自动驾驶汽车的发展掩盖。尽管无人机已在眼前，并且数量多得惊人——仅在美国，已登记的无人机就超过了100万架，但它们不会很快成为影响城市平衡的因素。[33]

无人机实际上比自动驾驶汽车更容易设计和制造。一旦你弄清楚它在空中停留的物理特性，你就会发现空中的碰撞要少得多，即使在城市也是如此。相比混乱的地面街道，我们可以更加精准地绘制高层建筑，并且更有规律地进行更新。

无人机在人口密集区面临的真正障碍是政治和官僚主义，它们是邻避者最讨厌的事物，而这些飞行的物体有充分的理由陷于繁文缛节之中。每个人都希望享受无人机送货的便利，但没有人想让无人机整天在他们住的街上飞来飞去，他们绝对不希望在社区尽头设置无人机站点。我们很难想象还有什么比使用公共空域带来更令人不愉快的影响和流于表面的好处，比如，成群嗡嗡响的无人机投放墨西哥卷饼和礼品篮——这正是城市无人机的典型用途。此外，航空监管者属于政府里最不愿意承担风险的群体之一。考虑到无人机在人潮涌动的街道上空运行，我们能预料到对适航性、飞行路线阻塞、紧急着陆区的常见担忧将成倍增加。

然而，如果我们稍微卸下防备，我们会发现自己更愿意欢迎至少一种特别的市政无人机，我把这种新型的公共安全辅助设备称为"守护天使"。如果你经历过城市重大灾害，你会立刻明白它们的吸引力。随着气候变化压力的增加，守护天使肩负着提高城市韧性的特殊使命，在和平时期为我们守住屏障。它们会检查堤坝等人造防御物，监测沙丘、湿地、牡蛎繁殖地等天然屏障，保证公路和桥梁疏散路线的安全，甚至进行预防性维修，重新植树种草。危机出现时，守护天使的使命转变为直接帮助人类：引导疏散，定位遇险人员，提供灾害信息，投放救灾物资和药物，为救援人员和居民提供通信中继。守护天使可能是专用机器人，或是送货无人机在现场的代表。其他守护天使有双重用途，可以在开展日常业务的同时为政务地图航拍照片。或许还能像城市数据初创公司 Stae 的约翰·埃德加提议的那样，守护天使可以作为使用城市空域和空中交通管制服务的实物支付。

城市无人机将及时出现。像守护天使这样引人注目的商业和公共安全应用所引发的无人机低空运行，将给晴朗的城市天空带来越来越多的压力。建筑物业主出租楼顶，将其作为无人机可以加速滑跑的机场。建筑师突破建筑物的外墙，为新的管道系统和无人机降落伞提供入口，让它们轻松进入室内。城市规划师将找到兼作迫降区的空间，例如热闹街道的中央隔离带。不过，随着无人机的到来，这些适应还需要更长的时间。

目前，你最应该做的事情是植树。交通领域学者戴维·金思考"无人机的噪声能否促使城市真正加大对行道树的投入，因为树冠能形成一道天然的声障"[34]。因此，如果你今天埋下一颗种子，等到无人机抵达你的社区的时候，你应该已经在树荫下了。

道路的岔口

据说现在下装配线的普通汽车有 1 亿行计算机代码，随着自动化取得主导地位，这个数字将实现指数级增长。[35] 还有数十亿代码塑造了云端，密切监视着车队和无止境的市场策划，以平衡市场供应和我们的需求。这是一篇我们永远无法完成的文本。每一行代码极大地增加了出现灾难性故障和连锁故障的风险。

幽灵之路也是用代码铺成的。但在这里，代码的可塑性对我们有利。我们今天做的任何事情都是暂时的、不断变化的，我们可以为即将到来的无人驾驶革命设计一个不同的版本。

本书有着同样的精神，也算是暂时性的作品，在未来真正到来之际，可以经常进行广泛的修订。不过我相信，让人眼花缭乱的自动化出行，货运接近零成本的变革性力量，以及金融化的隐秘风险，会使书中这三个重要的故事持续存在，它们是影响未来无人驾驶革命每一步的决定性因素。

我们已经一起竭尽全力走到了这里。现在轮到你像一名年轻的程序员那样，独自进入充满新奇代码的未来世界。当你这么做时，你会很快发现自己来到了 GitHub（代码托管平台）。这是一个有点儿像维基百科的网站，世界各地的人们在这里开展编程项目的协作。花点儿时间在这里，某一天你在盯着别人的作品时，会突然意识到自己可以做得更好。你会首先创建"分支"，这是原作的临时副本，使你能够构建和测试增强版，并随后把分支合并回主干。建立分支的过程有点儿像你坐在邻近的桌旁，对内容进行一些修改，在一天结束时提交编辑的内容。你在修修补补，推动着更大规模的集体工作缓慢前进。

不过，这样的时刻总会到来：你会发现需要推动一些项目朝着全新的方向发展，打破当前的共识，并且挑战现状。为此，你需要"复刻"。你就像来到了谚语中所说的"道路的岔口"，GitHub 的方案会带你走向新道路，这更像是带着所有冒险行动的硬盘走出前门，你不清楚是否还会回来。

无论是在编码中，还是在开放的公路上，岔口都充满风险。突然间，你只能依靠自己了。你在孤独工作时产生了模糊的想法，这个想法可能在吸引到新追随者之前就夭折了。但它或许会指向收获更大的道路，超越原始路径所能取得的成果。任何社会的创新者都会面临这种最古老的矛盾。诗人罗伯特·弗罗斯特曾写道：

> 一片树林里分出两条路，
>
> 而我选择了人迹更少的一条，
>
> 从此决定了我一生的道路。[36]

　　朝着你对无人驾驶革命的梦想迈进吧，无论是编写代码、改变消费、抛弃车辆还是做些其他完全不同的事情，你都会很快发现，你已经开辟了一条许多人会追随的道路。

　　认真看看周围，收拾好你的东西。我想说的话已经说完了。现在，带上本书出发，开始书写属于你自己的未来吧！

　　向前走，"复刻"我的作品吧。

后　记

在这个国家，没有什么比汽车的使用更能传播社会主义信念的了。对乡下人而言，汽车就像展示财富傲慢的画面，写满了独立自主和漠不关心。[1]

——伍德罗·威尔逊，普林斯顿大学校长，
1906 年

20 世纪 20 年代初，作家托马斯·沃尔夫离开童年的故乡北卡罗来纳州阿什维尔并搬到纽约市，成为百老汇的剧作家。虽然他没有在灯光璀璨的百老汇剧场区取得成功，但是他几乎凭借一己之力开创了美国独有的自传体小说体裁。1940 年，他的最后一本小说《无处还乡》在他去世后出版。沃尔夫在书中哀叹，大城市的生活和对乡村的金融掠夺使他自己和全社会发生了巨大的转变。沃尔夫写道："他现在明白你再也不能回家，你已经无路可退了。"[2]

我没有开始撰写另一本关于城市的书。我和沃尔夫一样都是以大城市为家的小镇孩子，不过我是有路可退的——150英里长的花园州大道，连接纽约市郊区和绵长湛蓝的大西洋海岸。这是悠闲的驾车旅行，曲折地经过松土地国家保留地神秘的洞穴，传说中的泽西恶魔在这里出没。我经常在周五深夜驾车，避开前往大西洋城以及那边海滩的赌徒和阳光爱好者。终于，在陆地尽头和满天繁星下，我通过最后一座桥，驶上了堰洲岛。到达那里后，我会打开窗户，让自己沉浸在四周海浪的声音中。

城市关乎我的终身事业，但我日渐感受到这个遥远地方的吸引力。如今，当我进行这段旅程时，我会畅想是否可能拥有自动化提供动力的极限通勤。我可能在乡村生活，在城市工作吗？我可以在黎明前起床，钻进汽车，在经过码头时慢慢入睡——此时渔民开始他们自己昏昏欲睡的自动驾驶通勤，抵达近海的地点。日复一日的单调工作令人感到乏味，但这只是为了生活在珍贵的海滨城镇所付出的小小代价。

这个白日梦没有持续太久，另一种思维过程在我的脑海里进行着，记录着所有额外行程的成本。如果每天这么做，我们说的就是一年行驶7万英里，这是美国人每年平均驾驶行程的4倍多。我任由自己陶醉于这项技术的可能性中，但当我想象自己留下一团不断上升的碳和拥堵的痕迹时，我找到了驱散那些罪恶想法的意志力。

自动驾驶扩张的诱惑仍然会悄悄地回来。我沿着海滩散步，仔细思考自动化超级通勤的困境。我的头脑告诉我，这种生活方式是不可持续的，我的内心却想着另外一回事。我很快想到，我不是唯一需要面对这种未来困境的人。如果连我都觉得心里很矛盾，那么无数美国人也将面临相同的抉择。当阻止他们的保留意见很少时，那会是怎样的情景呢？

* * *

在美国，中心和边缘之间的隔阂如今与深度的派系分裂联系在一起。我们在地理上将自身归类为红州和蓝州，使这个国家对待未来没有把握，对待现在忧心忡忡，对待过去反复无常。[3]我们设想自动驾驶汽车时代时，常常推断出现在眼前的事物成为完美技术的样子。一方想象着减少用车的社区，另一方想象着自动驾驶的郊区的乐土。但是，自动驾驶技术的制造商不会真的在乎我们选择哪条路，只要能最大限度地利用市场，它们乐意将我们聚集在一起或者将我们分开。选择权在我们手里。

现在，没有哪个发达国家像美国这样严重依赖汽车——每

4个美国人中就有3个人每个工作日独自开车上班。[4]为了便于讨论，让我们假设本书的三个重要故事都是正确的。专业化、实体化和移动性的金融化将定义无人驾驶的未来，共同构成强大的集中化力量，将人口和经济活动拉回大都市地区的核心。但是，几十年来的政策扭曲了土地、住房、交通、能源和水市场，它们的合力足以克服这些政策造成的分散吗？也许可以，但我们在面对如此关键的抉择时不能心存侥幸。

其他发达国家在未来几十年不会像美国增长得那么快。假设保持目前的移民水平，美国有望在未来35年增加1亿多人口，这意味着需要建造大约3 500万套新房。我们很容易记住这个预测：美国人口在35年内增长35%，需建造3 500万套房子。

想为这些住所找到空间并不容易。在现有的房屋密集区插建住房是个有吸引力的选择，还能从我们在本书探索的变化中受益。想象一下大批高层建筑从刚被压裂的市中心停车场拔地而起，赶时髦的人们占领了空荡荡的运营区商业街。一项研究罗列了加利福尼亚州在空隙处添建新房的能力，其可为大约400万个住宅单元提供空间。[5]如果我们将范围扩大到全美国，瞧，也许我们无须开辟新领地，勉强可以将所有人挤进去。但我们只好放弃公园，因为实现这样的添建新房密度无法给露天场所留下空间。此外，强迫社区接受需要行使专制的美国国家和联邦权力，以压制邻避者的反抗。在未来美国的 3 500 万套房子中，许多住房（如果不是大多数住房）将建在更遥远的空旷土地上，这是更有可能发生的情况。这会使无人驾驶革命的城市扩张规模不亚于我们之前经历过的任何一次——不管是战后的郊区化热潮，还是在 2007 年破裂的克林顿和布什政府时期的城市远郊建设泡沫。我们不只是建设新的小区，还需要几百个甚至几千个全新的城镇。

我们的挑战是把这种大都市的转移当作一个机会，调和我们互相冲突的两种愿景：自动驾驶的郊区和减少用车的社区。自动驾驶汽车是一种重要工具，但美国社区已经在重新建构，为重新思考土地使用与交通运输的紧密结合创造了机会。例如，目前超过 800 万美国人在家工作，占劳动力的 5% 以上，而这个比例还在快速上升。[6] 比起为单程通勤时间超过 90 分钟的"超级通勤族"设计新城镇，我们能否使新城镇吸引那些不需要通勤的人？我们能否利用微扩张区打造无车的社区，建设更廉价的住房和更开放的空间，提供教育、医疗和娱乐等城市低碳的便利，而不是强迫人们在高密度和依赖汽车之间做出选择？除了加快亚马逊订单的送货速度，市政运送车能否成为使地方生产、零售和服务循环系统维持下去的黏合剂？在个别情况下，当某个人需要离开时，自动驾驶汽车驱动的公共交通能连接卫星城和廉价便利的交通工具吗？（不论真假，我们为新城镇制订的计划也将决定我们如何在空地添建新房，特别是在规模更大的场地，例如搁置不用的购物中心。）

我对于美国抓住这次机会感到乐观，毕竟我们创造了大批量建设的郊区。我们可以利用机会，发扬这种生活方式的优点，抛弃不可持续的设想。但是，我们不能再浪费时间了。气候变化正在逼近，越发限制了我们的选择。此外，美国不会是唯一在无人驾驶革命中建造梦想城镇的国家，中国、加拿大和其他国家也会这么做。如果美国想处于领先地位，需要现在行动起来，实施住房、能源和交通优惠政策；调动国家投资；推动人工智能工作持续向前发展；部署路边必要的基础设施，确保机器能在我们当中安全行驶，而不是从我们身上翻滚过去。

美国如果取得成功，可以再次为世界树立榜样。也许到那个时候，我能时常开着太阳能自动驾驶汽车，心安理得地从海滩出发去上班。

还有什么比这更有美国特色呢？

致　谢

许多人为本书的诞生提供了帮助。诺顿出版社的布伦丹·柯里以及帕格纳门塔代理公司的佐伊·帕格纳门塔和她的团队再次展示了他们的勇气，欣然接受了这个项目，帮助我为全世界越来越多的读者所熟悉。萨拉·约翰逊在审稿过程中目光十分敏锐。比·霍尔坎普熟练地帮助手稿完成了生产过程。达什·马歇尔工作室的布赖恩·博耶、里奇·姚和团队成员协助打造了本书的许多设计理念，绘制了形象逼真的插图。梅莉萨·德拉克鲁兹为研究和手稿准备提供了源源不断的帮助。

许多人对我的研究给予了支持：彭博慈善基金会的吉姆·安德森和斯泰茜·吉勒特，阿斯彭研究所城市创新中心的珍妮弗·布拉德利，以及曾供职于洛克菲勒基金会的本杰明·德拉佩纳。我很幸运拥有这些尽心尽力的合作伙伴，他们也愿意参与其中，一起充分思考这些问题。他们的慷慨使我能够召集一群优秀的人：肖恩·亚伯拉罕森，瓦伦·阿迪巴塔拉，弗朗西丝卡·伯克斯，加里·戈尔登，埃里克·戈尔德温，格雷格·林赛，切尔茜·莫尔丁。我们在 2017 年 4 月举行研讨会，会议上产生了本书提到的许多自动化交通工具的未来场景。

一路上还有许多人影响了我的想法。其中，戴维·金和凯文·韦布经常与我通信，慷慨地贡献他们的想法和洞见。萨拉·考夫曼的作品提供了灵感源泉，展示了性别在我们如何思考交通的未来方面的重要性。

最后，感谢纽约市"段落"作家工作空间的人们提供了"庇护所"，使我得以日复一日从喧嚣中找到安身之所，书写我们所在的这个拥挤混乱的技术世界。

注 释

前 言

1. Aparna Narayanan, "Self-Driving Cars Run into Reality—and Are Further Away Than You Think," *Investors Business Daily*, May 24, 2019, https://www.investors.com/news/self-driving-cars-hit-delays-driverless-cars-timeline/.

2. Jeffrey Rothfeder, "For Years, Automakers Wildly Overpromised on Self-Driving Cars and Electric Vehicles—What Now?" *Fast Company*, July 10, 2019, https://www.fastcompany.com/90374083/for-years-automakers-wildly-overpromised-on-self-driving-cars-and-electric-vehicles-what-now.

3. Cohen Coberly, "GM's Self-Driving Car Fails to See Pedestrians and Detect 'Phantom' Bicycles, Report Claims," *Techspot*, October 24, 2018, https://www.techspot.com/news/77083-gm-self-driving-car-division-facing-technical-challenges.html.

第一章 无人驾驶革命的寓言

1. Susan Ratcliffe, ed. "Roy Amara 1925–2007, American futurologist," *Oxford Essential Quotations*, 4th Edition (New York: Oxford University Press, 2016), doi:10.1093/acref/9780191826719.001.0001.

2. Dan Albert, *Are We There Yet? The American Automobile Past, Present, and Driverless* (New York: W. W. Norton, 2019), 19.

3. Markus Maurer et al., *Autonomous Driving: Technical, Legal, and Social Aspects* (Berlin, Germany: Springer, 2016), 2.

4. "Radio-Driven Auto Runs Down Escort," *New York Times*, July 8, 1925.

5. "Car Crash Deaths and Rates, Historical Fatality Trends," National Safety Council: Injury Facts, accessed January 21, 2019.

6. Albert, *Are We There Yet*, 248.

7. Evan Ackerman, "Self-Driving Cars Were Just around the Corner—in 1960," *IEEE Spectrum*, August 31, 2016, https://spectrum.ieee.org/tech-history/heroic-failures/selfdriving-cars-were-just-around-the-cornerin-1960.

8. Author's calculation. In 1969 Ohio State University researchers Robert Fenton and Carl Olson projected the cost of upgrading highways for guided vehicles at between $20,000 and $200,000 per lane-mile ($133,000 to $1,330,000 in 2016 dollars). Robert E. Fenton and Karl W. Olson, "The Electronic Highway," *IEEE Spectrum*, July 1969, 60–67. According to the US Department of Transportation Federal Highway Administration, in 2006 the Interstate Highway System spanned some 214,812 lane-miles, constructed at a total cost of approximately $400 billion (in 2016 dollars), or approximately $465,500 per lane mile.

9. Taylor Kubota, "Stanford's Robotics Legacy," *Stanford News*, January 16, 2019, https://news.stanford.edu/2019/01/16/ stanfords-robotics-legacy/.

10. Marc Weber, "Where To? A History of Autonomous Vehicles," *CHM Blog*, Computer History Museum, May 8, 2014, https://www.computerhistory.org/atchm/where-to-a-history-of-auton omous-vehicles/.

11. Janosch Delcker, "The Man Who Invented the Self-Driving Car (in 1986)," *Politico*, July 19, 2018, https://www.politico.eu/article/delf-driving-car-born-1986-ernst-dickmanns-mercedes/.

12. Sebastian Thrun et al., "Stanley: The Robot That Won the DARPA Grand Challenge," *Journal of Field Robotics* 23, no. 9 (2006): 661–92, http://isl.ecst.csuchico.edu/DOCS/darpa2005/DARPA%20 2005%20Stanley.pdf.

13. Lawrence D. Burns and Christopher Shulgan, *Autonomy: The Quest to Build the Driverless Car—and How It Will Reshape Our World* (New York: Ecco, 2018), 137–57.

14. Burns and Shulgan, *Autonomy*, 3–11.

15. Cameron F. Kerry and Jeff Karsten, "Report: Gauging Investment in Self-Driving Cars," Brookings Institution, October 16, 2017, https://www.brookings.edu/research/ gauging-investment-in-self-driving-cars/.

16. John Krafcik, "Waymo One: The Next Step on Our Self-Driving Journey," *Waymo* (blog), Medium, December 5, 2018, https://medium.com/waymo/waymo-one-the-next-step-on-our-self-driving-journey-6d0c075b0e9b.

17. "Waymo CEO on Future of Autonomous Vehicles," *Bloomberg*, video, September 13, 2017, https://www.bloomberg.com/ news/videos/2017-09-14/waymo-ceo-on-future-of-autonomous-vehicles-video.

18. "Practical Automobiles: This Type to Form Large Portion of Coming Exhibition," *New York Times*, January 12, 1903, https://timesmachine.nytimes.com/timesmach ine/1903/01/12/101965824.pdf.

19. David Leonhardt, "Driverless Cars Made Me Nervous. Then I Tried One," Opinion, *New York Times*, October 22, 2017, https://www.nytimes.com/2017/10/22/opinion/driverless-cars-test-drive.html.

20. *Death: A Self-Portrait*, 2012, Richard Harris Collection, London, UK: Wellcome Collection, exhibition.

21. "INRIX Global Traffic Scorecard," INRIX, accessed February 15, 2018, http://inrix.com/scorecard.

22. Stephen Brumbaugh, *Travel Patterns of Americans with Disabilities* (Washington, DC: Bureau of Transportation Statistics, 2018), https://www.bts.gov/sites/bts.dot.gov/files/docs/explore-topics-and-geography/topics/passenger-travel/222466/travel-patterns-american-adults-disabilities-9-6-2018_1.pdf.

23. tens of millions: BlackRock Investment Group, *Future of the Vehicle: Winners and Losers: From Cars and Cameras to Chips* (BlackRock Invest- ment Institute, 2017), 8.

24. Daniel Sperling and Deborah Gordon, *Two Billion Cars: Driving toward Sustainability* (New York: Oxford University Press, 2009).

25. Marianne Trench, *Cyberpunk* (New York: Intercon Production, 1990), YouTube video.

26. Bern Grush and John Niles, *The End of Driving: Transportation Systems and Public Policy Planning for Autonomous Vehicles* (Cambridge, MA:

Elsevier, 2018).

27. "Autonomous Vehicle Sales to Surpass 33 Million Annually in 2040, Enabling New Autonomous Mobility in More Than 26 Percent of New Car Sales, IHS Markit Says," IHS Markit, January 2, 2018, https://technology.ihs.com/599099/ autonomous-vehicle-sales-to-surpass-33-million-annually-in-2040-enabling-new-autonomous-mobility-in-more-than-26-percent-of-new-car-sales-ihs-markit-says.

28. Roger Lanctot, *Accelerating the Future: The Economic Impact of the Emerging Passenger Economy* (Strategy Analytics, June 2017), https://newsroom.intel. com/newsroom/wp-content/uploads/sites/11/2017/05/passenger-economy.pdf; "The Economy," European Union (website), accessed April 11, 2019, https:// europa.eu/european-union/about-eu/figures/ economy_en.

29. Author's calculation based on Peter Campbell, "Waymo Forecast to Capture 60% of Driverless Market," *Financial Times*, May 10, 2018, https:// www.ft.com/content/3355f5b0-539d-11e8-b24e-cad6aa67e23e.

30. Scott Corwin et al., "The Future of Mobility: What's Next?" *Insights*, Deloitte, September 14, 2016, https://www2.deloitte.com/insights/us/en/focus/future-of-mobility/ roadmap-for-future-of-urban-mobility.html.

31. Bruce Schaller, "What Urban Sprawl Is Really Doing to Your Commute," *CityLab*, September 4, 2019, https://www.citylab.com/perspective/2019/09/ worst-cities-traffic-congestion-commuting-time-transit-data/597262/.

32. Joshua B. Freeman, *Behemoth: A History of the Factory and the Making of the Modern World* (New York: W. W. Norton, 2017), 117–19.

33. William A. Fischel, "An Economic History of Zoning and a Cure for its Exclusionary Effects," *Urban Studies* 41 (2004): 317–40.

34. Lew Fulton et al., *Three Revolutions in Urban Transportation* (Davis, CA: Institute of Transportation Studies, 2017).

第二章　解构驾驶

1. Trefer Moss and Lisa Lin, "Don't Call It a Car: China's Internet Giants Want to Sell You 'Mobile Living Spaces,' " *Wall Street Journal*, March 18, 2018, https://www.wsj.com/articles/ now-chinas-internet-giants-are-shaking-up-the-

car-industry-1521374401.

2. Brandon Schoettle and Michael Sivak, *Recent Changes in the Age Composition of U.S. Drivers: Implications for the Extent, Safety, and Environmental Consequences of Personal Transportation* (Ann Arbor: University of Michigan Transportation Research Institute, 2011), http://dx.doi.org/10.1080/1538958 8.2011.605817.

3. Brandon Schoettle and Michael Sivak, *Recent Changes in Age Composition of Drivers in 15 Countries* (Ann Arbor: University of Michigan Transportation Research Institute, 2011), http://hdl.handle.net/2027.42/86680.

4. Monica Anderson and Jinjing Jiang, "Teens, Social Media and Technology 2018," Pew Research Center, May 31, 2018, https://www.pewinternet.org/2018/05/31/teens-social-media-technology-2018/; D'vera Cohn, "Census: Computer Ownership, Internet Connection Varies Widely across U.S.," Pew Research Center, September 19, 2014, http:// www.pewresearch.org/fact-tank/2014/09/19/census-computer-ownership-internet-connection-varies-widely-across-u-s/.

5. Jean M. Twenge, "Have Smartphones Destroyed a Generation?" *The Atlantic*, September 2017, https:// www.theatlantic.com/magazine/archive/2017/09/has-the-smartphone-destroyed-a-generation/534198/.

6. Tim Henderson, "Why Many Teens Don't Want to Get a Driver's License," *PBS NewsHour*, March 6, 2017, https:// www.pbs.org/newshour/nation/many-teens-dont-want-get-drivers-license.

7. According to a 2016 University of Michigan study, in the US the share of 16-year-olds with a driver's license fell by 47 percent between 1983 and 2014. But the bulk of that drop occurred before 2011, after which there was just a 10.9 percent decline in the next three years. See Michael Sivak and Brandon Schoettle, *Recent Decreases in the Proportion of Persons with a Driver's License across Age Groups* (Ann Arbor: University of Michigan Transportation Research Institute, 2013), http://umich.edu/~umtriswt/PDF/UMTRI-2016-4.pdf.

8. "Car Buyers Getting Older, Richer, NADA Economist Says," *Automotive News*, August 4, 2015, https://www.autonews.com/article/20150804/RETAIL03/150809938/ car-buyers-getting-older-richer-nada-economist-says.

9. Norm Nyhuis, "Drowsy Driving," Evergreen Safety Council, November 2008, http://www.esc.org/wp-content/uploads/2008-11-November-Newsletter-2008-rev2.pdf.

10. Jim Donnelly, "Ralph R. Teetor," *Hemmings Classic Car*, July 2009, https://www.hemmings.com/magazine/ hcc/2009/07/Ralph-R--Teetor/1846418.html.

11. "Ralph Teetor and the History of Cruise Control," blog post, American Safety Council, accessed May 7, 2018, http://blog.americansafetycouncil.com/history-of-cruise-control-2/.

12. VINCI Autoroutes Foundation, "Cruise Control and Speed Limiters Impact Driver Vigilance," press release, July 30, 2013, https://fondation.vinci-autoroutes.com/fr/system/files/ pdf/2013/07/pr_vinci_autoroutes_foundation_cruise_control_and_speed_ limiters_impact_.pdf.

13. Keith Barry, "Drivers More Likely to Use Their Phones When Cruise Control Is On, Study Finds," *Consumer Reports*, May 30, 2018, https://www.consumerreports.org/car-safety/drivers-more-likely-to-use-phones-when-cruise-control-is-on-mit-study/.

14. "Software Version 9.0," Tesla, accessed October 1, 2019, https://www.tesla.com/support/software-v9.

15. Patrick Olsen, "CR Finds That These Features Making Driving Easier but Introduce New Safety Risks," *Consumer Reports*, October 4, 2018, https://www.consumerreports.org/autonomous-driving/cadillac-tops-tesla-in-automated-systems-ranking/.

16. Liane Yvkoff, "Is Tesla's Autopilot Seeing Ghosts?" *The Drive*, August 1, 2016, https://www.thedrive.com/news/4670/is-teslas-autopilot-seeing-ghosts.

17. Andrew J. Hawkins, "Tesla's Autopilot Was Engaged When Model 3 Crashed into Truck, Report States," *The Verge*, May 16, 2019, https://www.theverge.com/2019/5/16/18627766/tesla-autopilot-fatal-crash-delray-florida-ntsb-model-3.

18. National Transportation Safety Board, *Collisionbetweena Car Operatingwith Automated Vehicle Control Systems and a Tractor-Semitrailer Truck near Williston, Florida*, Accident Report NTSB/HAR-17/02, PB2017-102600, October 12, 2017, 15.

19. National Transportation Safety Board, *Collision between a Car*, 11.

20. David Shepardson, "Tesla, Others Seek Ways to Ensure Drivers Keep Their Hands on the Wheel," *Reuters*, last modified June 23, 2017, https://www.reuters.com/article/us-usa-autos-selfdriving-safety/tesla-others-seek-ways-to-ensure-drivers-keep-their-hands-on-the-wheel-idUSKBN19E1ZA.

21. Telegraph Reporters,"Tesla Owner Who Turned On Car's Autopilot Then Sat in Passenger Seat While Travelling on the M1 Banned from Driving," *The Telegraph*, April 28, 2018, https://www.telegraph.co.uk/news/2018/04/28/tesla-owner-turned-cars-autopilot-sat-passenger-seat-travelling/.

22. Doug Smith, "CHP Uses Autopilot to Stop a Tesla Model S with a Sleeping Driver at the Wheel," *Los Angeles Times*, December 3, 2018, https://www.latimes.com/local/lanow/la-me-ln-tesla-driver-asleep-20181202-story.html.

23. Patrick Olsen, "CR Finds That These Features Making Driving Easier but Introduce New Safety Risks," *Consumer Reports*, October 4, 2018, https://www.consumerreports.org/autonomous-driving/cadillac-tops-tesla-in-automated-systems-ranking/.

24. Hod Lipson and Melba Kurman, *Driverless: Intelligent Cars and the Road Ahead* (Cambridge, MA: MIT Press, 2018), 60–61.

25. Alex Roy, "The Half-Life of Danger: The Truth behind the Tesla Model X Crash," *The Drive*, April 16, 2018, http://www.thedrive.com/opinion/20082/the-half-life-of-danger-the-truth-behind-the-tesla-model-x-crash.

26. Jonathan M. Gitlin, "GM Rolling Out Its Amazing Super Cruise Tech to More Cars and Brands," *Ars Technica*, June 6, 2018, https://arstechnica.com/cars/2018/06/butt-kicking-super-cruise-com ing-to-all-my2020-cadillacs-more-gms-later/.

27. Federal Aviation Administration, "The History of CRM," *FAA TV*, 24:16, April 5, 2012, https:// www.faa.gov/tv/?mediaId=447.

28. Chen Song and Chao Wei, "Travel Time Use over Five Decades," *Transportation Research Part A: Policy and Practice* 116 (October 2018): 73–96.

29. Chris Paukert, "Audi's Long Distance Lounge Hypes a Smarter Autonomous Future," *Roadshow, CNET*, June 14, 2017, https://www.cnet.com/roadshow/news/audi-long-distance-lounge-au tonomous-concept-exclusive-hands-on-video/.

30. Roger Lanctot, *Accelerating the Future: The Economic Impact of the Emerging*

Passenger Economy (Strategy Analytics, June 2017), 6, https://newsroom.intel.com/newsroom/wp-content/uploads/sites/11/2017/05/passenger-economy.pdf.

31. Securing America's Future Energy, *America's Workforce and the Self-Driving Future: Realizing Productivity Gains and Spurring Economic Growth*, June 2018, 22, https://avworkforce.secureenergy.org/ wp-content/ uploads/2018/06/SAFE_AV_Policy_Brief.pdf.

32. Eva Fraedrich et al., *User Perspectives on Autonomous Driving: A Use-Case-Driven Study in Germany* (Berlin, Germany: DLR Institute of Transport Research, 2016), 13; Chris Tennant et al., Executive Summary, *Autonomous Vehicles—Negotiating a Place on the Road* (London, UK: London School of Economics, 2016), 1–10.

33. Alanis King, "Autonomous Cars Aren't Even Here Yet and I'm Already Bored with Them," *Jalopnik*, September 11, 2017, https://jalopnik.com/autonomous-cars-arent-even-here-yet-and-im-already-bore-1803756153.

34. Reese Counts, "We Try Audi and Disney's New In-Car Entertainment System on the Track," *Autoblog*, January 9, 2019, https://www.autoblog.com/2019/01/09/audi-disney-holoride-car-vr-entertainment/.

35. Laura Bliss, "The 'Driverless Experience' Looks Awfully Distracting," *CityLab*, January 11, 2019, https://www.citylab.com/transportation/2019/01/self-driving-car-technology-consumer-electronics-show/580027/.

36. Lanctot, *Accelerating the Future*, 5.

37. Joann Muller, "One Big Thing: What Your Car Will Know about You," *Axios*, May 10, 2019, https://www.axios.com/newsletters/axios-autonomous-vehicles-7b382e7a-e9f1-466b-9c7b-33e4aadc03f4.html; "Goode Intelligence Forecasts That Biometrics Market for the Connected Car Will Be Just under $1bn by 2023," *Goode Intelligence*, November 13, 2017, https://www.goodeintelligence.com/wp-content/uploads/2017/11/Goode-Intelligence-Biometrics-for-the-Connected-Car_Nov17_-news_release-13112017.pdf.

38. Jamie LaReau, "GM Tracked Radio Listening Habits for 3 Months: Here's Why," *Detroit Free Press*, October 1, 2018, https://www.freep.com/story/money/cars/general-motors/2018/10/01/gm-radio-listening-habits-advertising/1424294002/.

39. Phoebe Wall Howard, "Data Could Be What Ford Sells Next as It Looks

for New Revenue," *Detroit Free Press*, November 13, 2018, https://www.freep.com/story/money/cars/2018/11/13/ford-motor-credit-data-new-revenue/1967077002/.

40. National Highway Traffic Safety Administration, *Overview of the National Highway Traffic Safety Administration's Driver Distraction Program*, DOT HS 811 299, April 2010, https://www.nhtsa.gov/ sites/nhtsa.dot.gov/ files/811299.pdf.

41. Wikipedia, s.v. "Motor Vehicle Fatality Rate in U.S. by Year," accessed April 10, 2019, https://en.wikipedia.org/wiki/Motor_ vehicle_fatality_rate_in_ U.S._by_year.

42. Fernando A. Wilson and Jim P. Stimpson, "Trends in Fatalities from Distracted Driving in the United States, 1999 to 2008," *American Journal of Public Health* 100, no. 11 (2010): 2213–19, http://doi.org/10.2105/ AJPH.2009.187179.

43. National Highway Traffic Safety Administration, *2016 Fatal Motor Vehicle Crashes: Overview*, Traffic Safety Facts Research Note, DOT HS 812 456, October 2017, https:// crashstats.nhtsa.dot.gov/Api/Public/ ViewPublication/812456.

44. World Health Organization, *Mobile Phone Use: A Growing Problem of Driver Distraction* (Geneva, Switzerland: WHO Publications, 2011), 3.

45. National Highway Traffic Safety Administration, "Distracted Driving Global Fact Sheet," accessed January 31,2019,https://usdotblog.typepad.com/ files/6983_distracteddrivingfs_5-17_v2.pdf.

46. Waymo, *Waymo 360° Experience: A Fully Self-Driving Journey*, February 2018, YouTube video, https://www.youtube.com/watch?v=B8R148hFxPw.

47. Kirsten Korosec, "Five Things to Know about the Future of Google's Self-Driving Car Company: Waymo," *Fortune*, January 8, 2017, http://fortune. com/2017/01/08/waymo-detroit-future/.

48. Sebastian Thrun et al., "Stanley: The Robot That Won the DARPA Grand Challenge," *Journal of Field Robotics* 23, no. 9 (2006): 661–92, http://isl.ecst. csuchico.edu/DOCS/ darpa2005/DARPA%202005%20Stanley.pdf.

49. Author's calculation based on Brian Krzanich, "Data Is the New Oil in the Future of Automated Driving," Intel, November 15, 2016, https://newsroom.

intel.com/editorials/krzanich-the-future-of-automated-driving/#gs.dcqfk7.

50. Leon Bottou, "Graph Transformer Networks," Leon Bottou (website), September 28, 2018, https://leon.bottou.org/talks/gtn.

51. Lipson and Kurman, *Driverless*, 93–94.

52. Lipson and Kurman, *Driverless*, 95–98.

53. World Health Organization, *Global Status Report on Road Safety: Time for Action* (Geneva, Switzerland: World Health Organization, 2009), ix.

54. World Health Organization, *Global Status Report on Road Safety 2018* (Geneva, Switzerland: World Health Organization, 2018).

55. For instance, see Lipson and Kurman, *Driverless*, 127–36, 143–48, which scopes out a strictly limited role for government in the driverless revolution.

56. Dan Albert, *Are We There Yet? The American Automobile Past, Present, and Driverless* (New York: W. W. Norton, 2019), 253.

57. Hubert Horan, "Uber's Path of Destruction," *American Affairs* 3, no. 2 (Summer 2019), https://americanaffairsjournal.org/2019/05/ubers-path-of-destruction/.

58. Wendy Ju, interview with author, June 14, 2018.

59. Adam Grzywaczewski, "Training AI for Self-Driving Vehicles: The Challenge of Scale," *Nvidia Developer Blog*, October 9, 2017, https://devblogs.nvidia.com/training-self-driving-vehicles-challenge-scale/.

60. "Technology: From Here to Autonomy," in "Special Report: Autonomous Vehicles," *The Economist*, March 3, 2018, 3–5.

61. "Technology: From Here to Autonomy," 3–5.

62. Andrew J. Hawkins, "Waymo and GM Still Lead the Pack in California's New Self-Driving Report Cards," *The Verge*, January 31, 2018, https://www.theverge .com/2018/1/31/16956902/california-dmv-self-driving-car-disengagement-2017.

63. Alan Ohnsman, "Waymo Tops Self-Driving Car 'Disengagement' Stats as GM Cruise Gains and Tesla Is AWOL," *Forbes*, February 13, 2019, https://www.forbes.com/sites/alanohnsman/2019/02/13/waymo-tops-self-driving-car-disengagement-stats-as-gm-cruise-gains-and-tesla-is-awol/#7b83615131ec.

64. *English Oxford Living Dictionaries*, s.v. "Autonomy," accessed February 2, 2019, https://en.oxforddictionaries.com/definition/us/autonomy.

65. "Key Autonomous Vehicle Definitions," State of California Department of Motor Vehicles, accessed February 1, 2019, https://www.dmv.ca.gov/portal/ dmv/detail/vr/autonomous/ definitions.

66. Dan Jones, "5G: The Density Question," *Light Reading*, February 15, 2018, https://www.lightreading.com/ mobile/5g/5g-the-density-question-/a/ d-id/740634?.

67. "Deep Deployment of Fiber Optics Is a National Imperative," Deloitte, accessed February 1, 2019, https:// www2 .deloitte.com/us/en/pages/ consulting/articles/communications-infrastructure-upgrade-deep-fiber-imperative.html.

68. Albert, *Are We There Yet*, 246.

69. Ruth Cowan, *More Work for Mother: The Ironies of Household Technology from the Open Hearth to the Microwave* (New York: Basic Books, 1985).

70. "Last Lap of Luxury: German Cars Have the Most to Lose from a Changing Auto Industry," *The Economist*, March 2018, 57.

71. Hillary Abraham et al., "What's in a Name: Vehicle Technology Branding and Consumer Expectations for Automation," paper presented at AutomotiveUI '17, Oldenburg, Germany, September 2017, https://doi. org/10.1145/3122986.3123018.

72. Vikas Bajaj, "The Bright, Shiny Dis- tractionof Self-Driving Cars," Opinion, *New York Times*, March 31, 2018, https://www.nytimes.com/2018/03/31/ opinion/distraction-self-driving-cars.html.

73. David H. Keller, "The Living Machine," *Wonder Stories*, May 1935, 1471.

74. "AAA: American Trusts in Autonomous Vehicles Slips," Newsroom, AAA, May 22, 2018, https://newsroom.aaa.com/2018/05/aaa-american-trust-autonomous-vehicles-slips/.

75. Joe White, "Waymo Tests 'Rider Only' Service and Looks Beyond Robo-taxis," *Reuters*, October 28, 2019, https://www.reuters.com/article/us-autos-selfdriving-waymo-idUSKBN1X71U7.

76. Ellice Perez, "Getting Ready for More Early Riders in Phoenix," *Waymo* (blog), Medium, August 21, 2018, https://medium.com/waymo/getting-ready-for-more-early-riders-in-phoenix-1699285cbb84.

77. Darrell Etherington, "Starsky Robotics' Autonomous Transport Trucks Also

Give Drivers Remote Control," *TechCrunch*, February 28, 2017, https://
techcrunch.com/2017/02/28/ starsky-robotics-autonomous-transport-trucks-
also-give-drivers-remote-control/.

78. Cara Giaimo, "Forces of Nature," *MIT Technology Review*, December 19, 2018,
https://www.technologyreview.com/s/612527/forces-of-nature/.

第三章　车辆种类起源

1. National League of Cities, "Urban Transformation: Reprogramming Buses,
Bikes, and Barriers," *Autonomous Vehicles: Future Scenarios*, accessed
April 12, 2019, http://avfutures.nlc.org/urban-transformation.

2. William Samuelson and Richard Zeckhauser, "Status Quo Bias in Decision
Making," *Journal of Risk and Uncertainty* 1, no. 1 (1988): 7–59.

3. America's Independent Electric Light and Power Companies, "Advertising,"
Life, January 1956, 8.

4. Allan E. Pisarski, "Commuting in America," *Issues in Science and Technology*,
Winter 2007, https://issues.org/ realnumbers-22/.

5. Joshua B. Freeman, *Behemoth: A History of the Factory and the Making of the
Modern World* (New York: W. W. Norton, 2017), xiii.

6. William J. Mitchell, Christopher E. Borroni-Bird, and Lawrence D. Burns,
Reinventing the Automobile: Personal Urban Mobility for the 21st Century
(Cambridge, MA: MIT Press, 2010), 24.

7. "Marble's Delivery Robots Hit the Ground to Map Out Arlington, Texas,"
AUVSI, August 21, 2018, https://www.auvsi.org/industry-news/marbles-
delivery-robots-hit-ground-map-out-arlington-texas.

8. "Starship Technologies," *Crunchbase*, accessed February 11, 2019, https://
www.crunchbase.com/organization/starship-technologies#section-investors.

9. Adam Brinklow, "San Francisco Ready to Permit Robots on City Sidewalks,"
Curbed SF, March 14, 2018, https://sf.curbed.com/2018/3/14/17120628/san-
francisco-robot-ban-fees-yee-tech.

10. Jane Jacobs, *The Death and Life of Great American Cities* (New York: Random
House, 1961), 92.

11. Jennifer Chu, "New Robot Rolls with Rules of Pedestrian Conduct," *MIT*

News, Massachusetts Institute of Technology, August 29, 2017, http://news. mit.edu/2017/new-robot-rolls-rules-pedestrian-conduct-0830.

12. Carolyn Said, "Kiwibots Win Fans at UC Berkeley as They Deliver Fast Food at Slow Speeds," *San Francisco Chronicle*, May 26, 2019, https://www. sfchronicle.com/business/article/Kiwibots-win-fans-at-UC-Berkeley-as-they-deliver-13895867.php.

13. Leslie Hook and Tim Bradshaw, "Silicon Valley Start-Ups Race to Win in Driverless Delivery Market," *Financial Times*, January 30, 2018, https://www. ft.com/content/ decb36d8-056b-11e8-9650-9c0ad2d7c5b5.

14. Joann Muller, "One Big Thing: Ford CEO Says AV Progress Isn't All about Technology," *Axios*, October 12, 2018, https://www.axios.com/newsletters/ axios-autonomous-vehicles-d682a456-7a3d-4e62-bcf0-5b322f82df48.html.

15. "Vision Urbanetic: On Demand, Efficient and Sustainable: Vision Urbanetic Answers the Question of Future Urban Mobility," Daimler, September 10, 2018, https://media.daimler.com/marsMediaSite/en/instance/ ko.xhtml?oid=41169541.

16. "An Alternative Autonomous Revolution," MIT Media Lab, accessed February 11, 2019, https://www.media.mit.edu/projects/pev/overview/.

17. Renate van der Zee, "Story of Cities #30: How This Amsterdam Inventor Gave Bike-Sharing to the World," *The Guardian*, April 26, 2016, https:// www.theguardian.com/cities/2016/ apr/26/story-cities-amsterdam-bike-share-scheme.

18. Van der Zee, "Story of Cities."

19. Felix Salmon, "Bring on the Bikocalypse," *Wired*, February 1, 2018, https:// www.wired.com/story/chinese-dockless-bikes-revolution/.

20. Yingzhi Zhang and Brenda Goh, "China's Ninebot Unveils Scooters That Drive Themselves to Charging Stations," *Reuters*, August 16, 2019, https:// ca.reuters.com/article/ technologyNews/idCAKCN1V60LJ-OCATC.

21. "Autonomous Wheelchairs," Hitachi, accessed May 19, 2018, http://www. hitachi.com/rd/portal/ highlight/vision_design/future/autonomous_mobility/ chair/index.html.

22. Henry Claypool, "An Aging Population Could Increase Demand for Autonomous Vehicles," *Axios*, July 12, 2019, https://www.axios.com/an-

aging-population-could-increase-demand-for-autonomous-vehicles-b6a9b58e-b073-4151-98bf-5365a5e5ada0.html.

23. Sean O'Kane, "Segway's S-Pod looks weird, but it's a lot of fun to drive," *The Verge*, January 8, 2020, https://www.theverge.com/2020/1/8/21056268/segway-s-pod-first-drive-hands-on-ces-2020.

24. Scott C. Wiley, Self-Balancing Robotic Motorcycle, US Patent application 828, 387, publication May 30, 2019, http:// www.freepatentsonline.com/20190161132.pdf.

25. Haje Jan Kamps, "How to Under- stand the Financial Levers in Your Business, or How Can an Electric Scooter Ride-Sharing Company Like Bird Possibly Make Money?" blog post, *Bolt*, April 16, 2018, https://blog.bolt.io/financial-models-faaece0871bc.

26. Andrew J. Hawkins, "Bird's New Electric Scooter Has Better Battery and Anti-vandalism Sensors," *The Verge*, August 1, 2019, https://www.theverge.com/2019/8/1/20749511/bird-two-electric-scooter-battery-autonomous-sensors.

27. Michal Naka (@michalnaka), "Lime has been through 9 vehicle versions in 17 months of existence," Twitter, May 9, 2018, 4:20 a.m., https://twitter.com/michalnaka/status/994235665377181698.

28. "VeoRide Leads Micromobility Industry with Quick, Continuous Improvements," *PR Newswire*, March 27, 2019, https://www.prnewswire.com/news-releases/veoride-leads-micromobility-industry-with-quick-continuous-improvements-300819663.html.

29. David H. Freedman, "Self-Driving Trucks: Ten Breakthrough Technologies 2017," *MIT Technology Review*, February 22, 2017, https://www.technologyreview.com/s/603493/10-breakthrough-technologies-2017-self-driving-trucks/.

30. Kelsey Atherton, "Uber Freight Goes After the Trucking Business," *Popular Science*, December 27, 2016, https:// www.popsci.com/uber-freight-takes-aim-at-trucking.

31. Scania Group, "Semi-autonomous Truck Platooning—How Does It Work?" YouTube video, January 29, 2018, https://www.youtube.com/watch?v=lpuwG4A56r0.

32. The longest road train in history was more than 4,800 feet long and consisted

of 113 trailers. Assembled in 2006 for an event at the Hogs Breath Café, in Clifton, Queensland, Australia, the oversized hauler heaved just 490 feet in a little under one minute before securing its spot in the Guinness World Records. "Longest road train," *Guinness World Records*, accessed February 11, 2019, http://www.guinnessworldrecords.com/ world-records/longest-road-train.

33. "Daimler Trucks Invests Half a Billion Euros in Highly Automated Trucks," Daimler, January 7, 2019, https://media.daimler.com/marsMediaSite/ko/en/42188247.

34. Ryan Winstead, "BRT Hits 400 Corridors and Systems Worldwide," *The City Fix*, August 31, 2015, http://thecityfix.com/blog/brt-hits 400-corridors-systems-worldwide-ryan-winstead/.

35. Jeffrey Ng, "Hong Kong's Subway System Wants to Rule the World," *Wall Street Journal*, September 18, 2013, https://www.wsj.com/articles/hong-kongs-mtr-rides-toward-expansion-1379436218.

36. Chris O'Brien, "Robotic Buses Leapfrog Self-Driving Trucks in Autonomy Revolution," *Trucks.com*, February 27, 2017, https://www.trucks.com/2017/02/27/buses-european-self-driving-vehicle-revolution/.

37. Daniel Salazar, "Lots of Driverless Buses with Dedicated Lanes: How Capital Metro Sees Austin's Public Transit Future," *Austin Business Journal*, October 3, 2018, https://www.bizjournals.com/austin/news/2018/10/03/lots-of-driverless-buses-with-dedicated-lanes-how.html.

38. Anne Quito, "IKEA's Think Tank Envisions Self-Driving Cars as Rooms on Wheels," *Quartz*, September 18, 2018, https://qz.com/quartzy/1392507/ikea-funded-future-living-lab-space10-prototypes-autonomous-vehicles-for-public-services/.

39. Sutherland Lyall, "Obituary: Ron Herron," *The Independent*, October 5, 1994, https:// www.independent.co.uk/news/people/obituary-professor-ron-herron-1440981.html.

40. Michael J. Gaynor, "Why Do We Still Have Those Weird-Looking People Movers at Dulles?" *Washingtonian*, November 21, 2016, https://www.washingtonian.com/2016/11/21/ mobile-lounge-dulles-airport-people-movers/.

41. "Space Shuttle Endeavour's Trek across LA: Timelapse," YouTube video, October 19, 2012, https://www.youtube.com/watch?v=JdqZyACCYZc;

"Space Shuttle Endeavour's Move May Cost More Than $10 Million," *L.A. Now* (blog), *Los Angeles Times*, October 12, 2012, https://latimesblogs.latimes.com/lanow/2012/10/space-shuttle-endeavours-move-to-cost-more-than-10-million.html.

42. "Humanizing Public Safety," Hitachi, accessed February 11, 2019, http://www.hitachi.com/rd/portal/ highlight/vision_design/future/city_home/green/safe/index.html.

43. National League of Cities, "Urban Transformation."

44. Rima Sabina Aouf, "MIT's Blind Cheetah 3 Robot Can Navigate without Sensors or Cameras," Dezeen, July 17, 2018, https://www.dezeen.com/2018/07/17/institute-of-technology-mit-blind-cheetah-3-robot-massachusetts-technology/.

45. Marina Lewycka, *A Short History of Tractors in Ukrainian* (London, UK: Viking Press, 2005).

46. Brian Ladd, *Autophobia: Love and Hate in the Automotive Age* (Chicago: University of Chicago Press, 2008), 9.

第四章　重设移动性

1. David H. Keller, "The Living Machine," *Wonder Stories*, May 1935, 1467.

2. Keller, "The Living Machine," 1465.

3. Keller, "The Living Machine," 1469.

4. Keller, "The Living Machine," 1469.

5. Keller, "The Living Machine," 1467.

6. Google Self-Driving Car Project, "A First Drive," YouTube video, May 27, 2014, https://www.youtube.com/watch?v=CqSDWoAhvLU.

7. Keller, "The Living Machine," 1510.

8. Amiram Barkat, "OECD and IMF: Israel Has West's Worst Traffic Jams," *Globes*, March 14, 2018, https://en.globes.co.il/en/article-oecd-imf-israel-has-wests-worst-traffic-jams-1001227824.

9. Ashley Hand, *Urban Mobility in a Digital Age: A Transportation Technology Strategy for Los Angeles* (Los Angeles: Office of the Mayor and Department of Transportation, 2016), 1.

10. Charles W. Cheape, *Moving the Masses: Urban Public Transit in New York, Boston, and Philadelphia, 1880–1912* (Cambridge, MA: Harvard University Press, 1980), 174.

11. Cheape, *Moving the Masses*, 159.

12. Cheape, *Moving the Masses*, 159.

13. Cheape, *Moving the Masses*, 174.

14. Cheape, *Moving the Masses*, 162–67.

15. Keller, "The Living Machine," 1470.

16. Alex Rosenblat, *Uberland: How Algorithms Are Rewriting the Rules of Work* (Oakland: University of California Press, 2018).

17. International Transport Board of the OECD, *Urban Mobility System Upgrade: How Shared Self-Driving Cars Could Change City Traffic*, ITF Corporate Partnership Board Report, 2015.

18. Judd Cramer and Alan B. Krueger, "Disruptive Change in Taxi Business: The Case of Uber," *American Economic Review* 106, no. 5 (2016): 177–82.

19. David Welch and Elisabeth Behrmann,"Who'sWinningtheSelf-DrivingCarRace?"*Bloomberg*, May 7,2018, https://www.bloomberg.com/news/features/2018-05-07/who-s-winning-the-self-driving-car-race.

20. Author's calculation using estimates from UBS, *Longer Term Investments: Smart Mobility* (Chief Investment Office Americas, October 19, 2017).

21. Mitchell Hartman, "Wanted: Elder Trans-portation Solutions," *Marketplace*, January 30, 2019, https://www.marketplace.org/2019/01/30/business/wanted-elder-transportation-solutions.

22. Ted Trauter, "Pet Chauffeur Tried to Adapt to Tough Economy," *You're the Boss* (blog), *New York Times*, August 26, 2011, https://boss.blogs.nytimes.com/2011/08/26/pet-chauffeur-tries-to-adapt-to-tough-economy.

23. Laura Bliss, "In Columbus, Expectant Moms Will Get On-Demand Rides to the Doctor," *CityLab*, December 27, 2018, https://www.citylab.com/transportation/2018/12/smart-city-columbus-prenatal-ride-hailing/579082/.

24. Alexis Madrigal, "Finally, the Self-Driving Car," *The Atlantic*, December 5, 2018, https:// www.theatlantic.com/technology/archive/2018/12/test-ride-waymos-self-driving-car/577378/.

25. MIT Senseable City Lab, "Unparking," Massachusetts Institute of Technology,

accessed 20 February 2019, http://senseable.mit.edu/unparking/.

26. International Transport Board of the OECD, *Urban Mobility System Upgrade.*

27. Javier Alonso-Mora et al., "On-Demand High-Capacity Ride-Sharing via Dynamic Trip-Vehicle Assignment," *Proceedings of the National Academy of Sciences of the United States of America* 114, no. 3 (2017): 462–67.

28. Ashley Nunes and Kristen Hernandez, "The Cost of Self-Driving Cars Will Be the Biggest Barrier to Their Adoption," *Harvard Business Review*, January 31, 2019, https://hbr.org/2019/01/the-cost-of-self-driving-cars-will-be-the-biggest-barrier-to-their-adoption.

29. "Full Video and Transcript: Uber CEO Dara Khosrowshahi at Code 2018," *Recode*, June 4, 2018, https://www.recode.net/2018/5/31/17397186/full-transcript-uber-dara-khosrowshahi-code-2018.

30. For more, see Jarett Walker, "Does Elon Musk Understand Urban Geometry?" blogpost, Human Transit, July 21, 2016, https:// humantransit.org/2016/07/elon-musk-doesnt-understand-geometry.html.

31. International Transport Board of the OECD,*Urban Mobility System Upgrade.*

32. "Is Informal Normal? Towards More and Better Jobs in Developing Countries," OECD, March 31, 2009, http://www.oecd.org/dev/inclusivesocietiesanddevelopment/isinformalnormaltowardsmoreandbetterjobsindevelopingcountries.htm.

33. Eric L. Goldwyn, "An Informal Transit System Hiding in Plain Sight: Brooklyn's Dollar Vans and Transportation Planning and Policy in New York City" (PhD diss., Columbia University, 2017), 96.

34. Eillie Anzilotti, "The Reach of the Bay Area's 'Tech Buses,' " *CityLab*, September 16, 2016, https://www.citylab.com/transportation/2016/09/the-reach-of-the-bay-areas-tech-buses/500435/.

35. Christopher Alexander, *A Pattern Language: Towns, Buildings, Construction* (New York: Oxford University Press, 1977), 112.

36. Laura Bliss, "Bridj Is Dead, but Microtransit Isn't," *CityLab*, May 3, 2017, https://www.citylab.com/tran sportation/2017/05/bridj-is-dead-but-microtransit-isnt/525156/.

37. Georgios Kalogerakos, "Driverless Mobilities: Understanding Mobilities of the Future" (master's thesis, Aalborg University, 2017), 79.

38. "City Overview: Trikala," CityMobil2, accessed June 13, 2018, http://www. citymobil2.eu/en/city-activities/large-scale-demonstration/trikala/ (site discontinued).

39. CityMobil2, *Experience and Recommendations* (CityMobil2, 2016), 32.

40. Melissa Riofrio, "The Little Shuttle That Can: Induct Navia Is First Self-Driving Vehicle," *PC World*, January 8, 2014, https:// www.pcworld.com/ article/2085006/the-little-shuttle-that-can-induct-navia-is-first-self-driving-vehicle.html.

41. Derek Christie et al., "Pioneering Driverless Electric Vehicles in Europe: The City Automated Transport Systems (CATS)," *Transportation Research Procedia* 13 (2016): 30–39, https://hal.inria.fr/hal-01357309/document.

42. "Sion, CH Is Piloting AVs," Initiative on Cities and Autonomous Vehicles, Bloomberg Philanthropies, accessed February 20, 2019, https://avsincities. bloomberg.org/global-atlas/europe/ch/sion-ch; "Project 'SmartShuttle,' " PostBus, accessed February 2019, https://www.postauto.ch/en/project-smartshuttle.

43. "These 61 Cities Are Piloting AVs for Transit," Initiative on Cities and Autonomous Vehicles, Bloomberg Philanthropies, accessed February 2019, https://avsincities.bloomberg.org/global-atlas/ tags/transit.

44. National League of Cities, "Sustainability: Weaving a Microtransit Mesh," *Autonomous Vehicles: Future Scenarios*, accessed April 12, 2019, http:// avfutures.nlc.org/sustainability.

45. "Navya Updates Its 2018 Revenue Target," Navya, December 7, 2018, https:// navya.tech/en/press/navya-updates-its-2018-revenue-target/.

46. National League of Cities, "Sustainability: Weaving a Microtransit Mesh."

47. Michael Cabanatuan and Kurtis Alexander, "Google Bus Backlash: S.F. to Impose Fees on Tech Shuttles," *SFGate*, January 21, 2014, https://www. sfgate.com/bayarea/article/Google-bus-backlash-S-F-to-impose-fees-on-tech-5163759.php.

48. City of Bellevue, Washington, and City of Kirkland, Washington, "A Flexible, Electric, Autonomous Commutepool System," Bellevue-Kirkland USDOT (grant proposal, 2018).

49. Shoshana Zuboff, *Surveillance Capitalism* (New York: Public Affairs, 2019).

50. Adele Peters, "In Berlin, There's Now One App to Access Every Mode of Transportation," *Fast Company*, February 18, 2019, https://www.fastcompany.com/90308234/in-berlin-theres-now-one-app-to-access-every-mode-of-transportation.

51. Douglas Busvine, "From U-Bahn to E-Scooters: Berlin Mobility App Has It All," *Reuters*, September 24, 2019, https://www.reuters.com/article/us-tech-berlin/from-u-bahn-to-e-scooters-berlin-mobility-app-has-it-all-idUSKBN1W90MG.

52. Peters, "In Berlin."

53. Julia Walmsley, "Watch Out, Uber. Berlin Is the New Amazon for Transportation (with Lower Fares)," *Forbes*, June 26, 2019, https://www.forbes.com/sites/juliewalmsley/2019/06/26/watch-out-uber-berlin-is-the-new-amazon-for-transportation-with-lower-fares/#58cee4f9269b.

54. David Zipper, "Helsinki's MaaS App, Whim: Is It Really Mobility's Great Hope?" *CityLab*, October 25, 2018, https://www.citylab.com/perspective/2018/10/helsinkis-maas-app-whim-is-it-really-mobilitys-great-hope/573841/.

55. Andrew J. Hawkins, "Uber Just Added Public Transportation to Its App," *The Verge*, January 31, 2019, https://www.theverge.com/2019/1/31/18205154/uber-public-transportation-app-denver.

第五章　持续交付

1. Liu Yi, "Can Jack Ma's Cainiao Project Deliver on Its Promise?" *South China Morning Post*, July 13, 2013, https://www.scmp.com/news/china/article/1281450/can-jack-mas-cainiao-project-deliver-its-promise.

2. US Census Bureau and US Department of Housing and Urban Development, *2014 Characteristics of New Housing* (2015), 345, https://www.census.gov/construction/chars/pdf/ c25ann2014.pdf.

3. Alex Evans, "Retail, Ownership and Deflation in the Last Mile," *Hackernoon*, October 26, 2017, https:// hackernoon.com/retail-ownership-and-winning-the-last-mile-86ef4eb1 a7e7.

4. Federal Highway Administration, *Trends in Discretionary Travel: 2017*

National Household Travel Survey, FHWA NHTS Report (Washington, DC: FHWA, February 2019).

5. KPMG, *Autonomy Delivers: An Oncoming Revolution in the Movement of Goods* (white paper, KPMG, 2018), 11.

6. UPS, *Pulse of the Online Shopper Study* (April 2018).

7. KPMG, *Autonomy Delivers*, 3.

8. US Census Bureau, "Quarterly Retail E-commerce Sales: 1st Quarter 2019," *US Census Bureau News*, CB19-63.

9. Alana Semuels, "Why People Still Don't Buy Groceries Online," *The Atlantic*, February 5, 2019, https://www.theatlantic.com/technology/archive/2019/02/online-grocery-shopping-has-been-slow-catch/581911/.

10. David Jinks Milt, *2030: The Death of the High Street*, ParcelHero Industry Report, 2, https://www.parcelhero.com/content/downloads/pdfs/high-street/deathofthehighstreetreport.pdf; "2019: China to Surpass US in Total Retail Sales," *eMarketer*, January 23, 2019, https://www.emarketer.com/ newsroom/index.php/2019-china-to-surpass-us-in-total-retail-sales/.

11. Glenn Taylor, "Report: Store Closures to Reach 12,000 in 2018," *Retail TouchPoints*, January 2, 2018, https://www.retailtouchpoints.com/features/news-briefs/report-store-closures-to-reach-12-000-in-2018.

12. Sapna Maheshwari, "US Retail Stores' Planned Closings Already Exceed 2018 Total," *New York Times*, April 12, 2019, https://www.nytimes.com/2019/04/12/business/retail-store-closings.html.

13. "Apparel Retail and Brands: Making Sense of Softlines following a Tumultuous Twelve Months," Credit Suisse Research, May 2017, https://research-doc.credit-suisse.com/ docView?document_id=1075851631.

14. Allison Enright, "Amazon's Product Sales Climb Nearly 20% in 2018, but Only 8% in Q4," Digital Commerce 360, January 31, 2019, https://www.digitalcommerce360.com/article/ amazon-sales/.

15. Lauren Thomas, "74% of Consumers Go to Amazon When They're Ready to Buy Something. That Should Be Keeping Retailers Up at Night," *CNBC*, March 19, 2019, https://www.cnbc.com/2019/03/19/heres-why-retailers-should-be-scared-of-amazon-dominating-e-commerce.html.

16. "Top 10 US Companies, Ranked by Retail Ecommerce Sales Share, 2018 (%

of US Retail Ecommerce Sales)," *eMarketer*, July 17, 2018, https://www.emarketer.com/Chart/Top-10-US-Companies-Ranked-by-Retail-Ecommerce-Sales-Share-2018-of-US-retail-ecommerce-sales/220521.

17. Erica Pandey, "On the Mind of Every Retail CEO: The Amazon Threat," *Axios*, September 19, 2018, https://www.axios.com/amazon-strategy-shopify-flipkart-macys-code-commerce-1e1a5fae-75b0-4a68-b308-9ca1a539437d.html.

18. "2019: China to Surpass US."

19. Tim Laseter, Andrew Tipping, and Fred Duiven, "The Rise of the Last-Mile Exchange," *Strategy + Business*, July 30, 2018, https://www.strategy-business.com/article/The-Rise-of-the-Last-Mile-Exchange.

20. Lisa Lacy, "Alibaba Rings Up $30.8 Billion on Singles Day 2018," *Adweek*, November 11, 2018, https://www.adweek.com/digital/alibaba-rings-up-30-8-billion-on-singles-day-2018/.

21. Rita Liao, "Alibaba and Amazon Move Over, We Visited JD's Connected Grocery Store in China," *TechCrunch*, November 15, 2018, https://techcrunch.com/2018/11/15/jd-7fresh-supermarket/.

22. Alana Semuels,"Free Shipping Isn't Hurting Amazon," *The Atlantic*, April 27, 2018, https://www.theatlantic.com/ technology/archive/2018/04/free-shipping-isnt-hurting-amazon/559052/.

23. Daphne Howland, "Amazon Captured 44% of US Online Sales Last Year," *Retail Dive*, January 4, 2018, https://www.retaildive.com/news/amazon-captured-44-of-us-online-sales-last-year/514044/.

24. Julian Allen, Maja Piecyk, and Marzena Piotrowska, *An Analysis of the Same-Day Delivery Market and Operations in the UK*, Technical Report CUED/C-SRF/TR012 (Westminster, UK: University of Westminster, November 2018), 10.

25. McKinsey & Company, *An Integrated Perspective on the Future of Mobility* (McKinsey Center for Future Mobility, October 2016), 3.

26. Alvin Toffler, *Future Shock* (New York: Random House, 1970).

27. N. McGuckin and A. Fucci, *Summary of Travel Trends: 2017 National Household Travel Survey*, Report No. FHWA-PL-18-019 (Washington, DC: Federal Highway Administration, July 2018), 100.

28. Joann Muller, "One Big Thing: The Rise of Driverless Delivery," *Axios*,

November 28, 2018, https://www.axios.com/autonomous-vehicles-could-be-used-for-deliveries-3fb12a24-3e66-4d8b-b678-a2fbb47d05cb.html.

29. Laseter et al., "The Rise of the Last-Mile Exchange."

30. Laseter et al., "The Rise of the Last-Mile Exchange."

31. Dan Peterson, "Why Are Marathons 26.2 Miles Long?" *Live Science*, April 19, 2010, https://www.livescience.com/11011-marathons-26-2-miles-long.html.

32. Andrew Blum, *Tubes: A Journey to the Center of the Internet* (New York: Ecco, 2012), 1–10.

33. Allen et al., *An Analysis of the Same-Day Delivery*, 76.

34. Ted Choe et al., "The Future of Freight: How New Technology and New Thinking Can Transform How Goods Are Moved," *Insights*, Deloitte, June 28, 2017, https://www2.deloitte.com/insights/us/en/focus/future-of-mobility/future-of-freight-simplifying-last-mile-logistics.html.

35. Janelle Jones and Ben Zipperer, "Unfulfilled Promises: Amazon Fulfillment Centers Do Not Generate Broad-Based Employment Growth," Economic Policy Institute, February 1, 2018, https://www.epi.org/publication/unfulfilled-promises-amazon-warehouses-do-not-generate-broad-based-employment-growth/.

36. Patrick Kiger, "Driving Hard to Secure Last-Mile Logistics," Urban Land Institute, February 5, 2018, https:// urbanland.uli.org/industry-sectors/industrial/driving%E2%80%85hard-secure-last-mile-logistics/.

37. Allen et al., *An Analysis of the Same-Day Delivery*, 141.

38. Anoosh Chakelian, " 'Slaveroo': How Riders Are Standing Up to Uber, Deliveroo and the Gig Economy," *New Statesman America*, September 24, 2018, https://www.newstatesman.com/politics/uk/2018/09/slaveroo-how-riders-are-standing-uber-deliveroo-and-gig-economy.

39. "Starship Technologies Inc.," Robotics Business Review, accessed February 26, 2019, https://www.roboticsbusinessreview.com/listing/starship-technologies/.

40. "Starship Technologies Launches Commercial Rollout of Autonomous Delivery," Starship, April 30, 2018, https:// www.starship.xyz/press_releases/2708/.

41. "The Future of Moving Things," IDEO, accessed June 11, 2018, https://automobility.ideo.com/moving-things/a-new-familiar-sight.

42. Mary Ann Azevedo, "Nuro Raises$940M from SoftBank Vision Fund for Robot Delivery," *Crunchbase*, Febru-ary 11, 2019, https://news.crunchbase.com/news/nuro-raises-940m-from-softbank-vision-fund-for-robot-delivery/.

43. Andrew J. Hawkins, "Toyota's 'e-Palette' Is a Weird, Self-Driving Modular Store on Wheels," *The Verge*, January 8, 2018, https://www.theverge.com/2018/1/8/16863092/toyota-e-palette-self-driving-car-ev-ces-2018.

44. Greg Nichols, "Behold, the Self-Driving Suitcase," *ZDNet*, February 7, 2018, https://www.zdnet.com/article/ behold-the-self-driving-suitcase/.

45. "Mercedes-Benz Vans Invests in Starship Technologies, the World's Leading Manufacturer of Delivery Robots," Daimler, January 13, 2017, https://media.daimler.com/marsMediaSite/ko/ en/15274799.

46. Adele Peters, "This Package Rideshare App Pays to Use Your Empty Trunk," *Fast Company*, February 5, 2015, https://www.fastcompany.com/3041884/this-package-rideshare-app-pays-to-use-your-empty-trunk.

47. "Roadie: About Us," Roadie, accessed June 12, 2018, https://www.roadie.com/about.

48. "Lockers: Deliveries and Returns Made Easy," Amazon, accessed June 12, 2018, https://www.amazon.com/ b?ie=UTF8&node=6442600011.

49. Bonnie Alter, "Electric Milk Trucks Still Working in Jolly Old England," *TreeHugger*, April 12, 2012, https://www.treehugger.com/cars/electric-milk-trucks-still-working-jolly-old-england.html.

50. "Opportunities Are Opening for Electrified Commercial Vehicles," *The Economist*, February 15, 2018, https:// www.economist.com/business/2018/02/15/opportunities-are-opening-for-electrified-commercial-vehicles.

51. McKinsey & Company, *An Integrated Perspective*, 4.

52. Henning Heppner, interview with author, November 9, 2018.

53. Edward Glaeser and Janet Kohlhase, "Cities, Regions, and the Decline of Transport Costs," *Papers in Regional Science* 83 (2004): 197–228.

54. McKinsey & Company, *An Integrated Perspective*, 22.

55. National League of Cities, "Jobs and Economy: A Human Touch for

Robot Delivery," *Autonomous Vehicles: Future Scenarios*, accessed February 26, 2019, http://avfutures.nlc.org/jobs-and-the-economy.

56. Taylor Nicole Rogers, "Amazon's New Waste-Reduction Strategy: Deliver Only Once a Week," *CNN*, February 28, 2019, https://www.cnn.com/2019/02/28/tech/amazon-day/index.html.

57. McKinsey & Company, *Parcel Delivery: The Future of Last Mile* (September 2016), 6.

第六章　创造性破坏

1. Tim Higgins, "Pizza Delivery Gears Up for a Driverless Era," *Wall Street Journal*, June 26, 2018, https://www.wsj.com/articles/pizza-delivery-may-be-entering-a-new-era-1530029087.

2. Matthew Haag and Winnie Hu, "1.5 Million Packages a Day: The Internet Brings Chaos to N.Y. Streets," *New York Times*, October 28, 2019, https://www.nytimes.com/2019/10/27/nyregion/nyc-amazon-delivery.html.

3. Scott Kirsner, "Acquisition Puts Amazon Rivals in Awkward Spot," *Boston Globe*, December 1, 2013, https://www.bostonglobe.com/business/2013/12/01/will-amazon-owned-robot-maker-sell-tailer-rivals/FON7bVNKvfzS2sHnBHzfLM/story.html.

4. Nick Wingfield, "As Amazon Pushes Forward with Robots, Workers Find New Roles," *New York Times*, September 10, 2017, https://www.nytimes.com/2017/09/10/technology/amazon-robots-workers.html.

5. Ananya Bhattacharya, "Amazon Is Just Beginning to Use Robots in Its Warehouses and They're Already Making a Huge Difference," *Quartz*, June 17, 2016, https://qz.com/709541/amazon-is-just-beginning-to-use-robots-in-its-warehouses-and-theyre-already-making-a-huge-difference/.

6. Fiona Hartley, "Over 1,000 Robots Pack Groceries in Ocado's Online Shopping Warehouse," *Dezeen*, June 6, 2018, https://www.dezeen.com/2018/06/06/video-ocado-warehouse-shopping-robots-movie/.

7. JD.com, "Tour of the Warehouse of the Future," YouTube video, May 11, 2017, https://www.youtube.com/watch?v=24T14VP5vVs.

8. OECD/ITF, *ITF Transport Outlook 2017* (Paris: OECD Publishing, 2017),

https://www.ttm.nl/wp-content/uploads/2017/01/itf_study.pdf.

9. Joseph Schumpeter, *Capitalism, Socialism, and Democracy* (London, UK: Routledge, 1942), 82–83.

10. United States Securities and Exchange Commission, *Annual Report Pursuant to Section 13 or 15(d): Domino's Pizza*, December 29, 2013, p. 4, https://www.sec.gov/Archives/ edgar/data/1286681/000119312514066092/d661353d10k.htm.

11. Allison P. Davis, "How Domino's Became the Pizza for the People," *The Ringer*, February 28, 2017, https://www.theringer.com/2017/2/28/16043242/dominos-pizza-tracker-pan-recipe-superfans-db39239ed88e.

12. Robert Channick, "9 Restaurants, 1 Kitchen, No Dining Room—Virtual Restaurants Open for Online Delivery," *Chicago Tribune*, March 27, 2017, https://www.chicagotribune.com/business/ct-chicago-virtual-restaurants-0328-biz-20170309-story.html.

13. Joseph Pimentel, "Novelty or Next Trend? Google Venture-Backed Kitchen United Looks to Open 400 Ghost Kitchens Nationwide," Bisnow Los Angeles, July 21, 2019, https://www.bisnow.com/los-angeles/news/retail/novelty-or-next-trend-google-backed-kitchen-united-looks-to-open-400-virtual-food-halls-nationwide-100026.

14. Channick, "9 restaurants, 1 kitchen."

15. Neil Ungerleider, "Hold the Storefront: How Delivery-Only 'Ghost' Restaurants Are Changing Takeout," *Fast Company*, January 20, 2017, https://www.fastcompany.com/3064075/hold-the-storefront-how-delivery-only-ghost-restaurants-are-changing-take-out.

16. McKinsey & Company, *Parcel Delivery*, 6.

17. Mary Diduch, "Travis Kalanick Said Last Year He Was Gettinginto Real Estate. Here's What He's Buyingin New York," *The Real Deal*, February 4, 2019, https://therealdeal.com/2019/02/04/travis-kalanick-said-last-year-he-was-getting-into-real-estate-heres-what-hes-buying-in-nyc/.

18. Keiko Morris, "Online Commerce Sparks Industrial Real-Estate Boom off the Beaten Path in N.J.," *Wall Street Journal*, February 26, https://www.wsj.com/articles/online-commerce-sparks-industrial-real-estate-boom-off-the-beaten-path-in-n-j-1488150878.

19. Rebecca Greenfield, "Inside Rent the Runway Secret Dry-Cleaning Empire," *Fast Company*, October 28, 2014, https://www.fastcompany.com/3036876/inside-rent-the-runways-secretdry-cleaning-empire.

20. "Fashion Company, Rent the Runway, to Open Arlington Distribution Center," Arlington, February 28, 2018, http://arlington.hosted.civiclive.com/news/my_arlington_t_x/news_ archive/2018_archived_news/february_2018/fashion_company_rent_the_ runway_to_open.

21. "Nuro and Domino's Partner on Autonomous Pizza Delivery," *Nuro* (blog), Medium, June 17, 2019, https://medium.com/nuro/nuro-and-dominos-partner-on-autonomous-pizza-delivery-88c6b6640ff0.

22. "Toyota Launches New Mobility Ecosystem and Concept Vehicle at 2018 CES," Toyota, January 9, 2018, https://newsroom.toyota.co.jp/en/corporate/20546438.html.

23. Nicole Nguyen, "The Hidden Environmental Cost of Amazon Prime's Free, Fast Shipping," *BuzzFeed News*, July 21, 2018, https://www.buzzfeednews.com/article/nicolenguyen/environmental-impact-of-amazon-prime.

24. Philip K. Dick, *Do Androids Dream of Electric Sheep?* (New York: Random House, 1968), 65.

25. Dick, *Do Androids Dream*, 65.

26. David Owen, "The Efficiency Dilemma," *New Yorker*, December 20 & 27, 2010, https://www.newyorker.com/magazine/2010/12/20/the-efficiency-dilemma.

27. Mona Chalabi, "A National Pizza Day Investi- gation: How Many Slices a Day Do Americans Eat?" *The Guardian*, February 9, 2017, https://www.theguardian.com/lifeandstyle/datablog/2017/feb/09/national-pizza-day-how-many-slices-do-americans-eat.

28. "What Is a Circular Economy?" Ellen MacArthur Foundation, accessed March 6, 2019, https://www.ellenmacarthurfoundation.org/circular-economy/concept.

29. McKinsey & Company, *Parcel Delivery*, 18.

30. "Supermarkets in China: Two Ma Race," *The Economist*, April 7, 2018, 55.

31. Sarah Treleaven, "Is Personalized, Next-Day Delivery the Future of Urban Farming?" *City-Lab*, February 9, 2018. https://www.citylab.com/

environment/2018/02/is-personalized-next-day-delivery-the-future-of-urban-farming/551981/.

32. Elizabeth Cline, *The Conscious Closet: The Revolutionary Guide to Looking Good While Doing Good* (New York: Plume, 2019), 3.

33. Mireya Navarro, "Don't Toss That Old Shirt. They'll Pick It Up," *New York Times*, May 25, 2010, https://www.nytimes.com/2010/05/26/nyregion/26clothing.html.

34. Mizuho Aoki, "Japan's Budding Fashion Rental Services Proving Popular with Working Women, Moms," *Japan Times*, August 18, 2017, https://www.japantimes.co.jp/news/2017/08/18/business/japans-budding-fashion-rental-services-proving-popular-working-women-moms.

35. Steve Dennis, "Many Unhappy Returns: E-commerce's Achilles Heel," *Forbes*, August 9, 2017, https://www.forbes.com/sites/stevendennis/2017/08/09/many-unhappy-returns-e-commerces-achilles-heel/#67b40f764bf2.

36. Melanie Ehrenkranz, "This Game Imagines a Bleak Future in Which Tech Companies Win and Gig Workers Just Try to Survive," *Gizmodo*, March 23, 2018, https://gizmodo.com/this-game-imagines-a-bleak-future-in-which-tech-compani-1824021429.

37. David H. Autor, Frank Levy, and Richard J. Murnane, "The Skill Content of Recent Technological Change: An Empirical Exploration," *Quarterly Journal of Economics* (2003): 1279–333.

38. Autor et al., "The Skill Content," 1283.

39. The *Quarterly Journal of Economics* article has been cited more than 4,300 times in the last 15 years, according to Google Scholar.

40. Chris O'Brien, "Venture Capitalists Flock to Truck Technology Startups," *Trucks.com*, July 31, 2017, https://www.trucks.com/2017/07/31/venture-capitalists-flock-truck-technology-startups/.

41. Autor et al., "The Skill Content," 1282.

42. Carl Benedikt Frey and Michael A. Osborne, "The Future of Employment: How Susceptible Are Jobs to Computerisation?" *Technological Forecasting and Social Change* 114 (January 2017): 254–80, https://www.oxfordmartin.ox.ac.uk/downloads/academic/The_Future_of_Employment.pdf.

43. James Osborne, "Among Retired Military Leaders, U.S. Thirst for Oil

Poses Security Risk," *Houston Chronicle*, July 8, 2017, https://www. houstonchronicle.com/business/article/Among-retired-military-leaders-U-S-thirst-for-11272912.php.

44. Securing America's Future Energy, *America's Workforce and the Self-Driving Future: Realizing Productivity Gains and Spurring Economic Growth*, June 2018, 8, https://avworkforce.secureenergy.org/wp-content/ uploads/2018/06/SAFE_AV_Policy_Brief.pdf.

45. Securing America's Future Energy, *America's Workforce*, 12.

46. Securing America's Future Energy, *America's Workforce*, 9.

47. Securing America's Future Energy, *America's Workforce*, 8.

48. Securing America's Future Energy, *America's Workforce*, 44.

49. David H. Freedman, "Self-Driving Trucks," *MIT Technology Review*, March/ April 2017, https://www.technologyreview.com/s/603493/10-breakthrough-technologies-2017-self-driving-trucks/.

50. "The Future of Trucking: Mixed Fleets, Transfer Hubs, and More Opportunityfor Truck Drivers," *Uber* (blog), Medium, February 1, 2018. https://medium.com/@UberATG/the-future-of-trucking-b3d2ea0d2db9.

51. David Cullen, "Why Insurance Costs Are Sky High," *Truckinginfo.com*, October 19, 2017, https://www.truckinginfo.com/157754/why-insurance-costs-are-sky-high.

52. Sheffi Ben-Hutta, "HUMN.ai Completes Successful London Fleet Insurance Pilot," *Coverager*, November 16, 2018, https://www.coverager.com/humn-ai-completes-successful-london-fleet-insurance-pilot/.

53. "Could Self-Driving Trucks Make Roads Safer?" *EHS Today*, February 20, 2018, https://www.ehstoday.com/safety-technology/could-self-driving-trucks-make-roads-safer.

54. Julian Allen, Maja Piecyk, and Marzena Piotrowska, *An Analysis of the Same-Day Delivery Market and Operations in the UK*, Technical Report CUED/C-SRF/TR012 (Westminster, UK: University of Westminster, November 2018), 141.

55. "Amazon and Alibaba Are Pacesetters of the Next Supply-Chain Revolution," *The Economist*, July 11, 2019, https:// www.economist.com/special-report/2019/07/11/amazon-and-alibaba-are-pacesetters-of-the-next-supply-

chain-revolution.

56. Katie Linsell and Ellen Milligan, "Robot Workers Can't Go on Strike but They Can Go Up in Flames," *Bloomberg*, March 3, 2019, https://www.bloomberg.com/news/articles/2019-03-03/robot-workers-can-t-go-on-strike-but-they-can-go-up-in-flames.

第七章　新型路霸

1. Stafford Beer, "What Is Cybernetics?" *Kybernetes* 31, no. 2 (2002), doi:10.1108/03684920210417283.

2. "Highwaymen of the Peak," *BBC*, July 7, 2003, http://www.bbc.co.uk/insideout/eastmidlands/series3/travellers_ highwaymen_derbyshire_peakdistrict.shtml.

3. "Highwaymen: Capture and Punishment," *The Gazette*, accessed March 14, 2019, https://www.thegazette.co.uk/all-notices/content/100465.

4. Abstract of General Statements of Income and Expenditure of Turnpike Trusts in England and Wales, from 1st January 1838 to 31st December 1838, inclusive, 1838, 3 & 4 Will IV, chapter 80.

5. Dan Bogart, "The Turnpike Roads of England and Wales," Cambridge Group for the History of Population and Social Structure (University of Cambridge), 1, accessed March 13, 2019, https://www.campop.geog.cam.ac.uk/research/projects/transport/ onlineatlas/britishturnpiketrusts.pdf.

6. Philip Thomas,"The Rebecca Riots by Local Historian Philip Thomas," *West Wales Chronicle*, October 10, 2018, https://www.westwaleschronicle.co.uk/blog/2018/10/10/the-rebecca-riots-by-local-historian-columnist-philip-thomas/.

7. Gen. 24:60.

8. Thomas, "The Rebecca Riots."

9. Alan S. Binder et al., *Rethinking the Financial Crisis* (New York: Russel Sage Foundation, 2012).

10. Derek Fidler and Hicham Sabir, "The Cost of Housing Is Tearing Our Society Apart," World Economic Forum, part of the World Economic Forum Annual Meeting, January 9, 2019, https://www.weforum.org/agenda/2019/01/why-

housing-appreciation-is-killing-housing/.

11. Tracy Alloway, "Dresdner/Commerzbank Blames Oil Speculators," *Financial Times*, August 21, 2009, https://ftalphaville.ft.com/2009/08/21/68101/ dresdnercommerzbank-blames-oil-speculators/.

12. Fredrick Kaufman, *Bet the Farm: How Food Stopped Being Food* (New York: John Wiley & Sons, 2012).

13. Janny Scott, "After 3 Days in the Spotlight, Nobel Prize Winner Is Dead," *New York Times*, October 12, 1996, https://www.nytimes.com/1996/10/12/nyregion/ after-3-days-in-the-spotlight-nobel-prize-winner-is-dead.html.

14. Ari L. Goldman, "Ridership of Subway since 1917," *New York Times*, October 23, 1982, https://www.nytimes.com/1982/10/23/nyregion/ridership-of-subways-since-1917.html.

15. William S. Vickrey, *The Revision of the Rapid Transit Fare Structure of the City of New York*, Technical Monograph No. 3 (New York: Mayor's Committee on Management Survey of the City of New York, 1952), 24–53, https://babel. hathitrust.org/cgi/ pt?id=mdp.39015020930130.

16. Vickrey, *The Revision of the Rapid Transit Fare Structure*, 98.

17. Richard Arnott, "William Vickrey: Contributions to Public Policy," Department of Economics, Boston College, October 1997, http://fmwww.bc.edu/ec-p/ wp387.pdf.

18. Scott, "After 3 Days in the Spotlight."

19. Kenneth A. Small and Jose Gomez-Ibanez, "Road Pricing for Congestion Management: The Transition from Theory to Policy," in *Road Pricing, Traffic Congestion, and the Environment*, ed. Kenneth J. Button and Eric T. Verhoef (Cheltenham, UK: Edward Elgar, 1998), 216.

20. Transport for London, *Congestion Charging Central London Impacts Monitoring Second Annual Report* (London, UK: Transport for London, April 2004), 1–6; Tri-State Transportation Campaign, *Road Pricing in London, Stockholm, and Singapore* (New York: Tri-State Transportation Campaign, 2018), 14–17.

21. Transit Center, *Subsidizing Congestion: The Multibillion-Dollar Tax Subsidy That's Making Your Commute Worse* (New York: Transit Center and Frontier Group, 2018), 2–5; "Congestion Pricing Would Save Riders of Most Queens

and Brooklyn Express Buses One to Two Hours per Week," *Riders Alliance* (blog), Medium, October 30, 2018, https://medium.com/@RidersNY/congestion-pricing-would-save-queens-brooklyn-express-bus-riders-1-to-2-hours-per-week-ed967df bfdc0.

22. San Francisco County Transportation Authority, *TNCs and Congestion Draft Report* (San Francisco, CA: SFCTA, October 2018), 28.

23. "The Odometer by Vitruvius and Heron," *YourForum*, May 3, 2009, http://yourforum.gr/InvisionBoard/The-Oedoemeter-By-Vitrueviues-Aend-Heroen-t174792.html.

24. Ronald Harstad, "William S. Vickrey," Working Papers 0519, Department of Economics, University of Missouri, 2005, 3.

25. William S. Vickrey, "Some Objections to Marginal Cost Pricing," *Journal of Political Economy* 56 (1948): 218–38, https:// www.journals.uchicago.edu/doi/abs/10.1086/256674?journalCode=jpe.

26. Elise Young and Henry Goldman, "Congestion Pricing. Has It Worked and Can It Fix New York City?" *Washington Post*, April 1, 2019, https://www.washingtonpost.com/business/congestion-pricing-has-it-worked-and-can-it-fix-new-york/2019/04/01/c8b360d2-5493-11e9-aa83-504f086bf5d6_story.html.

27. Aaroncynic, "Chicago's Awful Parking Meters Make Big Bucks for Private Investors Again," *Chicagoist*, May 24, 2016, https://chicagoist.com/2016/05/24/parking_meters_make_big_ bucks_for_p.php.

28. Eric Posner and Glen Weyl, "The Real Villain behind Our New Gilded Age," *New York Times*, May 1, 2018, https://www.nytimes.com/2018/05/01/opinion/monopoly-power-new-gilded-age.html.

29. Charles W. Cheape, *Moving the Masses: Urban Public Transit in New York, Boston, and Philadelphia 1880–1912* (Cambridge, MA: Harvard University Press, 1980), 1.

30. Cheape, *Moving the Masses*, 172.

31. Walt Crowley, "City Light's Birth and Seattle's Early Power Struggles, 1886–1950," History Link, April 26, 2000, https://www.historylink.org/File/2318.

32. Owain James, "We Miss Streetcars' Frequent and Reliable Service, Not Streetcars Themselves," *Mobility Lab*, April 17, 2019, https://mobilitylab.

org/2019/04/17/we-miss-streetcars-frequent-and-reliable-service-not-streetcars-themselves/; "Jersey Trolley Merger," *Wall Street Journal*, May 13, 1905, 2.

33. Katrina Brooker, "The Most Powerful Person in Silicon Valley," *Fast Company*, January 14, 2019, https://www.fastcompany.com/90285552/the-most-powerful-person-in-silicon-valley.

34. Pavel Alpeyev, Jie Ma, and Won Jae Ko, "Taxi-Hailing Apps Take Root in Japan as SoftBank, Didi Join Fray," Bloomberg, July 19, 2018, https://www.bloomberg.com/news/articles/2018-07-19/softbank-didi-to-roll-out-taxi-hailing-business-in-japan.

35. Yoolim Lee, "Grab Vanquishes Uber with Local Strategy, Billions from SoftBank," *Bloomberg*, March 26, 2018, https://www.bloomberg.com/news/articles/2018-03-26/grab-vanquishes-uber-with-local-strategy-billions-from-softbank.

36. Saritha Rai, "India's Ola Raises $2 Billion from SoftBank, Tencent," *Bloomberg*, October 2, 2017, https://www.bloomberg.com/news/articles/2017-10-02/india-s-ola-is-said-to-raise-2-billion-from-softbank-tencent.

37. Alison Griswold, "SoftBank—not Uber—Is the Real King of Ride-Hailing," *Quartz*, January 23, 2018, https://qz.com/1187144/softbank-not-uber-is-the-real-king-of-ride-hailing/.

38. Adam Satariano, "This Estonian Start-Up Has Become a Thorn in Uber's Side," *New York Times*, April 23, 2019, https://www.nytimes.com/2019/04/23/technology/bolt-taxify-uber-lyft.html.

39. Justina Lee, "Singapore Fine Is 'Minor Bump' in Grab's Ride-Hailing Dominance," *Nikkei Asian Review*, September 25, 2018, https://asia.nikkei.com/Spotlight/Sharing-Economy/Singapore-fine-is-minor-bump-in-Grab-s-ride-hailing-dominance.

40. Ardhana Aravindan, "Singapore Fines Grab and Uber, Imposes Measures to Open Up Market," *Reuters*, September 23, 2018, https://www.reuters.com/article/us-uber-grab-singapore/ singapore-fines-grab-and-uber-imposes-measures-to-open-up-market-idUSKCN1M406J.

41. Mai Nguyen, "Vietnam Says Eyeing Formal Antitrust Probe into Uber-Grab

Deal," *Reuters*, May 16, 2018, https:// www.reuters.com/article/us-uber-grab-vietnam-idUSKCN1IH0XN; Aika Rey, "Antitrust Watchdog Fines Grab P16 Million over Uber Deal," *Rappler*, October 17, 2018, https://www.rappler.com/business/214502-philippine-competition-commission-fines-grab-philippines-over-uber-deal; Yoolim Lee, "Singapore Watchdog Fines Uber, Grab $9.5 Million over Merger," *Bloomberg*, September 24, 2018, https://www.bloomberg.com/news/articles/2018-09-24/singapore-fines-uber-grab-s-13-million-for-merger-infringement.

42. "Steering Group: A Bold Scheme to Dominate Ride-Hailing," *The Economist*, May 10, 2018, https://www.economist.com/briefing/2018/05/10/a-bold-scheme-to-dominate-ride-hailing.

43. Alison Griswold, "Softbank Has Spread Its Ride-Hailing Bets and Didi Looks Like an Early Win," *Quartz*, April 24, 2018, https://qz.com/1261177/softbanks-winner-in-ride-hailing-is-chinas-didi-chuxing-not-uber/.

44. Tim O'Reilly, "The Fundamental Problem with Silicon Valley's Favorite Growth Strategy," *Quartz*, February 5, 2019, https://qz.com/1540608/the-problem-with-silicon-valleys-obsession-with-blitzscaling-growth/.

45. O'Reilly, "The Fundamental Problem."

46. Brooker, "The Most Powerful Person."

47. Catherine Shu, "Saudi Arabia's Sovereign Fund Will Also Invest $45B in SoftBank's Second Vision Fund," *Tech-Crunch*, October 2018, https://techcrunch.com/2018/10/07/saudi-arabias-sovereign-fund-will-also-invest-45b-in-softbanks-second-vision-fund/.

48. "Aramco Value to Top $2 Trillion, Less Than 5 Percent to Be Sold, Says Prince," *Reuters*, April 25, 2016, https://www.reuters.com/article/us-saudi-plan-aramco-idUSKCN0XM16M.

49. Brooker, "The Most Powerful Person."

50. Mike Isaac, "How Uber Deceives the Authorities Worldwide," *New York Times*, March 3, 2017, https://www.nytimes.com/2017/03/03/technology/uber-greyball-program-evade-authorities.html.

51. Dara Khosrowshahi, "The Campaign for Sustainable Mobility," Uber, September 26, 2018, https://www.uber.com/ newsroom/campaign-sustainable-mobility/.

52. Cheape, *Moving the Masses*, 174–75.

53. "Free Exchange: The Market for Driverless Cars Will Head towards Monopoly," *The Economist*, June 7, 2018, https:// www.economist.com/ finance-and-economics/2018/06/07/the-market-for-driverless-cars-will-head-towards-monopoly.

54. Cheape, *Moving the Masses*, 177.

55. Terry Golway, *Machine Made: Tammany Hall and the Creation of Modern American Politics* (New York: Liveright, 2014), 135.

56. Crowley, "City Light's Birth."

57. United States Securities and Exchange Commission, *Registration Statement under the Securities Act of 1933: Uber Technologies*, April 11, 2019, 25, https://www.sec.gov/Archives/edgar/data/1543151/000119312519103850/d647752ds1.htm#toc.

58. United States Securities and Exchange Commission, *Registration Statement.*

59. "Asset-Backed Security," Investopedia, accessed December 7, 2018, https:// www.investopedia.com/terms/a/asset-backedsecurity.asp.

60. "The Learning Machine: Amazon's Empire Rests on its Low-Key Approach to AI," *The Economist*, April 11, 2019, https://www.economist.com/ business/2019/04/13/amazons-empire-rests-on-its-low-key-approach-to-ai.

第八章　城市机器

1. John Heilemann, "Reinventing the Wheel," *Time*, December 2, 2001, http:// content.time.com/time/business/ article/0,8599,186660-3,00.html.

2. For an excellent look at the past, present, and future of China's new obsession with the automobile and its impact on urban design and planning, see Thomas Campanella, *The Concrete Dragon* (New York: Princeton Architectural Press, 2008).

3. Carlton Reid, "Driverless Vehicles Will Transform Cities? One Already Has: The Elevator," *Forbes*, February 18, 2019, https://www.forbes.com/sites/ carltonreid/2019/02/18/driverless-vehicles-will-transform-cities-one-already-has-the-elevator/#255728e05be8.

4. William Ghiglieri, Traffic signal, US Patent 1,224,632, filed January 12, 1915,

and issued May 1, 1917, https://patentimages.storage.googleapis.com/99/ce/de/5ba1f0dd634ded/US1224632.pdf.

5. Geoffrey West, *Scale: The Universal Laws of Life, Growth, and Death in Organisms, Cities, and Companies* (New York: Penguin Random House, 2018).

6. "World Population Increasingly Urban with More Than Half Living in Urban Areas," United Nations, July 10, 2014, http://www.un.org/en/development/desa/news/population/world-urbanization-prospects-2014.html.

7. Oliver O'Connell, "Pimp My Penthouse! Inside the $20 Million New York Apartment Boasting Its Own Car Elevator," *Daily Mail UK*, March 19, 2015, https://www.dailymail.co.uk/news/article-3001606/Pimp-penthouse-Inside-20-million-New-York-apartment-boasting-CAR-ELEVATOR.html.

8. Burak Arikan, "Networks of Dispossession," Burak Arikan (website), 2013, https://burak-arikan.com/networks-of-dispossession/.

9. "Where Do Cars Go at Night?" *Moovel Lab*, November 7, 2016, https://www.move-lab.com/projects/where-do-cars-go-at-night.

10. Jack Sidders and Jess Shankleman, "A Driverless Future Threatens the Laws of Real Estate," *Bloomberg*, February 6, 2018, https://www.bloomberg.com/news/articles/2018-02-06/a-driverless-future-threatens-the-laws-of-real-estate.

11. Patrick J. Kiger, "Designing for the Driverless Age," Urban Land Institute, July 23, 2018, https://urbanland.uli.org/ planning-design/designing-driverless-age/.

12. Laura Bliss, "America Probably Has Enough Parking Spaces for Multiple Black Fridays," *CityLab*, November 27, 2018, https://www.citylab.com/transportation/2018/11/parking-lots-near-me-shopping-plazas-vacant-spaces/576646/.

13. Matthew Flamm, "Driverless Cars Could Let City Reclaim Parking Spots for Other Uses," *Crain's New York Business*, July 12, 2017, http://www.crainsnewyork.com/article/20170712/ TECHNOLOGY/170719954.

14. Peter Madden, "Robots in Cities," *Huffington Post UK*, September 11, 2017, https://www.huffingtonpost.co.uk/peter-madden-obe/robots-in-cities_b_18504346.html?guccounter=1.

15. Adele Peters, "These Future-Proof Parking Garages Can Easily Morph into Offices or Housing," *Fast Company*, January 14, 2019, https://www.

fastcompany.com/90291136/these-futureproof-parking-garages-can-be-easily-turned-into-offices-or-housing.

16. Alan Ohnsman, "The End of Parking Lots as We Know Them: Designing for a Driverless Future," *Forbes*, May 18, 2018, https://www.forbes.com/sites/alanohnsman/2018/05/18/end-of-parking-lot-autonomous-cars/#15cfcdbe7244.

17. Matt Riedl, "Living in a Parking Garage? These Unique Wichita Lofts Are the First of Their Kind," *Wichita Eagle*, April 12, 2018, https://www.kansas.com/entertainment/ent-columns-blogs/keeper-of-the-plans/article208445814.html.

18. "Parking Is Real Estate in Hiding," *The Micromobility Newsletter*, April 23, 2019, https:// micromobility.substack.com/p/parking-is-real-estate-in-hiding.

19. National Association of City Transportation Officials [NACTO], *Blueprint for Autonomous Urbanism* (New York: NACTO, Fall 2017), 24.

20. NACTO, *Blueprint for Autonomous Urbanism*, 54–57.

21. NACTO, *Blueprint for Autonomous Urbanism*, 25.

22. Hugh R. Morley, "Building Boom Not Likely to Ease NY-NJ Warehouse Rate Pressure," *JOC.com*, April 25, 2018. https://www.joc.com/port-news/us-ports/port-new-york-and-new-jersey/building-boom-not-likely-ease-ny-nj-warehouse-rate-pressure_20180425.html.

23. Sarah Kaufman, "Online Consumption and Mobility Practices: Crossing Views from Paris and Manhattan," NYU Wagner, November 26, 2018, https://wagner.nyu.edu/impact/research/publications/ online-consumption-and-mobility-practices-crossing-views-paris-and.

24. Mara Hvistendahl, "China's Tech Giants Want to Go Global. Just One Thing Might Stand in Their Way," *MIT Technology Review*, December 19, 2018, https://www.technologyreview.com/s/612598/chinas-tech-giants-want-to-go-global-just-one-thing-might-stand-in-their-way/.

25. Citi GPS and Oxford Martin Programme on Technology and Employment, *Technology at Work v. 3.0: Automating E-commerce from Click to Pick to Door, Global Perspectives and Solutions* (Citigroup, 2017), 83.

26. John Markoff, "Urban Planning Guru Says Driverless Cars Won't Fix Congestion," *New York Times*, October 27, 2018, https://www.nytimes.com/2018/10/27/technology/ driverless-cars-congestion.html.

27. "Venir aux Verges," Les Vergers Ecoquartier, accessed May 23, 2019, https://www.lesvergers-meyrin.ch/ ecoquartier/venir-aux-vergers.

28. Joe Cortright, "What Drives Ride-Hailing: Parking, Drinking, Flying, Peaking, Pricing," *City Commentary*, February 19, 2018, http://cityobservatory.org/what-drives-ride-hailing-parking-drinking-flying-peaking-pricing/; "Disrupting the Car: How Shared Cars, Bikes, Scooters, Are Reshaping Transportation and Cannibalizing Car Ownership," *CB Insights Research Briefs*, September 5, 2018, https://www.cbinsights.com/research/disrupting-cars-car-sharing-scooters-ebikes/.

29. Tony Bizjack, "What's More Popular Than Uber? Shockingly, Jump Bikes," *Sacramento Bee*, February 25, 2019, https://www.sacbee.com/news/local/article226640274.html.

30. Portland Bureau of Transportation, *2018 E-scooter Findings Report* (Portland, OR: PBOT, 2018), 20.

31. Terry G. McGee, "The Emergence of Desakota Regions in Asia: Expanding a Hypothesis," in *The Extended Metropolis: Settlement Transition in Asia*, ed. Norton Ginsburg et al. (Honolulu: University of Hawaii Press, 1991), 3–25.

32. "Automated Trucking: A CBRE Research Perspective," CBRE, November 17, 2017, http://www.cbre.us/real-estate-services/real-estate-industries/industrial-and-logistics/industrial-and-logistics-research/automated-trucking.

33. CBRE, "Automated Trucking."

34. Rem Koolhaas, "The World in 2018," *The Economist*, November 28, 2017, 153.

35. Russell Brandom, "Self-Driving Cars Are Headed Toward an AI Roadblock," *The Verge*, July 3, 2018, https://www.theverge.com/2018/7/3/17530232/self-driving-ai-winter-full-autonomy-waymo-tesla-uber.

36. "Why Jaywalking Is Called Jaywalking," *Merriam-Webster,* accessed May 23, 2019, https://www.merriam-webster.com/words-at-play/why-is-it-called-jaywalking.

37. Peter Norton, *Fighting Traffic: The Dawn of the Motor Age in the American City* (Cambridge, MA: MIT Press, 2011), 210.

38. Kiger, "Designing for the Driverless Age."

39. "New York Modern," The Skyscraper Museum, October 24, 2007, https://

www.skyscraper.org/EXHIBITIONS/ FUTURE_CITY/new_york_modern. htm.

40. Sidewalk Labs, *RFP Submission for Waterfront Toronto* (New York: Sidewalk Labs, 2017), 144.

41. Renatevander Zee,"Storyof Cities#30: How This Amsterdam Inventor Gave Bike-Sharing to the World," *The Guardian*, April 26, 2016, https://www. theguardian.com/cities/2016/apr/26/story-cities-amsterdam-bike-share-scheme.

42. Sidewalk Labs, *RFP Submission for Waterfront Toronto,* 144.

43. Shirley Zhao, "Tech Worries Throw Future of Hong Kong's First Driverless Electric Bus Route into Doubt," *South China Morning Post*, March 31, 2019, https://www.scmp.com/news/hong-kong/transport/article/3003944/driverless-electric-bus-fails-create-buzz-hong-kong.

44. Sustainable Urban Mobility Research Laboratory, "Shared World," Singapore University of Technology and Design, accessed January 6, 2019, https:// mobility.sutd.edu.sg/ shared_world/.

45. David Grossman, "The Time Minnesota Almost Built a Doomed, Future City," *Popular Mechanics*, March 31, 2018, https://www.popularmechanics. com/technology/infrastructure/a19642881/spilhaus-experimental-city-documentary/.

第九章　应对监管

1. Lewis Mumford, *The Highway and the City* (San Diego, CA: Harcourt, Brace & World, 1963).

2. "Toronto among the Fastest Growing Tech Hubs in North America," *U of T News*, July 21, 2017, https://www.utoronto.ca/news/toronto-among-fastest-growing-tech-hubs-north-america.

3. David Ticoll, "Driving Changes: Automated Vehicles in Toronto," University of Toronto Transportation Research Institute Discussion Paper, October 15, 2015, https:// munkschool.utoronto.ca/ipl/files/2016/03/Driving-Changes-Ticoll-2015.pdf.

4. "Automated Vehicles Tactical Plan," Toronto, accessed September 10, 2019,

https://www.toronto.ca/services-payments/streets-parking-transportation/automated-vehicles/draft-automated-vehicle-tactical-plan-2019-2021/.

5. Lawrence D. Burns and Christopher Shulgan, *Autonomy: The Quest to Build the Driverless Car—and How It Will Reshape Our World* (New York: Ecco, 2018), 5.

6. Aarian Marshall, "Elon Musk Reveals His Awkward Dislike of Mass Transit," *Wired*, December 14, 2017, https://www.wired.com/story/elon-musk-awkward-dislike-mass-transit/.

7. Michael Graehler Jr. et al., "Understanding the Recent Transit Ridership Decline in Major U.S. Cities: Service Cuts or Emerging Modes?" 98th Annual Meeting of the Transportation Research Board, November 14, 2018, https://usa.streetsblog.org/wp-content/uploads/ sites/5/2019/01/19-04931-Transit-Trends.pdf.

8. Matt Tinoco, "Metro's Declining Ridership Explained," Curbed LA, August 29, 2017, https://la.curbed.com/2017/8/29/16219230/transit-metro-ridership-down-why.

9. Graehler et al., "Understanding the Recent Transit Ridership Decline."

10. "Edinburgh, UK," Initiative on Cities and Autonomous Vehicles, accessed September 10, 2019, https:// avsincities.bloomberg.org/global-atlas/europe/uk/edinburgh-uk.

11. "Nobina and Scania Pioneer Full Length Autonomous Buses in Sweden," Nobina, February 20, 2019, https://www.nobina.com/en/press/archive/nobina-and-scania-pioneer-full-length-autonomous-buses-in-sweden/.

12. "Toyota Partnership to Pilot Autonomous Vehicle Transportation System," *Nikkei Asian Review*, October 8, 2018, https://asia.nikkei.com/Business/Companies/Toyota-partnership-to-pilot-autonomous-vehicle-transportation-system.

13. David Zipper, "Bikeshare, Scooters, Cars, Trains, Bridges: One Agency to Rule Them All," *CityLab*, November 30, 2018, https://www.citylab.com/perspective/2018/11/transit-city-department-scootershare-ridehail-bikeshare/576982/.

14. "Principles for the Transit Workforce in Automated Vehicle Legislation and Regulation," Transport Trades Department, March 11, 2019, https://ttd.org/

policy/principles-for-the-transit-workforce-in-automated-vehicle-legislation-and-regulations/.

15. Ray Oldenburg, *The Great Good Place: Coffee Shops, Bookstores, Bars, Hair Salons, and Other Hangouts at the Heart of a Community* (Cambridge, MA: Da Capo Press, 2000), 20.

16. Aarian Marshall, "Self-Driving Trucks Are Ready to Do Business in Texas," *Wired*, August 6, 2019, https://www.wired.com/story/self-driving-trucks-ready-business-texas/.

17. Haag and Hu, "1.5 Million Packages a Day."

18. Alain Bertaud, *Order without Design: How Markets Shape Cities* (Boston: MIT University Press, 2018), 30.

19. Bertaud, *Order without Design*, 30.

20. Joann Muller, "One Big Thing: The Rise of Driverless Delivery," *Axios*, November 28, 2018, https://www.axios.com/autonomous-vehicles-could-be-used-for-deliveries-3fb12a24-3e66-4d8b-b678-a2fbb47d05cb.html.

21. For an excellent overview of trends and interacting issues, see Joe Cortright, "Does Cyber Monday Mean Delivery Gridlock Tuesday?" *City Commentary*, November 29, 2016, http://cityobservatory.org/cyber-monday-gridlock_tuesday/.

22. KPMG, *Autonomy Delivers: An Oncoming Revolution in the Movement of Goods* (white paper, KPMG, 2018), 15.

23. "Autonomous Vehicles Could Be Huge for Small Businesses," *Axios*, November 16, 2018, https://www.axios.com/autonomous-vehicles-small-businesses-ford-ae0f4ea1-2aa9-44b7-bc64-a21f06b2eecb.html.

24. Nanette Byrnes, "How Amazon Loses on Prime and Still Wins," *MIT Technology Review*, July 12, 2016, https:// www.technologyreview.com/s/601889/how-amazon-loses-on-prime-and-still-wins/.

25. Syed M. Zubair Bokhari, "Amazon Now Its Own Largest Carrier," *Supply Chain Digest*, June 28, 2019, http:// www.scdigest.com/ontarget/19-06-28-1.php; David Yaffe-Bellany and Michael Corkery, "FedEx Ends Amazon's U.S. Ground Deliveries as Retailer Rises as Rival," *New York Times*, August 7, 2019, https://www.nytimes.com/2019/08/07/business/fedex-amazon-shipping.html.

26. Stacy Mitchell, "Amazon Doesn't Just Want to Dominate the Market—It Wants to Become the Market," *The Nation*, February 15, 2018, https://www. thenation.com/article/ amazon-doesnt-just-want-to-dominate-the-market-it-wants-to-become-the-market/.

27. Alex Moazed, "How Amazon's Marketplace Supercharged Its Private-Label Growth," *Inc.*, November 11, 2018, https:// www.inc.com/alex-moazed/what-brands-need-to-know-about-amazons-private-label-growth-how-to-respond. html.

28. Julian Allen, Maja Piecyk, and Marzena Piotrowska, *An Analysis of the Same-Day Delivery Market and Operations in the UK*, Technical Report CUED/C-SRF/TR012 (Westminster, UK: University of Westminster, November 2018); McKinsey & Company, *Parcel Delivery: The Future of the Last Mile* (September 2016), 7.

29. Joshuah K. Stolaroff, "Energy Use and Life Cycle Greenhouse Gas Emissions of Drones for Commercial Package Delivery," *Nature Communications* 9 (2018): 409, https://www.nature.com/articles/ s41467-017-02411-5.pdf.

30. Ayn Rand, *Atlas Shrugged* (New York: Random House, 1957).

31. "Special Report: How Autonomous Vehicles Could Constrain City Budgets," The States and Localities, *Governing*, January 6, 2019, http://www.governing. com/gov-data/gov-how-autonomous-vehicles-could-effect-city-budgets.html.

32. Ticoll, "Driving Changes."

33. M. W. Adler, S. Peer, and T. Sinozic, "Autonomous, Connected, Electric Shared Vehicles (ACES) and Public Finance: An Explorative Analysis," *Transportation Research Interdisciplinary Perspectives*, published ahead of print, September 28, 2019, http://dx.doi.org/10.1016/j.trip.2019.100038.

34. International Transport Board of the OECD, *The Shared-Use City: Managing the Curb*, ITF Corporate Partnership Board Report, 2018, 58.

35. Henry Grabar, "Give the Curb Your Enthusiasm," *Slate Metropolis*, July 19, 2018, https://slate.com/business/2018/07/curb-space-is-way-too-valuable-for-cities-to-waste-on-parked-cars.html.

36. Stephen Goldsmith, "Cashing In on the Curb," *Governing*, July 24, 2018, http://www.governing.com/blogs/bfc/col-smart-cities-data-curb-sidewalk-mobility-value.html.

37. Aarian Marshall, "To See the Future of Cities, Watch the Curb. Yes, the Curb," *Wired*, November 22, 2017, https://www.wired.com/story/city-planning-curbs/.

第十章　推送代码

1. Rae Amantrout, "Unbidden," in *Versed* (Middletown, CT: Wesleyan University Press, 2009).

2. Kevin A. Lynch, *The Image of the City* (Cambridge, MA: MIT Press, 1960), 3.

3. Lynch, *The Image of the City,* 66–68.

4. Jenny S. Reising, "Legible London," SEGD, November 26, 2009, https://segd.org/legible-london.

5. Lilli Matson, "Wayfinding and Walking in London," *Transport for London*, May 2013, http://www.impacts.org/euroconference/vienna2013/presentations/London%20Walking%20-%20Vienna%20May%202013.pdf.

6. Lynch, *The Image of the City*, 1.

7. Tim Faulkner, "Driverless Little Roady Shuttle Hits a Few Speed Bumps," *ecoRI News*, August 3, 2019, https://www.ecori.org/transportation/2019/8/2/little-roady-shuttle-reaches-milestone-hits-speedbumps.

8. Ryan Stanton, "Can Self-Driving Pizza Delivery Cars Follow Ann Arbor's Crosswalk Law?" Ann Arbor, MLive, October 6, 2017, https://www.mlive.com/news/ann-arbor/index.ssf/2017/10/can_self-driving_pizza_deliver.html.

9. Ryan Felton, "Video Shows Driver in Autonomous Uber Was Looking Down Moments before Fatal Crash," *Jalopnik*, March 21, 2018, https://jalopnik.com/video-shows-driver-in-fatal-autonomous-uber-crash-was-l-1823970417.

10. Katyanna Quach, "Racist Self-Driving Scare Debunked, inside AI Black Boxes, Google Helps Folks Go with TensorFlow," *The Register*, March 10, 2019, https://www.theregister.co.uk/2019/03/10/ai_roundup_080319/.

11. Bill Loomis, "1900–1930: The Years of Driving Dangerously," *Detroit News*, April 26, 2015, https://www.detroitnews.com/story/news/local/michigan-history/2015/04/26/auto-traffic-history-detroit/26312107/.

12. Andrew Small, "CityLab Daily: The Race to Code the Curb," *CityLab*, April 2, 2019, https://www.citylab.com/authors/ andrew-small/.

13. Kevin Webb (@kvnwebb), "We're building smart ways to encode information

like curb regulation," Twitter, November 30, 2018, 1:41 a.m., https://twitter. com/kvnweb/ status/1068485225607585798.

14. Vernor Vinge, "The Coming Technological Singularity: How to Survive in the Post-Human Era," VISION-21 Symposium, NASA Lewis Research Center and Ohio Aerospace Institute, March 30–31, 1993, https://edoras.sdsu.edu/~vinge/ misc/singularity.html.

15. John Brockman, *Possible Minds* (New York: Penguin Press, 2019), 8.

16. Vinge, "The Coming Technological Singularity."

17. Christianna Reddy, "Kurzweil Claims That the Singularity Will Happen by 2045," *Futurism*, October 5, 2017, https://futurism.com/kurzweil-claims-that-the-singularity-will-happen-by-2045/.

18. Chris Smith et al., "The History of Artificial Intelligence," University of Washington, December 2006, https://courses.cs.washington.edu/courses/ csep590/06au/projects/his tory-ai.pdf.

19. Rodney Brooks, "Post: [For&AI] The Origins of Artificial Intelligence," *Robots, AI, and Other Stuff* (blog), April 27, 2018, https://rodneybrooks.com/ forai-the-origins-of-artificial-intelligence/.

20. Gary Marcus, "Deep Learning: A Critical Appraisal," New York University, accessed January 22, 2019, https://arxiv.org/pdf/1801.00631.pdf.

21. Marcus, "Deep Learning."

22. Carl Benedikt Frey and Michael Osborne, "The Future of Employment: How Susceptible Are Jobs to Computerisation?" University of Oxford, September 17, 2013, 60, https:// www.oxfordmartin.ox.ac.uk/downloads/ academic/The_Future_of_Empl oyment.pdf.

23. Nick Bostrom, *Superintelligence: Paths, Dangers, Strategies* (Oxford, UK: Oxford University Press, 2014), 96.

24. Bostrom, *Superintelligence,* 96.

25. Author's estimate based on figures published by Future of Humanity Institute, "Timeline of the Future of Humanity Institute," June 25, 2018, https:// timelines.issarice.com/wiki/Timeline_of_Future_of_Humanity_Institute.

26. Bostrom, *Superintelligence,* 118. Experts will take note that what I describe here isn't that different from "mobility management" or "active travel management." Guilty as charged. The point here is to reframe these obtuse

technical planning concepts for a broader audience.

27. Ryan Randazzo, "A Slashed Tire, a Pointed Gun, Bullies on the Road: Why Do Waymo's Self-Driving Vans Get So Much Hate?" *Arizona Republic*, December 14, 2018, https://www.azcentral.com/story/money/business/tech/2018/12/11/waymo-self-driving-vehicles-face-harassment-road-rage-phoenix-area/2198220002/.

28. Matt Day and Benjamin Romano, "Amazon Has Patented a System That Would Put Workers in a Cage, On Top of a Robot," *Seattle Times*, September 7, 2018, https://www.seattletimes.com/business/amazon/amazon-has-patented-a-system-that-would-put-workers-in-a-cage-on-top-of-a-robot/.

29. Brian Heater, "Amazon Built an Electronic Vest to Improve Worker/Robot Interactions," *TechCrunch*, January 18, 2019, https://techcrunch.com/2019/01/18/amazon-built-an-electronic-vest-to-improve-worker-robot-interactions/.

30. National Association for City Transport Officials [NACTO], *Blueprint for Autonomous Urbanism* (New York: NACTO, Fall 2017), 25.

31. Charles Montgomery, *Happy City: Transforming Our Lives through Urban Design* (New York: Farrar, Straus, and Giroux, 2013).

32. William Gibson, "Burning Chrome," *Omni*, July 1982.

33. "FAA Drone Registry Tops One Million," *Transportation.gov*, January 10, 2018, https://www.transportation.gov/ briefing-room/faa-drone-registry-tops-one-million?xid=PS_smithsonian.

34. David King, email message to the author, December 8, 2018.

35. Doug Newcomb, "The Next Big OS War Is in Your Dashboard," *Wired*, December 3, 2012, https:// www.wired.com/2012/12/automotive-os-war/.

36. Robert Frost, "The Road Not Taken," in *Mountain Interval* (1916).

后 记

1. Woodrow Wilson, "The Young Man's Burden" (speech at North Carolina Society of New York at the Waldorf-Astoria Hotel, February 27, 1906), https://www.fhwa.dot.gov/highwayhistory/wilson.pdf.

2. Thomas Wolfe, *You Can't Go Home Again* (New York: Scribner, 2011), 704.

3. Bill Bishop, *The Big Sort: Why the Clustering of Like-Minded America Is Tearing Us Apart* (New York: Mariner Books, 2009), 5.

4. Adie Tomer, "America's Commuting Choices: Five Major Takeaways from 2016 Census Data," Brookings Institute, October 3, 2017, https://www.brookings.edu/blog/the-avenue/2017/10/03/americans-commuting-choices-5-major-takeaways-from-2016-census-data/.

5. John Landis et al., "The Future of Infill Housing in California: Opportunities, Potential, and Feasibility," *Departmental Papers (City and Regional Planning)*, January 2006, https://repository.upenn.edu/cgi/viewcontent.cgi?referer=https://www.google.com/&httpsredir=1&article=10 38&context=cplan_papers.

6. Dan Kopf, "Slowly but Surely, Working at Home Is Becoming More Common," *Quartz*, September 17, 2018, https://qz.com/work/1392302/more-than-5-of-americans-now-work-from-home-new-statistics-show/.